CB073140

eu, você e as crianças

eu, você e as crianças

Renée Elliott

PubliFolha

Título original: "Me, you & kids too"

Copyright © 2012 Duncan Baird Publishers. Publicado originalmente no Reino Unido e na Irlanda em 2012 pela Duncan Baird Publishers Ltd
Sixth Floor, Castle House 75-76 Wells Street, Londres W1T 3QH

Concebido e criado pela Duncan Baird Publishers.

Copyright de texto © Renée Elliott 2012
Copyright de fotografia © Duncan Baird Publishers 2012.

Copyright © 2012 Publifolha – Divisão de Publicações da Empresa Folha da Manhã S.A.

Todos os direitos reservados. Nenhuma parte desta obra pode ser reproduzida, arquivada ou transmitida de nenhuma forma ou por nenhum meio sem a permissão expressa e por escrito da Empresa Folha da Manhã S.A., por sua divisão de publicações Publifolha.

Proibida a comercialização fora do território brasileiro.

Coordenação do projeto: PUBLIFOLHA
Editor-assistente: Thiago Barbalho
Coordenação de produção gráfica: Mariana Metidieri

Produção Editorial
Editora Página Viva
Coordenação: Rosi Ribeiro
Tradução: Patrícia De Cia
Preparação: Mariana Zanini e Fátima Couto
Consultoria: Adriana Barretto Figueiredo
Revisão: Ana Paula Perovano e Pedro Ribeiro
Diagramação: Bianca Galante e Priscylla Cabral

Edição original: Duncan Baird Publishers
Gerente editorial: Grace Cheetham
Editores: Nicole Bator, Gillian Haslam e Krissy Mallett
Gerente de design: Manisha Patel
Designer: Blok Graphic
Produção: Uzma Taj
Fotografia: Dan Jones
Arte: Jessica Elliott e Nicholas Elliott
Produtora de culinária: Bianca Nice e Sue Henderson
Produção de adereços: Sue Rowlands

Dados Internacionais de Catalogação na Publicação (CIP)
(Câmara Brasileira do Livro, SP, Brasil)

Elliott, Renée
    Eu, você e as crianças / Renée Elliott ; [tradução Patrícia De Cia]. – São Paulo : Publifolha, 2012.
    Título original: Me, you & kids too.
    ISBN 978-85-7914-415-8

1. Bebês – Culinária 2. Crianças – Culinária 3. Culinária 4. Receitas I. Título.

12-12971   CDD-641.5637

Índices para catálogo sistemático:
1. Receitas : Culinária para bebês e crianças : Economia doméstica 641.5637

Este livro segue as regras do Acordo Ortográfico da Língua Portuguesa (1990), em vigor desde 1º de janeiro de 2009.

ISBN: 978-85-7914-415-8

Impresso na Imago, Tailândia.

Nota do editor
Apesar de todos os cuidados tomados na compilação das receitas deste livro, a Duncan Baird Publishers não se responsabiliza por erros ou omissões que possam ser encontrados nelas nem por problemas decorrentes da preparação das receitas ou das orientações contidas na obra. Se você está grávida, amamentando, possui alguma restrição alimentar ou tem algum problema de saúde, convém consultar um médico antes de iniciar o preparo dos pratos. As fotos deste livro podem conter acompanhamentos ou ingredientes meramente ilustrativos.

Para minha mãe, Lucille, e meu pai, Edward. E também para Grace, minha editora, que tanto se dedicou a este livro.

Receitas vegetarianas
As receitas vegetarianas deste livro não contêm carne bovina, de aves, de caça, peixe ou frutos do mar. Podem incluir ovos ou queijo. O queijo, especialmente quando feito pelos métodos tradicionais, pode conter coalho de vitelo, portanto cheque o rótulo antes ou confirme no SAC do fabricante.

Exceto quando mencionado:
• Todas as receitas servem 2 adultos, 1 criança e 1 bebê
• Os tempos de preparação e cozimento se referem apenas à receita principal
• Use ingredientes orgânicos
• Use ovos grandes
• Use frutas e vegetais médios
• Use ingredientes – inclusive as ervas – frescos
• Não misture os sistemas métricos
• 1 colher (chá) = 5 ml   1 colher (sopa) = 15 ml   1 xícara = 250 ml

Agradecimentos
O meu maior agradecimento é ao meu marido, Brian, minha rocha. Ele experimentou todos os pratos e cuidou das crianças. Obrigada aos meus filhos Jess, Nicholas e Cassie, que me queriam ao lado deles o tempo todo, mas me deixaram trabalhar. E obrigada novamente a Jess e Nicholas, que fizeram os desenhos que estão no livro.

    Não haveria um livro ou ele não seria tão perfeito sem Grace, Krissy, Nicole, Gillian, Manisha e Allan. Um enorme obrigada a Borra por ouvir sempre, pelo apoio e pelo encorajamento.

    E um obrigada bem doce a Niamh, Zoë e Josie, que também foram fotografadas.

    Eu quis que as receitas deste livro fossem testadas três vezes, e não apenas por mim. Um imenso e carinhoso obrigada aos testadores que prepararam os pratos: minha mãe, Lucille, meu irmão, David, e minhas irmãs, Jan e Lauren. E obrigada aos amigos Allison, Annabel, Jazz, Julia, Julie, Kate e Simon, que cozinharam para si mesmos, para seus filhos, seus amigos e até seus pedreiros. Todos voltaram com ideias, sugestões e comentários que ajudaram a aprimorar este livro. Como sempre, as melhores jornadas são aquelas feitas na companhia de amigos e da família.

PubliFolha
Divisão de Publicações do Grupo Folha
Alameda Barão de Limeira, 401, 6º andar
CEP 01202-900, São Paulo, SP
Tel.: (11) 3224-2186/2187/2197
www.publifolha.com.br

Sumário

Introdução 6
Alimentação saudável para toda a família 10
Superalimentos 14
Idades e fases 20
Receitas básicas 22

capítulo um 26
comece bem o dia

capítulo dois 44
hora do almoço

capítulo três 80
em volta da mesa

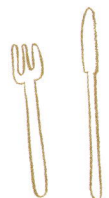

capítulo quatro 138
delícias assadas

Índice 172

Introdução

Certa vez um amigo me disse que criar filhos é simples: basta mariná-los em amor por 18 anos e depois soltá-los no mundo. Concordo totalmente e, do meu ponto de vista, a segunda prioridade – se você quiser que eles sejam fortes, vivam bem e realizem seu potencial – é alimentá-los com comida nutritiva para que tenham boa saúde. Sem bem-estar, é difícil ou impossível fazer qualquer coisa. Com uma boa base de saúde e vitalidade, seus filhos podem ir atrás dos sonhos deles.

Antes de ter minha primeira filha, Jessica, eu já era uma boa cozinheira. Trabalhava com comida natural havia dez anos e era cuidadosa com o que comia. Cozinhava em casa e gostava de assar algumas coisinhas às vezes. Quando Jessie nasceu, amamentei-a por quatro meses, mas, quando ela começou a tentar pegar minha colher, percebi que não tinha a menor ideia do que ou como cozinhar para um bebê. Não pensava em dar a ela comida de potinho, pois sabia que queria alimentá-la com refeições frescas e caseiras – fora isso, no entanto, não sabia o que fazer.

Eu não queria que ela comesse alimentos refinados, como arroz branco e farinha branca, pois são pobres em nutrientes, e no início tinha dúvidas quanto a coisas como glúten, laticínios ou soja. Encontrei um livro ótimo, fiz muita pesquisa e entrevistei vários especialistas, elaborando um plano de alimentação nesse meio-tempo. Anotei receitas que criei e técnicas que descobri, e fiz o mesmo quando tive meu segundo filho, Nicholas. Meus bebês cresceram e quando a caçula, Cassandra, estava pronta para começar a comer, publiquei tudo no meu primeiro livro, *The Best Recipes for Babies & Toddlers* (*Deliciosas receitas para bebês e crianças*, Publifolha).

Trabalhando e com três filhos, porém, eu vivia tão ocupada e cansada que cozinhar para mim e para meu marido, Brian, ficava sempre em segundo plano. Sabia que precisava estar bem nutrida para poder cuidar de todos, mas fazia refeições maravilhosas para as crianças e depois, confusa, ficava tentando imaginar o que haveria para nós comermos.

Minha editora, Grace, que tinha um bebê, estava passando pela mesma experiência. Ela me disse: "precisamos de um livro para toda a família, que ajude as pessoas a preparar ótimas refeições para elas e seus filhos, para que possam suprir suas necessidades ao mesmo tempo que seus bebês começam a ter uma boa alimentação". E assim nasceu este livro, repleto de refeições nutritivas e deliciosas para você e sua família. Escolha uma receita e terá comida para você, seu parceiro (ou parceira) e seus filhos – além de um guia passo a passo para fazer simultaneamente a refeição de seu bebê. Não importa se seu bebê tem 6, 9 ou 12 meses, você não vai precisar se preocupar com ingredientes extras – estará tudo resolvido.

Como todos os pais, nem sempre faço tudo perfeito. Mas consegui incorporar uma sólida base nutricional na nossa rotina diária e semanal, como o uso de farinhas integrais, o consumo de grãos variados e a inclusão de superalimentos, como algas e sementes. Você não vai começar a fazer tudo isso de uma vez, então vá com calma. Mas espero que selecione algumas coisas deste livro que despertem seu interesse e gradualmente as transforme em hábitos, como usar apenas farinhas integrais em pães e bolos ou deixar de comprar cereais matinais açucarados.

Quando você decide ter um bebê e se imagina no sofá abraçando seu pequenino, a última coisa que passa pela sua cabeça é quanto terá de cozinhar para aquela pessoinha. Mesmo que essa não seja a sua praia – pelo menos não até agora – é um fato que, se você quiser comida nutritiva, alguém terá de entrar na cozinha!

É possível fazer muitas delícias para crianças que ainda vão demorar para se virar sozinhas na cozinha. Percebi que precisava encontrar um modo de preparar as refeições da minha família com facilidade, sem tomar tempo de todas as minhas outras atividades (como trabalhar e dormir um pouquinho).

No entanto, este livro não trata apenas de comida para seus filhos e bebês; trata também de ótimas refeições para você e seu parceiro ou parceira. Enquanto cozinham algo delicioso, vocês passam um tempo juntos à noite e cuidam da nutrição.

Embora algumas das receitas demorem algum tempo no forno ou no fogão, todas são fáceis de fazer – com técnicas rápidas de preparação e passos muito simples para seguir. E, enquanto você está cozinhando, também prepara a comida do bebê de forma simples e fácil, pois usará os mesmos ingredientes da sua refeição.

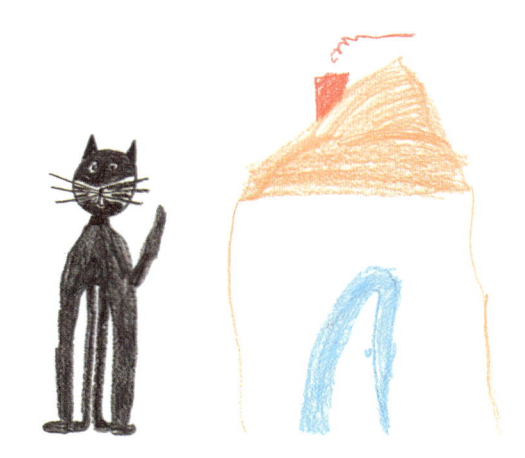

introdução **7**

Como usar este livro

As receitas deste livro alimentam toda a família, e a menos quando mencionado, elas servem dois adultos, uma criança pequena e um bebê. Pode escolher uma receita e prepará-la para você e sua família, apenas faça um pouco mais se tiver duas ou mais crianças. Se cozinhar só para o casal, terá sobras para o dia seguinte ou para congelar. Se quiser preparar uma refeição para um bebê entre 6 e 12 meses, faça isso ao mesmo tempo em que cozinha a sua refeição.

Ao seguir a receita principal, verá os símbolos (6-9) ou (9-12), que indicam quando separar parte dos ingredientes ou da mistura para seu bebê. Então, consulte a receita correspondente a cada faixa etária (6 a 9 meses e 9 a 12 meses) e siga as instruções para preparar a refeição extra. Como os tipos de alimentos que seu bebê pode comer aumentam a cada etapa do desenvolvimento, as receitas para crianças de 9 a 12 meses são acréscimos às receitas para bebês entre 6 e 9 meses. Quando seu filho fizer 1 ano, use a receita principal.

Para bebês de 6 a 9 meses, você precisará de uma boa seleção de purês feitos com os alimentos listados na tabela da página 20. Para os 9 a 12 meses, você pode incluir mais alimentos e preparar purês mais grossos ou experimentar pedaços pequenos. A partir dos 12 meses, seu filho pode comer o mesmo que você, embora seja recomendável maneirar nos condimentos e nos sabores fortes e continuar a evitar o sal.

Desenvolvi as receitas para que ficassem o mais simples possível. Quando leio receitas que pedem que os vegetais sejam cozidos no vapor ou salteados previamente, ou que tenham muitos passos complicados, assumo que não sejam pensadas para alguém com um bebê. Quando você tem filhos, precisa que as coisas sejam realmente simples e fáceis, pois o dia a dia é uma correria. Então, por exemplo, antes de fazer a quiche, não cozinho os brócolis, que vão cozinhar no forno, nem salteio as cebolas. Os sabores continuam ótimos e a receita completa é incrivelmente rápida.

Não deixe de experimentar uma receita por causa de ingredientes que você não conhece. Na lista de itens pode estar escrito iogurte ou kefir, farinha de cevadinha integral ou farinha integral comum – compre o que for mais fácil para você. Se experimentar a receita, se gostar dela e quiser fazê-la de novo, tente usar o ingrediente desconhecido. Meu objetivo é apresentar, aos poucos, alimentos diferentes e melhores e expandir seu paladar e seu repertório de ingredientes.

Além disso, não se preocupe ao comprar itens incomuns como quinoa, achando que não usará tudo, pois há receitas suficientes no livro para usar esses ótimos ingredientes. Não tenha medo de comprar algo que nunca usou ou do qual não sabe se gostará. Se você preparar um prato que não é o seu preferido, o índice o ajudará a encontrar outras receitas com um ingrediente específico.

Adoro cozinhar feijão, mas se você não tiver tempo, compre feijão em conserva. Não se preocupe, isso é algo que pode começar a fazer no futuro, mas não deixe de experimentar uma receita por causa disso. Você precisa de praticidade. Estou mostrando o modo mais nutritivo de preparar comida, mas ele precisa funcionar para este momento da sua vida.

Por que saudável?

Sem dúvida, o que seu bebê come afeta a saúde dele hoje e no futuro. Se seu filho começa a ingerir um número restrito de alimentos, é provável que continue a fazê-lo durante toda a vida e não consuma o espectro completo de nutrientes. Isso pode ter impacto na saúde durante os anos de formação e também mais tarde.

Consumir uma grande variedade de alimentos constrói uma base sólida para a saúde e aumenta as chances de uma dieta com os nutrientes necessários. Faz com que seus filhos experimentem coisas novas à medida que crescem, e, no caso de eles torcerem o nariz para certas comidas, ainda terão muitas opções. As crianças podem desenvolver o paladar por alimentos saudáveis desde uma tenra idade, o que vai nutri-las para o resto da vida. Mesmo que seu filho se rebele contra o pão integral em algum ponto, é provável que no fim ele retorne ao terreno conhecido e aos sabores familiares.

Então, pense em formar o paladar de seus pequenos para apreciar alimentos como iogurte sem açúcar, mingau sem açúcar, massas integrais, pão de centeio integral, couve, oleaginosas e sementes. E já que guloseimas como chocolate são inevitáveis e deliciosas, você não deve proibi-las, mas escolher a melhor opção: o chocolate meio amargo orgânico.

Por que orgânicos?
Boa pergunta. Existem tantos rótulos por aí – como escolher? Bem, é muito simples: se você quiser alimentos de melhor qualidade, escolha os orgânicos. Se quiser carnes e laticínios que não carreguem resíduos de antibióticos; frutas e verduras sem restos de pesticidas; se quiser alimentos livres de ingredientes geneticamente modificados; se não quiser ser obrigado a examinar rótulos para ter certeza de que sua comida não contém aditivos desagradáveis, opte pelos orgânicos. Se para você é difícil encontrar todos os produtos orgânicos ou os considera muito caros, comece pelo que mais consome, e opte também por frutas e vegetais orgânicos. Se puder comprar laticínios orgânicos, mais ricos em ácidos graxos essenciais e outros nutrientes essenciais, será um bônus. A produção de carne orgânica é cara e, portanto, ela custa mais; assim, em vez de gastar mais em carne, você pode comprar em menor quantidade e comer um alimento de melhor qualidade.

O que é alimentação saudável?
A alimentação saudável é tudo que a natureza nos dá diretamente: sementes, oleaginosas, feijão, legumes, frutas, grãos, peixe e carne. Quando preparadas em casa usando esses ingredientes, as refeições nutrem e sustentam. O conselho mais básico para a alimentação saudável é o seguinte: evite alimentos altamente processados, doces, frituras, fast-food, refrigerantes, farinha branca, açúcar, sal e gorduras baratas. Em vez disso, farte-se de ingredientes naturais repletos de nutrientes. Se você conseguir comer um prato "arco-íris" todo dia – com alimentos de uma variada gama de cores –, será muito bom. Se puder, inclua também os superalimentos e será excelente. Experimente as receitas e também os superalimentos, mesmo que nunca tenha ouvido falar deles e tenha de encomendá-los em uma loja de produtos naturais. Existem maneiras fáceis de incorporá-los em suas receitas e em sua vida.

Alimentação saudável para toda a família

O que posso dar para meu bebê?

Quando um bebê nasce, ele ou ela está preparado para receber apenas leite materno, mas a partir dos 4 meses o bebê começa a querer alimentos sólidos. Há muita discussão sobre o tempo de amamentação e em que idade você deve introduzir os sólidos, mas acho que, se prestar atenção ao seu filho e ouvir sua intuição, você saberá quando é a hora certa. Minha primeira filha, Jessica, que era muito pequena quando nasceu, não tirava os olhos de meu garfo aos 4 meses de idade, então eu a desmamei. Seja como for, o mais importante é começar muito, muito suavemente. Nos dois primeiros anos, os sistemas digestivo e imunológico do bebê não estão totalmente desenvolvidos; assim, é melhor introduzir os alimentos aos poucos. É por isso que espero até eles se desenvolverem um pouco mais para apresentar certos alimentos. Por exemplo: não introduzo laticínios (exceto o iogurte, para deixar grãos de molho) até 9-12 meses e deixo glúten, alimentos da família da beladona (tomate, berinjela, batatas e assim por diante) e comidas que fermentam, como cogumelos, para depois de 1 ano. Muitos deles são mais difíceis de digerir ou estão associados a alergias. Não saberemos ainda por muito tempo – se é que isso acontecerá – quais os alimentos perfeitos para o bebê em cada fase, mas este livro apresenta uma abordagem consciente das limitações de um corpo imaturo e em desenvolvimento. Se você quer evitar leite de vaca, seu bebê pode ter acesso a ótimas fontes de cálcio em todas as fases consumindo iogurte, queijo, vegetais verde-escuros (brócolis, espinafre, couve e folhas de nabo), laranjas, tempeh, ervilha, feijão-preto, sardinha, sementes de gergelim e amêndoas.

Refeições para todos

É importante ter um bom equilíbrio diário entre proteínas, carboidratos, legumes e gordura. Há proteínas em carnes, peixes, laticínios, ovos, feijões, cereais integrais, legumes, oleaginosas e sementes. Este livro sugere refeições saudáveis para todos: de pais ou cuidadores a crianças pequenas e bebês que estão apenas começando a apreciar a comida. A boa saúde vem dos ingredientes integrais e do modo como você os cozinha – por exemplo, deixando-os de molho ou cozinhando-os no vapor. Se você se alimentar assim com boa frequência, estará no caminho certo. Tudo o que se ouve atualmente é que devemos evitar açúcar, sal e gordura. O assunto, porém, é bem mais complicado e não acho que se possa dizer "não faça isso" sem oferecer alternativas melhores. Nesta seção falaremos exatamente disto: moderação.

Açúcar

Não sou louca por açúcar. Adoro seu sabor, mas odeio o que ele faz com o corpo, especialmente após um longo tempo. Ele provoca estresse, forçando o corpo a ajustar

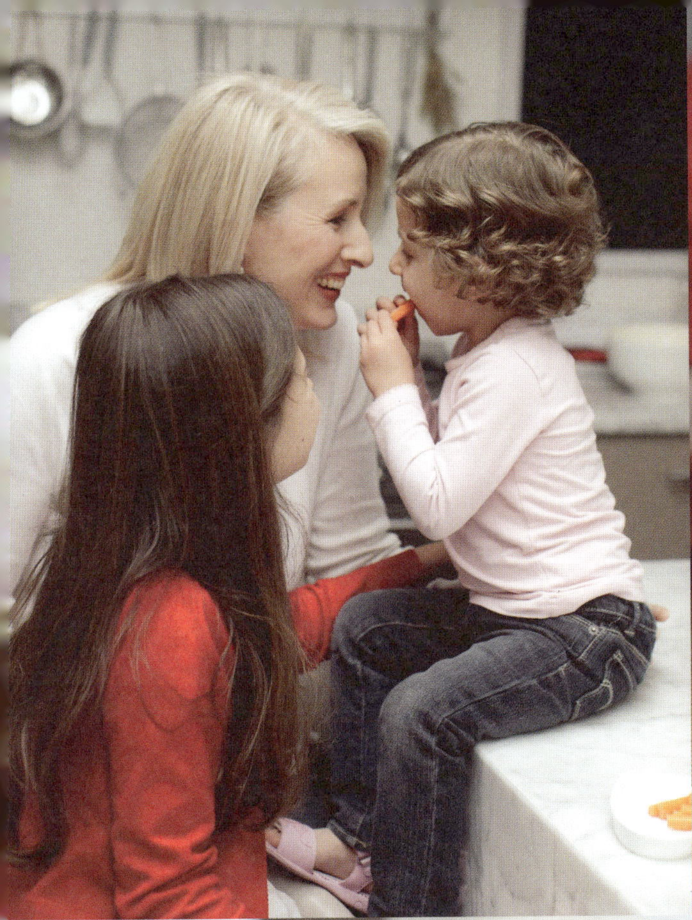
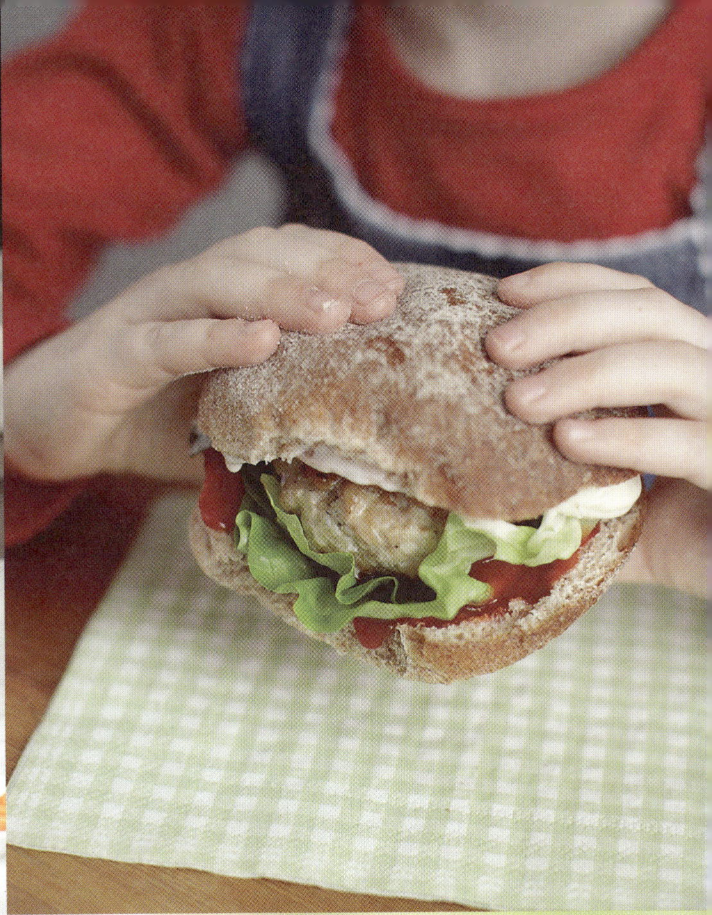
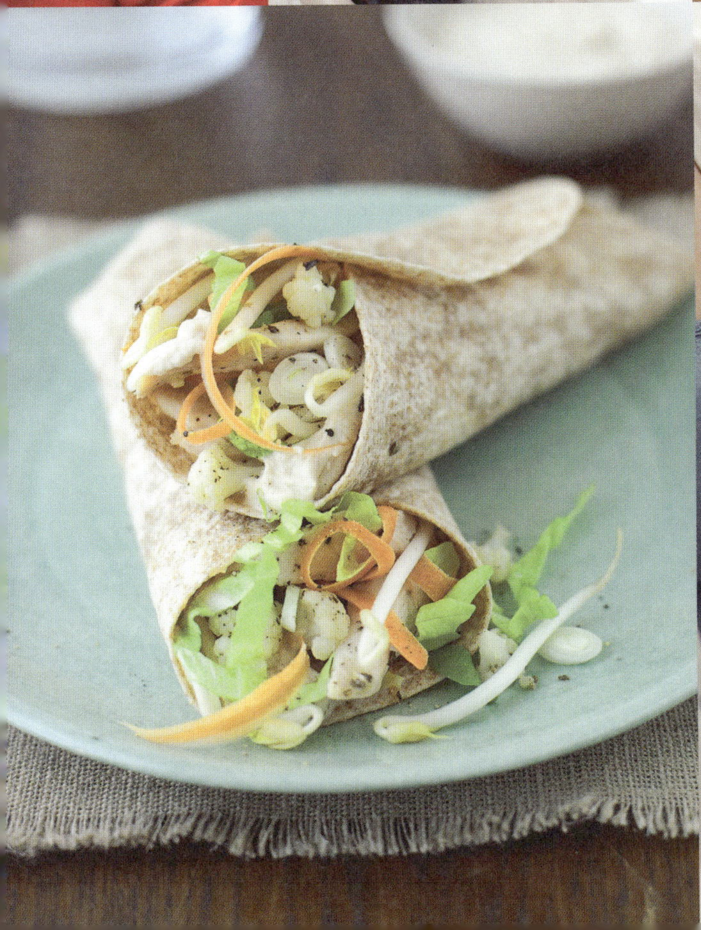
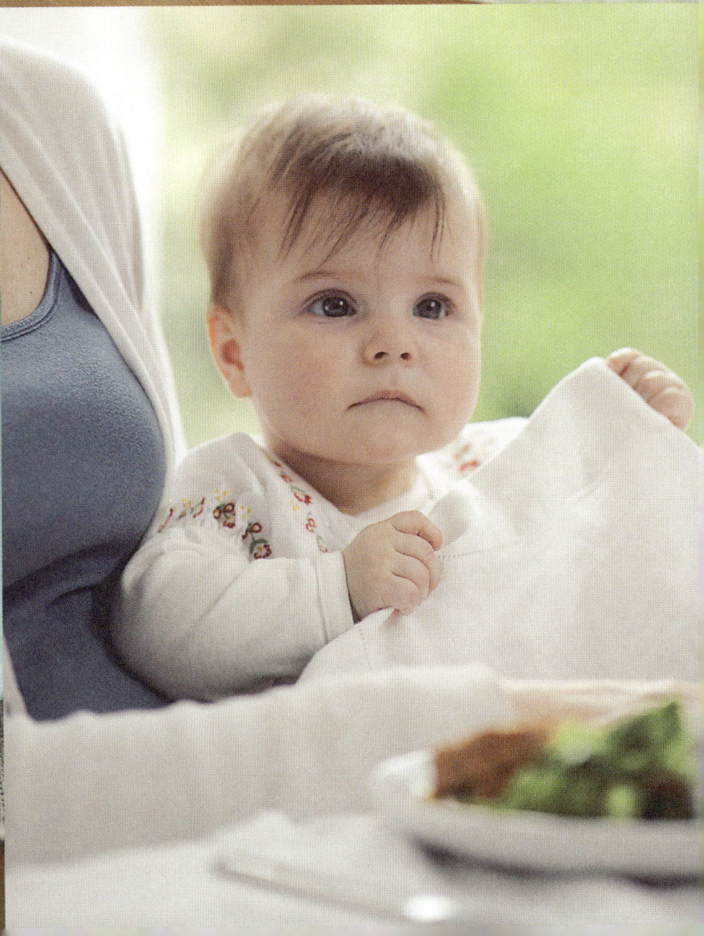

os níveis elevados de açúcar no sangue; se essa tensão se prolonga por muito tempo, pode levar ao diabetes tipo 2. Além disso, o açúcar em excesso no corpo é convertido em gordura.

Vejo dois grandes problemas com relação ao açúcar: um é comer sobremesas todos os dias ou após todas as refeições, o que pode acarretar péssimos hábitos ao longo da vida; o outro é que o açúcar não está apenas nos doces, mas também em muitos alimentos salgados processados. Reduza seu consumo de açúcar, diminua as sobremesas e evite dá-lo aos seus filhos o quanto puder.

O açúcar orgânico é melhor do que o açúcar branco refinado convencional, devido ao processamento envolvido, mas xarope de arroz integral e agave são muito melhores do que todos os outros adoçantes. O xarope de arroz integral, um adoçante natural delicadamente aromatizado, é constituído na maior parte por açúcares complexos e, portanto, ao contrário do açúcar branco, é liberado lentamente na corrente sanguínea.

Sal
Existe o sal ruim e o sal bom. Grande parte do sal no mercado é tão refinado que os fabricantes têm de readicionar iodo ao produto. Os bebês não precisam de sal, mas quando crescerem o problema não será o sal da comida que você faz, mas sim o dos petiscos como batatas fritas, fast-food e refeições processadas, que precisam de sal para realçar o sabor. Use um bom sal marinho moderadamente ao cozinhar. Especifiquei a quantidade em cada receita para orientar sobre quantidades saudáveis.

Gorduras
As gorduras são necessárias e importantes em nossa dieta. Elas fornecem energia, são os tijolos que constroem membranas celulares e hormônios, nos mantêm satisfeitos, transportam vitaminas lipossolúveis e ajudam em vários outros processos corporais. Porém, há gordura boa e ruim. Seja inteligente: não compre nada que contenha gordura hidrogenada ou parcialmente hidrogenada e reduza ou elimine as frituras da sua alimentação.

Entretanto, consuma óleos de sementes prensadas a frio para obter as boas gorduras de que seu corpo necessita diariamente. Não se preocupe com a ingestão de gordura em laticínios e em carnes de boa qualidade. É a gordura que lhes confere sabor (muitas vezes você encontra iogurtes com baixo teor de gordura, mas muita adição de açúcar para dar sabor) e os bebês precisam de gordura boa. Compre manteiga, não margarina, e iogurte integral – e corte salgadinhos baratos e gordurosos.

Leite
Acredito firmemente que leite de vaca é para bezerros, não para seres humanos. Nosso sistema digestivo não é concebido para processar leite de vaca, e ele pode causar problemas de saúde em crianças e adultos. Você vai descobrir que existem alternativas maravilhosas ao leite de vaca: pode-se usar leite de arroz, leite de aveia ou água. Todas as receitas deste livro sugerem essas alternativas.

Carne
O importante é comer carne de qualidade, de vacas alimentadas com capim. Faz sentido gastar a mesma quantidade de dinheiro por semana e comprar carne orgânica, mais cara para produzir, mas de muito melhor qualidade. Na pirâmide alimentar, lembre-se de que a proteína também é encontrada em aves, peixes, feijão, ovos, oleaginosas e sementes. Fique longe de salsichas, frios e outras carnes processadas.

Grãos integrais
Os cereais integrais são repletos de benefícios: além de vitaminas e minerais, eles contêm proteínas valiosas. E mais ainda, você pode turbinar seu status nutricional. Quando nossos ancestrais comiam cereais integrais, não comiam pães feitos com fermento em pó e mingau preparado às pressas: eles deixavam os grãos de molho ou fermentando antes. E, claro, há uma boa razão para isso.

Deixar grãos integrais de molho permite que ocorram dois processos importantes. Todos os grãos contêm ácido fítico na camada exterior. Em nosso corpo, o ácido fítico se liga ao cálcio, cobre, ferro, magnésio e zinco (importantes para fortalecer o sistema imunológico) e nos impede de absorvê-los. Para neutralizar o ácido fítico, basta deixar os grãos de molho em água morna com suco de limão ou vinagre durante pelo menos sete horas. Juntar uma colher de iogurte permite que enzimas como lactobacilos quebrem e neutralizem o ácido fítico. O outro benefício é que deixar os grãos de molho em água morna estimula a produção de enzimas, que aumentam a quantidade de vitaminas do complexo B.

Quando uma receita deste livro for acompanhada de arroz ou grãos, experimente as seguintes variações:

ARROZ: preto, basmati integral, jasmim, grão longo, da Camargue vermelho, cateto, tailandês e selvagem.
GRÃOS: amaranto, cevada, trigo-sarraceno, milhete, kamut, painço, aveia, quinoa, centeio, cevadinha e trigo.
FLOCOS: cevada, trigo-sarraceno, kamut, milhete, aveia, arroz, quinoa, centeio, cevadinha e trigo.
FARINHA: cevada, trigo, castanhas, grão-de-bico, coco, milho, kamut, aveia, centeio, cevadinha e trigo.

Farinha de trigo integral

Os grãos integrais possuem todos os nutrientes e fibras de que precisamos. Por esse motivo, coma farinha integral sempre que possível.

Não há razão para comer farinha branca, já que os fabricantes removem do grão as duas partes mais nutritivas e ricas em fibras: a camada externa e o germe. O resultado é tão despojado de qualidades que é preciso adicionar vitaminas sintéticas ao final. Para piorar, a farinha branca é depois branqueada. O corpo não consegue distinguir entre açúcar branco e farinha branca, o que faz desta um outro açúcar.

Quando consumidos, carboidratos refinados (farinha branca, cereais, pães, biscoitos, petiscos) ou açúcares simples requerem muito pouco metabolismo do corpo, de modo que entram rapidamente na corrente sanguínea. Isso provoca o aumento rápido dos níveis de açúcar no sangue, o que desencadeia a liberação igualmente rápida de insulina, o hormônio regulador do açúcar. Esse processo levanta você para logo depois o derrubar, com uma sensação de cansaço e desânimo. Se isso acontece durante um longo período de tempo, pode provocar trombose, hipertensão arterial, doenças cardíacas, hipoglicemia, diabetes tipo 2, diminuição da imunidade e fadiga adrenal. Tente não fazer arroz branco ou macarrão em casa; coma às vezes, em restaurantes ou na casa de amigos, mas deixe para fazer em casa o que realmente for bom.

Adicionando nutrientes

Já que a comida é parte tão essencial da nossa saúde, gosto de adicionar nutrientes extras sempre que possível (isso é especialmente importante em relação a crianças, que não costumam comer muito). É por isso que procuro usar ingredientes como kuzu e missô (pp. 16) em vez de amido de milho e sal. Além disso, tente servir um pouco de nori na hora das refeições, polvilhando furikake (uma mistura de sementes de gergelim e algas) no arroz ou no macarrão do seu filho, adicionando brotos sempre que possível. E ofereça lanches saudáveis entre as refeições, como tahine com biscoitos de arroz, frutas, palitos de legumes, pipoca sem açúcar, oleaginosas e sementes.

Dicas úteis

Se você quer mudar seus hábitos alimentares, não tente fazer tudo de uma vez. Caso contrário, é bem provável que não seja divertido ou agradável, e você vai se estressar e voltar a comer do mesmo jeito de antes. Tente rever uma coisa por mês ou a cada dois meses. Faça alterações simples, como mudar para pão integral ou comprar iogurte orgânico natural. Coma um pouco de vegetais crus e cozidos, de cores diferentes, em cada refeição, compondo um arco-íris de alimentos todos os dias. Convide as crianças para cozinhar com você assim que se interessarem. Se tiver filhos mais velhos, escolha as comidas favoritas deles e faça mudanças sutis e saudáveis – por exemplo, se adoram pizza, use massa integral. Se eles já comem salada, adicione sementes. Misture o iogurte natural com cereais caseiros em vez de usar cereais altamente processados no café da manhã.

alimentação saudável para toda a família

Superalimentos

Com exceção de maçã, abacate e brócolis, não vou falar sobre os superalimentos, ou wonderfoods. Todos os alimentos frescos e orgânicos como ingredientes básicos são maravilhosos e têm algo de especial nos nutrientes que nos oferecem. Eles se tornam ainda mais especiais quando consumidos em sua época, porque estão no ponto ideal em termos de crescimento e amadurecimento. A maioria dos alimentos listados abaixo é especial porque oferece algo além do que a maioria das pessoas come todos os dias, e vale a pena incluí-los na dieta.

Abacate
Um dos meus quatro alimentos favoritos, o abacate é considerado por muitos um alimento perfeito, pelo imenso bem que faz. É maravilhoso para os bebês, pois lhes proporciona gordura fabulosa e os sacia com nutrientes. O abacate é a melhor fonte de vitamina. E entre as frutas, o que é ótimo para a saúde geral. É bom também para olhos, coração, pele e próstata, e ajuda na absorção de nutrientes e na prevenção do câncer da boca, da pele e da próstata, por causa da mistura especial de nutrientes anti-inflamatórios e antioxidantes. Corte-o ao meio, retire o caroço e preencha o buraco com azeite e vinagre. Use-o em fatias para rechear sanduíches – especialmente com homus – ou para incrementar saladas. Amasse-o para fazer uma pasta ou guacamole, ou bata-o em uma vitamina.

Algas
Algas secas provavelmente contêm mais minerais do que qualquer outro tipo de alimento. São ricas em minerais essenciais, vitaminas, proteínas e oligoelementos – muitos dos quais já não existem em nossos solos castigados. Elas contêm todos os elementos essenciais para a saúde, entre eles sódio, cálcio, magnésio, potássio, iodo, ferro e zinco. As algas também são fonte de vitaminas importantes, inclusive a B12, raramente presente em vegetais plantados no solo.

Se você nunca usou algas e não sabe como pode usá-las, este é um ótimo momento para adicioná-las à sua lista de ingredientes. Sugiro que você comece com dois ou três tipos diferentes, como kombu, nori e arame, e em breve poderá usá-las nas receitas deste livro.

Para cozinhar feijão, compre os grãos secos e cozinhe-os com alga kombu. Seus filhos vão adorar comer nori do pacote, ou você pode misturar a alga em saladas, massas ou pratos com arroz. Compre nori para sushi, que já vem tostada, ou compre a simples e toste-a rapidamente sobre a chama do fogão até ficar verde. A alga arame pode ser adicionada à abobrinha (p. 126) ou amassada, colocada de molho e misturada em pratos de massa ou arroz, sem deixar o sabor muito forte.

Alho

O alho tem dois efeitos benéficos principais sobre o corpo: além de ser um poderoso antibiótico e fungicida natural, é bom para o sistema imunológico. Eu costumava pensar no alho como um condimento na cozinha, mas agora o uso como um vegetal independente. Para mim, três dentes de alho eram muita coisa, mas agora sempre acabo usando uma cabeça inteira quando cozinho.

Amaranto

Originalmente encontrado na América do Sul e no México, o amaranto está presente na dieta humana há 8 mil anos. É repleto de nutrientes e composto por 15% a 17% de proteína. O amaranto é uma boa fonte de vitaminas A, B6 e C, ácido fólico e riboflavina, além de conter muitos minerais e fibras. Beneficia o sistema imunológico e é bom para quem tem hipertensão e doenças cardíacas – além de tudo, é gostoso.

Brócolis

Os brócolis fazem parte da família dos vegetais crucíferos, tão benéficos que devem ser consumidos pelo menos três vezes por semana. A melhor maneira de preparar brócolis é no vapor, assim eles mantêm seus nutrientes e ficam ligeiramente crocantes, e a maioria das crianças adora brócolis cozidos desse modo. Não os deixe cozinhar demais e passar do ponto, pois ficam escuros e moles. Os brócolis ajudam a metabolizar a vitamina D e a desintoxicar o corpo, o que diminui o efeito de alérgenos.

Brotos

Ricos em nutrientes, brotos como os de alfafa, brócolis e feijão contêm ativos altamente antioxidantes que previnem a destruição do DNA e os efeitos do envelhecimento. Eles também nos protegem de doenças, melhoram a formação de ossos e evitam sua decomposição, ajudam a controlar tumores e mal-estar, fortalecem o sistema imunológico e a lista de benefícios não para por aí.

Com ótimo sabor, os brotos podem ser usados de várias maneiras: para incrementar um sanduíche simples, em saladas, em wraps, misturados ao arroz e no sushi. Minha filha Jessie come salada de brotos com azeite e um pouco de vinagre balsâmico. Em boas lojas de produtos naturais, é possível encontrar brotos de aduki, feno-grego, grão-de-bico, lentilha, feijão, rabanete, girassol e muito mais; ou você pode cultivá-los em casa, com um kit de germinação.

Iogurte

A principal razão para comer iogurte regularmente é por causa das bactérias intestinais do tipo bom que ele contém. Esqueça aqueles iogurtes cheios de açúcar: coma iogurte natural integral, que tem sabor e cremosidade suficientes para você não sentir falta do açúcar. O iogurte é uma fonte excelente de proteínas, cálcio, riboflavina e vitaminas D, B6 e B12 – e muito melhor do que o leite, porque passa por um processo de fermentação que quebra o açúcar do leite (lactose) e a proteína do leite (caseína). Ele também restaura muitas enzimas que são destruídas quando o leite é pasteurizado, e que ajudam o organismo a absorver o cálcio e outros minerais. Coma o iogurte direto do pote ou coloque no cereal, misture com müsli, despeje sobre as frutas ou adicione às sobremesas.

Kefir

O kefir é chamado de alimento milagroso. É obtido por meio da cultura de leite fresco, água e grãos de kefir, que são aglomerações de bactérias comprovadas e altamente benéficas para a digestão. Tem sabor semelhante ao iogurte, mas além de conter bactérias saudáveis, o kefir é repleto de leveduras igualmente saudáveis. O kefir aumenta os micro-organismos dos intestinos, que auxiliam na digestão; além disso, estimula o sistema imunológico, protege contra bactérias nocivas e é rico em vitaminas, minerais, aminoácidos e enzimas.

Kuzu

No Japão e na China, o kuzu é conhecido por sua excelência como agente espessante e gelificante e por suas propriedades curativas para distúrbios digestivos, como dores de estômago e diarreia. O kuzu é rico em flavonoides, que relaxam os vasos sanguíneos contraídos – isso significa que pode ajudar a aliviar dores de cabeça, enxaquecas e pressão arterial elevada. Ele também neutraliza e elimina o ácido lático do corpo e relaxa os músculos tensos.

Nos países orientais, o kuzu é vendido em pedaços. Triturado até virar pó com a parte de trás de uma colher, é usado para encorpar molhos, na relação de 1 colher (sopa) para 240 ml/1 xícara de líquido; para efeito gelificante, 2 colheres (sopa) para 240 ml/ 1 xícara de líquido.

Maçã

Quem não ama maçãs? Elas são fáceis de encontrar, cultivar e guardar, custam pouco e são simplesmente deliciosas. Além disso, aumentam a densidade óssea, reduzem o chiado de asma, protegem contra câncer de pulmão, mama, cólon e fígado e contra o mal de Alzheimer, ajudam a combater a diabetes e podem ser grandes aliadas na perda de peso.

Missô

Um produto da fermentação da soja, o missô é delicioso, útil e medicinal. Você pode usar missô em vez de sal em sopas e assados para enriquecer o sabor. O missô é uma boa fonte de aminoácidos e, como o iogurte, é repleto de bactérias de ácido lático e enzimas que ajudam na digestão. Pesquisas científicas recentes mostram que o missô ajuda o corpo a se livrar de algumas substâncias cancerígenas, da acidez, radiação e dos efeitos do tabagismo e da poluição.

No fim do cozimento, pegue um pouco do caldo da sopa ou do cozido, dissolva 1 colher (sopa) de missô e devolva à panela. Ele pode ser levemente aquecido, mas ferver o missô destrói suas propriedades saudáveis.

Oleaginosas

As oleaginosas são uma das melhores fontes vegetais de proteína. São ricas em gorduras boas e em fibras, fitonutrientes e antioxidantes. As amêndoas, em particular, são fabulosas, e eu tenho sempre uma tigela cheia delas para as crianças petiscarem. Essas pequenas sementes ajudam a regular a pressão arterial, prevenir o câncer, proteger contra a diabetes, aumentar a energia, reduzir o risco de doenças cardíacas, melhorar a potência do cérebro e prevenir defeitos congênitos. No entanto, espere até seu filho ter 5 anos para oferecer amendoim a ele.

Óleos

Seu corpo precisa de ácidos graxos essenciais todos os dias, porque não pode fabricá-los a partir das outras coisas que você come. Óleos de sementes prensadas a frio são uma excelente fonte de gorduras essenciais – escolha entre linhaça, abóbora, gergelim, cártamo e girassol. O óleo de linhaça é o melhor, mas qualquer um deles é muito benéfico para os bebês. Esses óleos são tão importantes que é recomendável adicionar 1 colher (chá) de óleo de sementes prensadas a frio para cada refeição diária de seu bebê – e para você. Comece com 1 colher (chá) por dia a partir dos 4 meses de idade, aumentando para 2 colheres (chá) aos 6 meses.

Prefira sempre azeite extravirgem, pois é o suco extraído da primeira prensagem das azeitonas (ao contrário do azeite virgem, produzido com a mistura e refinação de óleos muito inferiores). O azeite extravirgem é maravilhoso por causa de seu alto teor de gordura monoinsaturada em forma de ácido oleico (entre 60% e 80%), que, segundo estudos, reduz os níveis de colesterol LDL. Pesquisas também ligaram o ácido oleico à redução do crescimento de muitos tipos de células cancerosas. Cerca de 20% do azeite extravirgem é composto de ácidos graxos essenciais ômega 6; além disso, o polifenol antioxidante e a vitamina E presentes no azeite extravirgem o tornam uma gordura extremamente saudável.

Painço

Um ótimo e pouco utilizado grão sem glúten, o painço é altamente nutritivo e alcalino, de fácil digestão e calmante para o sistema digestivo. É considerado por alguns o grão mais digerível e menos alergênico no mundo. Com cerca de 15% de proteína, o painço também é rico em fibras, vitaminas do complexo B, vitamina E e minerais importantes. Excelente para o mingau matutino ou no lugar de massa ou arroz.

Quinoa

A quinoa é um grão antigo da América do Sul, rico em proteínas – entre elas os nove aminoácidos – e excelente fonte de lisina. A lisina é necessária para o crescimento e a reparação do organismo, e por isso é vital para crianças em desenvolvimento e para todos nós à medida que envelhecemos.

A quinoa é uma boa fonte de manganês, magnésio, cobre, ferro e fósforo, o que significa que é importante para quem sofre de enxaquecas, diabetes e aterosclerose. Quando cozida, tem uma textura macia e cremosa e um sabor que remete ligeiramente a nozes, e funciona bem como um substituto para o arroz e o cuscuz marroquino.

Sardinha

A sardinha é de fato o melhor peixe que você pode comer. Hoje em dia, não só vários peixes estão ameaçados de desaparecer, como muitos contêm níveis perigosos de toxinas por conta da poluição dos oceanos. Descarte peixes de criadouros, que crescem em condições precárias, como animais de criação intensiva (orgânicos são a única exceção). As sardinhas não carregam toxinas como outros peixes, especialmente os grandes, como o atum.

Elas são excelentes para a saúde cardiovascular, a memória e as articulações, para revigorar a energia e a pele. Além disso, são uma fonte impressionante de gorduras essenciais ômega 3. Se você não gosta muito de sardinha, experimente a receita do Bolinho de sardinha da página 59, mas se você e seus filhos já gostam, tente incluí-la na sua rotina semanal. Esse peixe pode compor um prato rápido e rende um lanche fácil. Experimente servi-lo na torrada com maionese.

Sementes

Sementes são as pequenas usinas da natureza: estão repletas de proteína e óleo. Tente adicioná-las ao iogurte, ao mingau ou a cereais no café da manhã. Salpique-as em saladas, massas e arroz no almoço ou jantar e coloque-as em pequenas tigelas para incentivar seus filhos e você a petiscar durante o dia. O benefício é integral quando elas são consumidas cruas, mas tostadas de leve – ou com molho de soja, se desejar – ficam irresistíveis. Se possível, guarde as sementes na geladeira para mantê-las frescas e para que você receba por inteiro o benefício de seus óleos.

Trigo-sarraceno

Outro grão ótimo para adicionar à sua dieta é o trigo-sarraceno, que tem um perfil nutricional maravilhoso. Um de seus benefícios é conter quase 86 mg de magnésio em apenas 1 xícara. O magnésio relaxa os vasos sanguíneos, melhora o fluxo sanguíneo e, por conseguinte, o fornecimento de nutrientes por todo o corpo, reduzindo a pressão sanguínea. Um carboidrato complexo, o trigo-sarraceno é energizante, seja no mingau do café da manhã ou como parte do almoço ou jantar.

Para começar

Lembre-se de que o modo de preparar e cozinhar os alimentos pode fazer uma grande diferença em suas qualidades nutricionais. Uso métodos com os quais você pode não estar familiarizado, como quase nunca descascar legumes e sempre deixar grãos integrais de molho – esses métodos são explicados com mais detalhe nas páginas 18-9 e 22-5.

De que utensílios eu preciso?
Para preparar legumes compre uma escova de cerdas naturais, pois em vez de descascá-los, você vai lavá-los. Certifique-se também de ter uma faca de excelente qualidade para cortar e picar. Para cozinhar, você precisará de algumas panelas e frigideiras de aço inoxidável e algumas assadeiras (eu evito alumínio e a maioria dos antiaderentes, pois o seu nível de segurança ainda desperta dúvidas). Para cozinhar legumes, uma panela de cozimento a vapor metálica é essencial. Para bater a papinha do bebê e também fazer vitaminas, ralar pão, fazer pasta de feijão e molhos, você precisará de um liquidificador ou de um processador de alimentos pequeno.

Mantendo a limpeza
Acredito que um pouco de exposição a germes é uma coisa positiva para crianças a partir dos 6 meses de idade. Bebês que crescem em ambiente estéril têm dificuldade para combater infecções e resfriados comuns. Não consumo produtos de limpeza fortes, que eliminam os germes, porque não os quero perto da minha família e não quero lançá-los no meio ambiente. Tenho mais medo das toxinas em produtos de limpeza rotulados com uma caveira e ossos cruzados do que de alguns germes. Apenas certifique-se sempre de lavar as mãos antes de cozinhar, de manter os utensílios limpos, de separar carnes cruas e cozidas e de cozinhar bem ovos e carnes para crianças pequenas.

Armazenamento e congelamento
Recipientes de vidro, cerâmica ou metal com tampa são ideais para congelar cubos de comida do bebê. Fico longe de plástico sempre que possível, pois ele contém produtos químicos prejudiciais e praticamente nunca biodegrada. Qualquer sobra de alimento pode ser resfriada, acondicionada em fôrmas de gelo e congelada: quando os cubos estiverem sólidos, coloque-os em outro recipiente que você pode datar, etiquetar e guardar no congelador por até 3 meses. Logo você terá uma grande seleção de frutas, legumes, grãos, peixe e carne à sua escolha, seja para uma refeição inteira ou para complementar algo que acabou de fazer.

Cubos de alimentos descongelam rapidamente e podem ser aquecidos em uma panela pequena. Lembre-se de descongelar peixe, aves e carne na geladeira e de reaquecer o arroz completamente. Você vai descobrir que a melhor forma de alimentar o bebê de modo equilibrado, com diferentes tipos de alimentos, é cozinhar sempre um pouquinho a mais e congelar as sobras, que podem ser adicionadas às receitas.

Cozinhar vegetais no vapor
É melhor não descascar quase todos os vegetais, por causa dos nutrientes e das fibras que ficam na casca e logo abaixo dela. E, exceto quando consumidos crus, é

melhor cozinhar legumes no vapor em vez de fervê-los; essa prática é excelente para a alimentação dos bebês. Quando fervemos os legumes, grande parte dos nutrientes fica na água e vai ralo abaixo.

Coloque 1 cm de água numa panela e deixe ferver. Disponha os legumes na outra parte da panela a vapor, encaixe-a sobre a água, tampe e, em seguida, deixe o vapor agir por cerca de 5 minutos até que os legumes estejam macios, mas ainda um pouco crocantes. Para a comida do bebê, deixe os legumes no vapor durante cerca de 10 minutos (cenouras: 20 minutos; abóbora: 30 minutos), até que estejam totalmente macios.

Deixar feijão de molho
Deixar o feijão de molho em bastante água morna acidulada com 1 colher (sopa) de suco de limão ou vinagre é um passo importante na preparação. Depois de ficarem de molho por pelo menos 12 horas, lave bem os grãos e cozinhe-os por 10 minutos, retirando qualquer impureza que suba para a superfície. Tampe e cozinhe com kombu (p. 14) até que fique macio. Esse processo garante que o ácido fítico seja neutralizado, os grãos sejam facilmente digeridos, os nutrientes sejam liberados e os açúcares complexos, difíceis de digerir, sejam quebrados.

A alga kombu ajuda a suavizar o feijão, reduz o tempo de cozimento e torna os grãos mais fáceis de digerir. Para garantir mais sabor e valor nutritivo, sirva kombu com o feijão, exceto para bebês. Sempre adicione o sal depois de cozinhar o feijão – em parte para separar os grãos para o bebê, em parte porque o sal endurece a casca e inibe o cozimento.

Outras ideias
Eu cozinho há bastante tempo, mas ninguém nunca tinha me dado essa dica simples, que evitaria uma série de erros e de ingredientes esquecidos apenas porque eu estava cansada ou distraída. Depois de comprar tudo o que precisa e estar pronto para cozinhar, comece colocando os ingredientes sobre a mesa ou a pia. Em seguida, prepare os vegetais, conforme relacionado na lista de ingredientes, e siga a receita. Quando tiver terminado, leia novamente a receita para garantir que você seguiu todos os passos e usou todos os ingredientes – isso pode evitar que você cometa erros frustrantes.

Lembre-se: se possível, tente fazer da hora de cozinhar um momento divertido. Se seus filhos pararem de experimentar coisas novas, brinque com eles: peça que fechem os olhos e provem cinco ou seis coisas diferentes. Leve-os a experimentar os alimentos com a mente aberta, sem saber o que esperar ou que tipo de comida pode ser, e inclua algo que eles adorem no meio.

Eu amo cozinhar, mas muitas vezes ficava sem saber o que fazer para o jantar. Então, agora, faço duas coisas: em primeiro lugar, escrevo o que vou preparar por uma semana e compro os ingredientes; em segundo lugar, tenho uma lista de refeições que adoramos comer regularmente no almoço e no jantar, para não repetir os alimentos com muita frequência. Não tenha medo de fazer a mesma comida em determinados dias, para facilitar as coisas. Por exemplo, sempre temos ovos no *brunch* e pizza no jantar aos domingos (é meu dia de folga e é isso que meu marido gosta de cozinhar).

Eu também adoro ter um dia específico para planejar a semana seguinte. É um dia que separo para cozinhar e assar: faço pelo menos pão, um doce assado e uma pasta de feijão. E faço isso no meu dia de ir ao supermercado.

Idades e fases

6-9 meses

Quando seu bebê estiver pronto para o desmame, comece a usar os alimentos da lista abaixo. Ele já pode ter alguns dentes, mas todos os alimentos devem ser transformados num purê completamente homogêneo. Se necessário, adicione água durante o preparo, de modo que a textura dos alimentos se iguale à consistência de iogurte.

Se seu bebê estiver mastigando, adicione lentamente algumas frutas e legumes ralados finamente (você pode incluir as cascas, seja em forma de purê ou raladas). Alimente o bebê com leite materno ou mamadeira no café da manhã e entre as refeições, para incentivá-lo a comer na hora das refeições. Você também pode dar um pouco de água morna filtrada junto com o almoço e o jantar.

Dê ao bebê 2 colheres (chá) de óleo de sementes por dia, alternando com azeite.

Nessa idade, você pode introduzir aves, peixes e carnes em pequenas quantidades, e pode também começar a dar aveia. A aveia é colhida, transportada e processada por máquinas usadas para a colheita de grãos que contêm glúten, portanto, muitas pessoas alérgicas ao glúten ficam longe dela. Quando isolada, a aveia não tem glúten (ela contém uma proteína semelhante ao glúten que causa reação apenas em pessoas muito sensíveis). Compre aveia sem glúten, que não foi contaminada, para incluir nas refeições de bebês entre 6-9 meses de idade. É recomendável que a aveia fique de molho no iogurte ou no kefir (p. 22).

É difícil comer um peixe que não seja objeto de sobrepesca, e a lista de espécies ameaçadas muda constantemente. Eu recomendo anchovas (somente frescas), cavalinha, salmão (selvagem ou de criação orgânica) e sardinhas porque são peixes gordos e fazem muito bem. É importante lembrar de algumas coisas: varie o peixe – não é bom dar pescada branca o tempo todo para o bebê, por exemplo – e prefira peixes pescados a linha, se puder encontrar. Evite peixes de criadouros, a menos que sejam cultivados organicamente – a aquicultura é feita sob condições intensivas, com o uso de organofosforados, cloro, antibióticos e outros produtos químicos que não são bons para seu bebê, para você, para a água nem para a terra.

9-12 meses

Agora seu bebê já deve ser capaz de mastigar um pouco; portanto, a comida pode ter alguns pedaços. Adicione frutas ou legumes ralados e sirva pedacinhos de 5 mm de frutas ou vegetais, além de incentivar a autoalimentação. Esteja sempre junto do bebê enquanto ele come pedaços pequenos de alimentos, para o caso de ele engasgar. Se seu bebê ainda não mastiga direito, não se preocupe; continue a alimentá-lo com purês, que serão digeridos adequadamente.

Alimentos para introduzir entre 6-9 meses

- abacate
- abóbora
- abobrinha
- aipo
- amaranto
- ameixa roxa
- ameixa vermelha
- pescada branca
- arroz (basmati, preto, integral grão curto/longo, integral sushi, jasmim, vermelho, tailandês, selvagem)
- aveia (sem glúten)
- aves
- azeite
- banana
- batata-doce
- beterraba
- brócolis
- carne de caça
- carnes vermelhas
- cavalinha
- cenoura
- cereja
- coco
- coração de alcachofra
- couve-flor
- damasco
- ervilha
- ervilha-torta
- fava
- feijão-bolinha
- feijão-branco
- feijão-fradinho
- feijão moyashi
- feijão-preto
- feijão-rajado
- grão-de-bico
- iogurte, para molho
- kefir, para a água do molho
- kombu, para cozinhar
- lentilhas (vermelha, comum, verde grande, puy ou ervilha seca)
- maçã
- mamão
- mandioquinha
- manga
- moranga
- nabo
- nabo redondo
- nectarina
- óleo de cártamo
- óleo de gergelim
- óleo de girassol
- óleo de sementes de linhaça
- óleo de sementes de abóbora
- painço
- pera
- pêssegos
- quinoa
- salmão orgânico
- sardinha
- suco de limão, para a água do molho
- trigo-sarraceno
- vagem

Alimentos para introduzir entre 9-12 meses

- acelga
- alho
- alho-poró
- amora
- aspargo
- aveia
- brotos (todos os tipos, entre eles alfafa, brócolis, grão-de-bico, feijão, lentilha e rabanete)
- cação
- cebola
- cebolinha
- couve-chinesa
- erva-doce
- ervas frescas, como manjericão, hortelã e salsa
- farinha de milho/fubá
- figo
- framboesa
- hadoque
- inhame
- iogurte
- kefir
- kiwi
- lichia fresca
- manteiga
- mirtilo
- uvas-passas
- pepino
- fubá pré-cozido
- nectarina
- tâmara
- truta
- uva

É hora de frutas com sementes pequenas e de alguns vegetais e brotos mais duros e fibrosos, que são bastante nutritivos. Introduza também iogurte natural e pequenas quantidades de manteiga. Continue com as 2 colheres (chá) de óleo de sementes ou azeite por dia.

A partir de 12 meses

Aos 12 meses seu filho pode comer todas as refeições da família. Você pode oferecer morangos e frutas cítricas em pequenas quantidades, além de alimentos da família da beladona (berinjela, cogumelos, tomate, batata e pimentão) e alguns grãos que contêm glúten. Introduza também ovo e o mínimo de soja – quando possível, prefira tempeh a soja.

Comece também a dar trigo, embora seja recomendável ficar no mínimo. Oleaginosas (exceto amendoim, até os 5 anos) e sementes são permitidas – apenas certifique-se de que sejam bem mastigadas –, bem como queijo orgânico, de preferência feito com leite de ovelha e cabra, em vez de leite de vaca.

Além de continuar com as 2 colheres (chá) de óleo de sementes ou azeite por dia, você pode fazer uma mistura de ácidos graxos essenciais (AGE) de sementes. Misture uma medida de sementes de gergelim e uma medida de sementes de girassol ou de abóbora em uma jarra. Adicione 2 medidas de sementes de linhaça, feche hermeticamente e mantenha na geladeira longe de luz, calor e ar. Moa 1 colher (chá) da mistura em moedor de especiarias ou de café na hora das refeições e misture à comida do seu filho. Você pode alternar essa mistura com os óleos.

A partir dos 12 meses, seu filho pode comer de tudo, inclusive:

- acelga
- agrião
- aipo
- alcaparra
- alface
- algas (arame, hijiki, kombu, nori)
- amêndoas
- avelãs
- azeitonas, sem caroço
- batata
- berinjela
- castanhas
- castanhas de caju
- castanhas-do-pará
- centeio
- cevada
- cevadinha
- cogumelos
- couve
- couve-de-bruxelas
- edamame
- espinafre
- kamut
- laranja
- laranjinha kinkan
- limão
- limão-siciliano
- macadâmia
- mandarina
- maracujá
- maxixe
- mexerica
- milho
- morango
- noz
- oleaginosas
- ovo
- pecãs
- pimentão (vermelho, amarelo, laranja, verde)
- pinhão
- pistaches
- queijo, especialmente orgânico de leite de cabra ou de ovelha
- repolho
- romã
- rúcula
- salicórnia
- sementes de abóbora
- sementes de gergelim
- sementes de girassol
- sementes de linhaça
- soja, inclusive tempeh e tofu
- tangerina
- tomate
- toranja
- trigo

Receitas básicas

As páginas seguintes contêm todas as receitas básicas para cozinhar cereais e leguminosas. Como você provavelmente as usará muitas vezes, pode ser útil fazer fotocópias destas páginas — ou das que você usa mais — e fixá-las na porta da geladeira ou do armário.

As instruções dizem para deixar grãos e arroz de molho por pelo menos 7 horas. Se você lembrar, coloque os grãos de molho na noite anterior à preparação, pois o tempo excedente é um bônus. Se, no entanto, você esquecer, ainda terá tempo de colocar de molho pela manhã para cozinhar à noite. Caso só se lembre à tarde, prepare a refeição mesmo assim, mas adquira o hábito de deixar os grãos de molho.

Os tempos de cozimento das receitas a seguir são para adultos. Se estiver cozinhando grãos para o bebê, adicione 20 minutos e 125 ml de água quente na panela. Para um adulto, o arroz deve ser cozido ligeiramente al dente, mas para bebês deve estar completamente macio.

Se houver temperos na lista de ingredientes da receita, adicione apenas 1 colher (chá) de sal refinado para cada xícara de grão ou feijão cru.

GRÃOS

PAINÇO COZIDO

PREPARAÇÃO: 5 minutos, mais 7 horas de molho, pelo menos
TEMPO DE COZIMENTO: 20 minutos

100 g/½ xícara de painço
½ colher (chá) de iogurte natural ou kefir

1 Coloque o painço, o iogurte e 500 ml/2 xícaras de água quente em uma panela e deixe de molho, tampada, por 7 horas ou durante a noite em temperatura ambiente.

2 Aqueça os ingredientes em fogo alto até levantar fervura. Em seguida, abaixe o fogo e cozinhe por 20 minutos, com a panela tampada, até que o painço esteja macio.

TRIGO-SARRACENO COZIDO

PREPARAÇÃO: 5 minutos, mais 7 horas de molho, pelo menos
TEMPO DE COZIMENTO: 20 minutos

60 g/⅓ de xícara de trigo-sarraceno
1 colher (chá) de iogurte natural ou kefir

1 Coloque o trigo, o iogurte e 310 ml/1¼ xícara de água quente em uma panela e deixe de molho, tampada, por 7 horas ou durante a noite em temperatura ambiente.

2 Aqueça os ingredientes em fogo alto até levantar fervura. Em seguida, abaixe o fogo e cozinhe por 20 minutos, com a panela tampada, até que o trigo esteja completamente macio.

AVEIA EM FLOCOS COZIDA

PREPARAÇÃO: 5 minutos, mais 7 horas de molho, pelo menos
TEMPO DE COZIMENTO: 10 minutos

100 g/1 xícara de aveia em flocos
1 colher (sopa) de iogurte natural ou kefir

1 Coloque a aveia, o iogurte e 750 ml/3 xícaras de água quente em uma panela e deixe de molho, tampada, por 7 horas ou durante a noite em temperatura ambiente.

2 Aqueça os ingredientes em fogo médio até levantar fervura. Em seguida, abaixe o fogo e cozinhe, mexendo ocasionalmente, por 10 minutos ou até que a aveia esteja macia e cremosa.

QUINOA OU QUINOA VERMELHA COZIDA

PREPARAÇÃO: 5 minutos, mais 7 horas de molho, pelo menos
TEMPO DE COZIMENTO: 20 minutos

200 g/1 xícara de quinoa ou quinoa vermelha
1 colher (sopa) de iogurte natural ou kefir

1 Coloque a quinoa, o iogurte e 750 ml/3 xícaras de água quente em uma panela e deixe de molho, tampada, por 7 horas ou durante a noite em temperatura ambiente.

2 Aqueça os ingredientes em fogo alto até levantar fervura. Em seguida, abaixe o fogo e cozinhe por 20 minutos, com a panela tampada, até que a quinoa esteja macia.

ARROZ BASMATI INTEGRAL COZIDO

PREPARAÇÃO: 5 minutos, mais 7 horas de molho, pelo menos
TEMPO DE COZIMENTO: 35 minutos

**200 g/1 xícara de arroz basmati integral
1 colher (sopa) de iogurte natural ou kefir**

1 Coloque o arroz, o iogurte e 455 ml/2 xícaras rasas de água quente em uma panela e deixe de molho, tampada, por 7 horas ou durante a noite em temperatura ambiente.

2 Aqueça os ingredientes em fogo alto até levantar fervura. Em seguida, abaixe o fogo e cozinhe por 35 minutos, com a panela tampada, até que o arroz esteja cozido, porém ligeiramente al dente.

ARROZ INTEGRAL, ARROZ PARA SUSHI INTEGRAL, ARROZ CATETO INTEGRAL OU ARROZ VERMELHO COZIDO

PREPARAÇÃO: 5 minutos, mais 7 horas de molho, pelo menos
TEMPO DE COZIMENTO: 40 minutos

**200 g/1 xícara de arroz integral, arroz para sushi integral, arroz de grão curto integral ou arroz vermelho
1 colher (sopa) de iogurte natural ou kefir**

1 Coloque o arroz, o iogurte e 455 ml/2 xícaras rasas de água quente em uma panela e deixe de molho, tampada, por 7 horas ou durante a noite em temperatura ambiente.

2 Aqueça os ingredientes em fogo alto até levantar fervura. Em seguida, abaixe o fogo e cozinhe por 40 minutos, com a panela tampada, até que o arroz esteja cozido, porém ligeiramente al dente.

ARROZ SELVAGEM COZIDO

PREPARAÇÃO: 5 minutos, mais 7 horas de molho, pelo menos
TEMPO DE COZIMENTO: 40 minutos

**75 g/½ xícara de arroz selvagem
½ colher (sopa) de iogurte natural ou kefir**

1 Coloque o arroz selvagem, o iogurte e 250 ml/1 xícara de água quente em uma panela e deixe de molho, tampada, por 7 horas ou durante a noite em temperatura ambiente.

2 Aqueça os ingredientes em fogo alto até levantar fervura. Em seguida, abaixe o fogo e cozinhe, com a panela tampada, por 40 minutos até que o arroz esteja cozido, porém ligeiramente al dente.

FEIJÕES E LENTILHAS

PREPARAÇÃO: 5 minutos, além de 12 horas de molho, pelo menos
TEMPO DE COZIMENTO: 1h40

**200 g/½ xícara de feijão-preto
½ colher (sopa) de suco de limão ou vinagre de vinho tinto ou branco
½ tira de alga kombu com cerca de 8x5 cm (opcional)**

1 Coloque o feijão em uma panela. Adicione o suco de limão ou vinagre, cubra generosamente com água morna e deixe de molho, tampada, por 12 horas ou durante a noite em temperatura ambiente.

2 Escorra e lave o feijão, e em seguida recoloque-o na panela. Adicione 375 ml/1½ xícara de água e aqueça em fogo alto até levantar fervura. Ferva por 10 minutos, retirando a espuma que subir à superfície. Abaixe o fogo e adicione a alga kombu. Cozinhe durante 1h30, com a panela tampada, até que o feijão fique macio. Verifique ocasionalmente para garantir que os grãos estejam cobertos de água e adicione água fervente, se necessário. Tire a alga kombu da panela e reserve-a para picar ou triturar. Escorra o feijão.

FEIJÃO-BRANCO COZIDO

PREPARAÇÃO: 5 minutos, além de 12 horas de molho, pelo menos
TEMPO DE COZIMENTO: 1h10

**200 g/½ xícara de feijão-branco
½ colher (sopa) de suco de limão ou vinagre de vinho tinto ou branco
½ tira de alga kombu com cerca de 8x5 cm (opcional)**

1 Coloque o feijão em uma panela. Adicione o suco de limão ou vinagre, cubra generosamente com água morna e deixe de molho, tampada, por 12 horas ou durante a noite em temperatura ambiente.

2 Escorra e lave o feijão, e em seguida recoloque-o na panela. Adicione 1200 ml/4¾ xícaras de água e aqueça em fogo alto até levantar fervura. Ferva por 10 minutos, retirando a espuma que subir à superfície. Abaixe o fogo e adicione a alga, se usar. Cozinhe durante 1 hora, com a panela tampada, até que o feijão esteja macio. Verifique ocasionalmente para garantir que os grãos estejam cobertos de água e adicione água fervente se necessário. Tire a alga da panela e reserve para picar ou triturar. Escorra o feijão.

GRÃO-DE-BICO COZIDO

PREPARAÇÃO: 5 minutos, além de 12 horas de molho, pelo menos
TEMPO DE COZIMENTO: 2h10

100 g/½ xícara de grão-de-bico
½ colher (sopa) de suco de limão ou vinagre de vinho tinto ou branco
½ tira de alga kombu com cerca de 8x5 cm (opcional)

1 Coloque o grão-de-bico em uma panela. Adicione o suco de limão ou vinagre, cubra generosamente com água morna e deixe de molho, tampada, por 12 horas ou durante a noite em temperatura ambiente.

2 Escorra e lave o grão-de-bico. Em seguida, recoloque-o na panela. Adicione 1400 ml/5½ xícaras de água e aqueça em fogo alto até lavantar fervura. Ferva por 10 minutos, retirando qualquer espuma que suba à superfície. Abaixe o fogo e adicione a alga, se usar. Cozinhe durante 2 horas, com a panela tampada, até que o grão-de-bico esteja macio. Verifique ocasionalmente para garantir que os grãos estejam cobertos de água e adicione água fervente se necessário. Tire a alga da panela e reserve para picar ou triturar. Escorra o grão-de-bico.

FEIJÃO-BOLINHA COZIDO

PREPARAÇÃO: 5 minutos, além de 12 horas de molho, pelo menos
TEMPO DE COZIMENTO: 1h40

200 g/1 xícara de feijão-bolinha
1 colher (sopa) de suco de limão ou vinagre de vinho tinto ou branco
1 tira de alga kombu com cerca de 16x10 cm (opcional)

1 Coloque o feijão em uma panela. Adicione o suco de limão ou vinagre, cubra generosamente com água morna e deixe de molho, tampada, por 12 horas ou durante a noite em temperatura ambiente.

2 Escorra e lave o feijão e, em seguida, recoloque-o na panela. Adicione 1200 ml/4¾ xícaras de água e aqueça em fogo alto até ferver. Ferva por 10 minutos, retirando a espuma que subir à superfície. Abaixe o fogo e adicione a alga, se usar. Cozinhe durante 1h30, com a panela tampada, até que o feijão esteja macio. Verifique ocasionalmente para garantir que os grãos estejam cobertos de água e adicione água fervente, se necessário. Tire a alga da panela e reserve-a para picar ou triturar. Escorra o feijão.

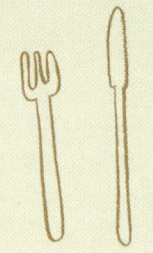

FEIJÃO-VERMELHO COZIDO

PREPARAÇÃO: 5 minutos, além de 12 horas de molho, pelo menos
TEMPO DE COZIMENTO: 1h40

180 g/1 xícara de feijão-vermelho
1 colher (sopa) de suco de limão ou vinagre de vinho tinto ou branco
1 tira de kombu com cerca de 16x10 cm (opcional)

1 Coloque o feijão em uma panela. Adicione o suco de limão ou vinagre, cubra generosamente com água morna e deixe de molho, tampada, por 12 horas ou durante a noite em temperatura ambiente.

2 Escorra e lave o feijão e, em seguida, recoloque-o na panela. Adicione 1 litro/4 xícaras de água e aqueça em fogo alto até levantar fervura. Ferva por 10 minutos, retirando a espuma que subir à superfície. Abaixe o fogo e adicione a alga, se usar. Cozinhe durante 1h30, com a panela tampada, até que o feijão esteja macio. Verifique ocasionalmente para garantir que os grãos estejam cobertos de água e adicione água fervente, se necessário. Tire a alga da panela e reserve-a para picar ou triturar. Escorra o feijão.

FEIJÃO MOYASHI COZIDO

PREPARAÇÃO: 5 minutos, além de 12 horas de molho, pelo menos
TEMPO DE COZIMENTO: 55 minutos

100 g/½ xícara de feijão moyashi
½ colher (sopa) de suco de limão ou vinagre de vinho tinto ou branco
½ tira de alga kombu com cerca de 8x5 cm (opcional)

24 receitas básicas

1 Coloque o feijão em uma panela. Adicione o suco de limão ou vinagre, cubra generosamente com água morna e deixe de molho, tampada, por 12 horas ou durante a noite em temperatura ambiente.

2 Escorra e lave o feijão e, em seguida, recoloque-o na panela. Adicione 750 ml/3 xícaras de água e aqueça em fogo alto até levantar fervura. Ferva por 10 minutos, retirando a espuma que subir à superfície. Abaixe o fogo e adicione a alga, se usar. Cozinhe durante 45 minutos, com a panela tampada, até que o feijão esteja macio. Verifique ocasionalmente para garantir que os grãos estejam cobertos de água e adicione água fervente, se necessário. Tire a alga da panela e reserve-a para picar ou triturar. Escorra o feijão.

FEIJÃO-RAJADO COZIDO

PREPARAÇÃO: 5 minutos, além de 12 horas de molho, pelo menos
TEMPO DE COZIMENTO: 1h40

200 g/1 xícara de feijão-rajado
1½ colher (sopa) de suco de limão ou vinagre de vinho tinto ou branco
1 tira de alga kombu com cerca de 16x10 cm (opcional)

1 Coloque o feijão em uma panela. Adicione o suco de limão ou vinagre, cubra generosamente com água morna e deixe de molho, tampada, por 12 horas ou durante a noite em temperatura ambiente.

2 Escorra e lave o feijão, e em seguida, recoloque-o na panela. Adicione 1½ litro/6 xícaras de água e aqueça em fogo alto até levantar fervura. Ferva por 10 minutos, retirando a espuma que subir à superfície. Abaixe o fogo e adicione a alga, se usar. Cozinhe durante 1h30, com a panela tampada, até que o feijão esteja macio. Verifique ocasionalmente para garantir que os grãos estejam cobertos de água e adicione água fervente, se necessário. Tire a alga da panela e reserve-a para picar ou triturar. Escorra o feijão.

LENTILHA COZIDA

PREPARAÇÃO: 5 minutos, além de 12 horas de molho, pelo menos
TEMPO DE COZIMENTO: 30 minutos

200 g/1 xícara de lentilhas
1 colher (sopa) de suco de limão ou vinagre de vinho tinto ou branco
1 tira de alga kombu com cerca de 16x10 cm (opcional)

1 Coloque a lentilha em uma panela. Adicione o suco de limão ou vinagre, cubra generosamente com água morna e deixe de molho, tampada, por 12 horas ou durante a noite em temperatura ambiente.

2 Escorra e lave a lentilha e, em seguida, recoloque-a na panela. Adicione 875 ml/3½ xícaras de água e aqueça em fogo alto até levantar fervura. Abaixe o fogo e adicione a alga, se usar. Cozinhe durante 30 minutos, com a panela tampada, até que a lentilha esteja macia. Tire a alga kombu da panela e reserve-a para picar ou triturar. Escorra o feijão.

LENTILHA PUY OU COMUM HIDRATADA

PREPARAÇÃO: 5 minutos, além de 12 horas de molho, pelo menos

200 g/1 xícara de lentilhas comuns ou lentilhas puy
1 colher (sopa) de suco de limão ou vinagre de vinho tinto ou branco

1 Coloque a lentilha em uma panela. Adicione o suco de limão, cubra generosamente com água morna e deixe de molho, coberta, por 7 horas ou durante a noite em temperatura ambiente. Escorra e lave a lentilha.

receitas básicas 25

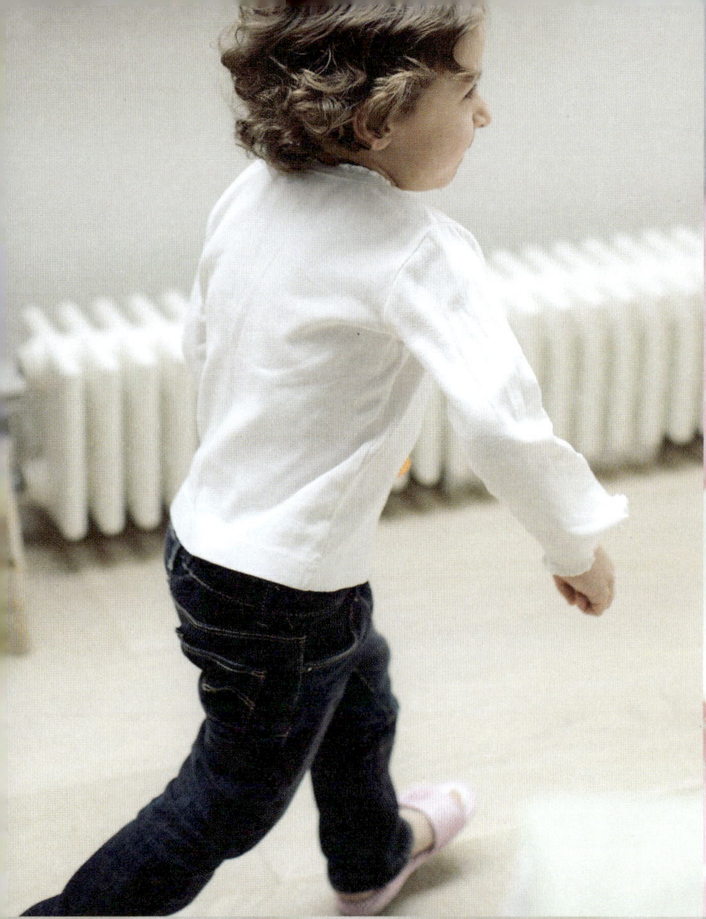
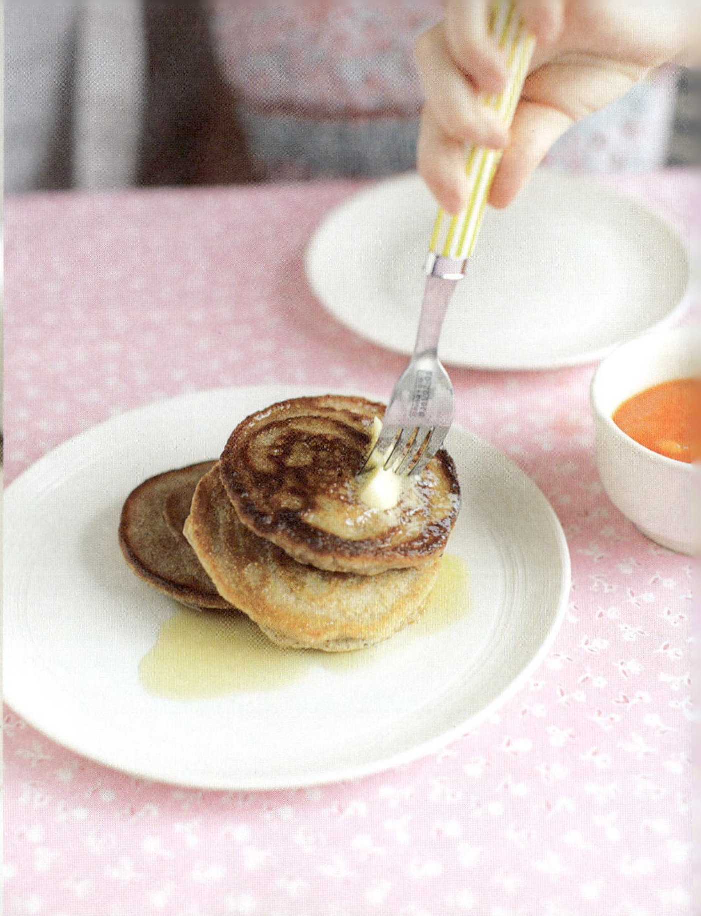
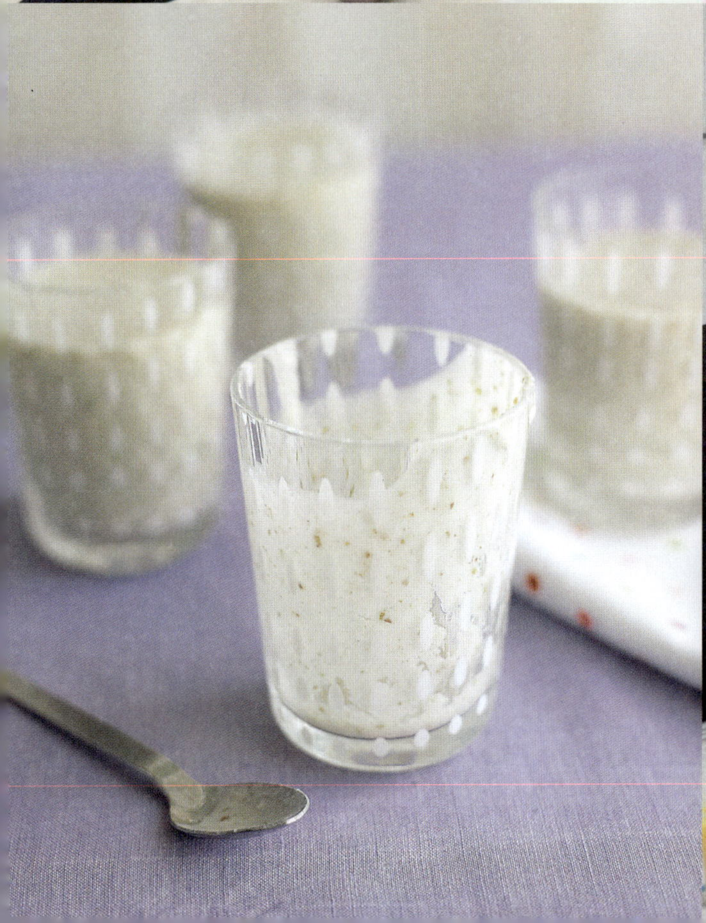
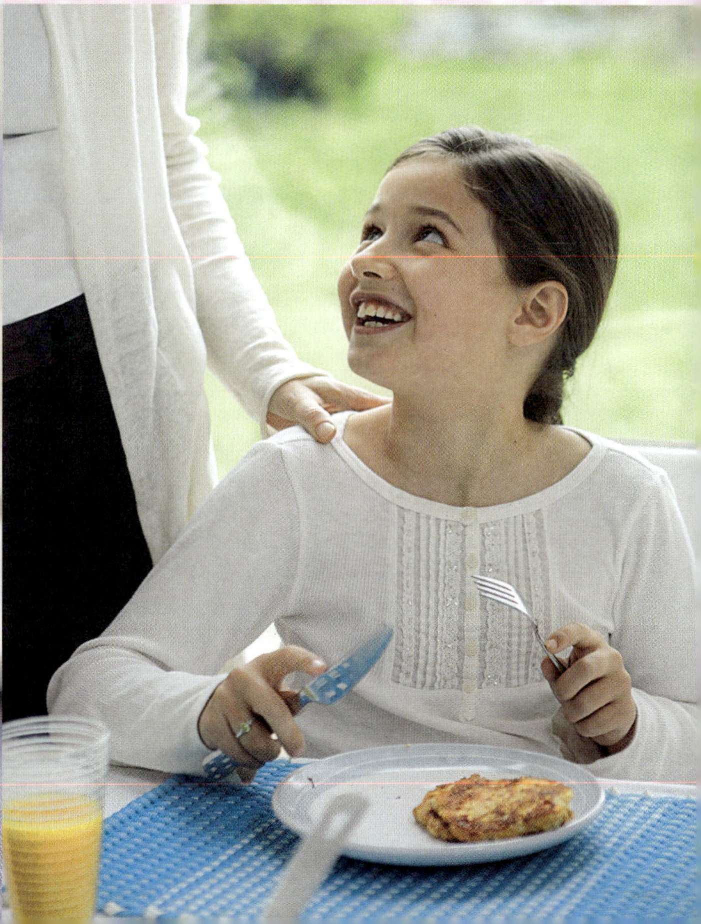

capítulo um
comece bem o dia

Eu adoro o café da manhã, porque é uma oportunidade excelente de preparar algo maravilhoso para as crianças, já que todos normalmente acordam com fome. Aqui há receitas para manhãs apressadas, quando você tem pouco tempo, como a Vitamina de pera e pecã. Com essa receita você também faz um Purê de pera e arroz integral para os bebês de 6-9 meses ou um Mix de pera, arroz e iogurte para os bebês de 9-12 meses.

Quando você tiver tempo de planejar, há deliciosos mingaus feitos com grãos como o amaranto ou o painço. E para os fins de semana de lazer, quando você acorda sem compromissos, há a Panqueca de três grãos com mamão, ao estilo norte-americano. Esqueça os cereais açucarados e descubra pratos maravilhosos para começar bem o dia. Veja também pães de café da manhã no capítulo quatro.

Bater vitaminas no liquidificador é um jeito fácil e rápido de preparar café da manhã e uma ótima maneira de fazer as crianças comerem frutas batidas. Aqui, as nozes-pecãs entram com a proteína, o óleo essencial e a cremosidade.

Vitamina de pera e pecãs

SERVE: 2 adultos, 1 criança e 1 bebê
TEMPO DE PREPARO: 5 minutos
VALIDADE: até 3 dias na geladeira.

....

2 peras grandes, sem sementes, picadas
40 g/⅓ de xícara de nozes-pecãs
500 ml/2 xícaras de leite de aveia ou leite de arroz
150 g/⅔ de xícara de iogurte natural
6 colheres (sopa) de flocos de arroz integrais

1 (6-9) (9-12) Coloque todos os ingredientes no liquidificador e bata por 30 segundos até que fique homogêneo. Sirva imediatamente.

(6-9) **PURÊ DE PERA E ARROZ INTEGRAL**
Coloque 9 pedaços de pera, 3 colheres (sopa) de flocos de arroz e 8 colheres (sopa) de água no liquidificador. Bata por 30 segundos, adicionando mais algumas colheres (chá) de água, uma por vez, até que fique homogêneo. Sirva morno ou em temperatura ambiente.

(9-12) **MIX DE PERA, ARROZ E IOGURTE**
Coloque no liquidificador 9 pedaços de pera, 2 colheres (sopa) de flocos de arroz, 2 colheres (sopa) de iogurte e 4 colheres (sopa) de água. Bata por 15 segundos, adicionando mais algumas colheres (chá) de água, uma por vez, até formar um purê consistente. Sirva morno ou em temperatura ambiente.

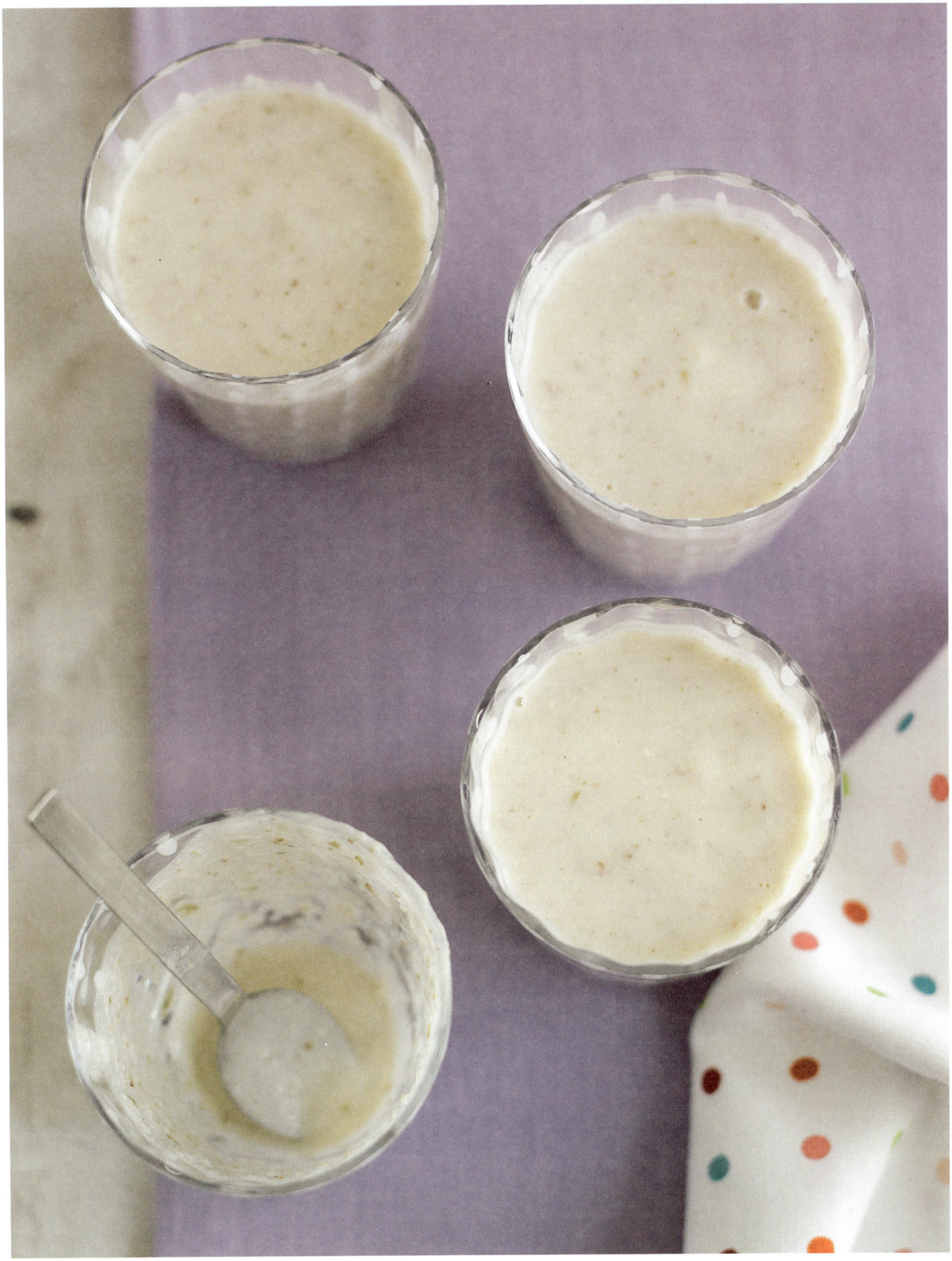

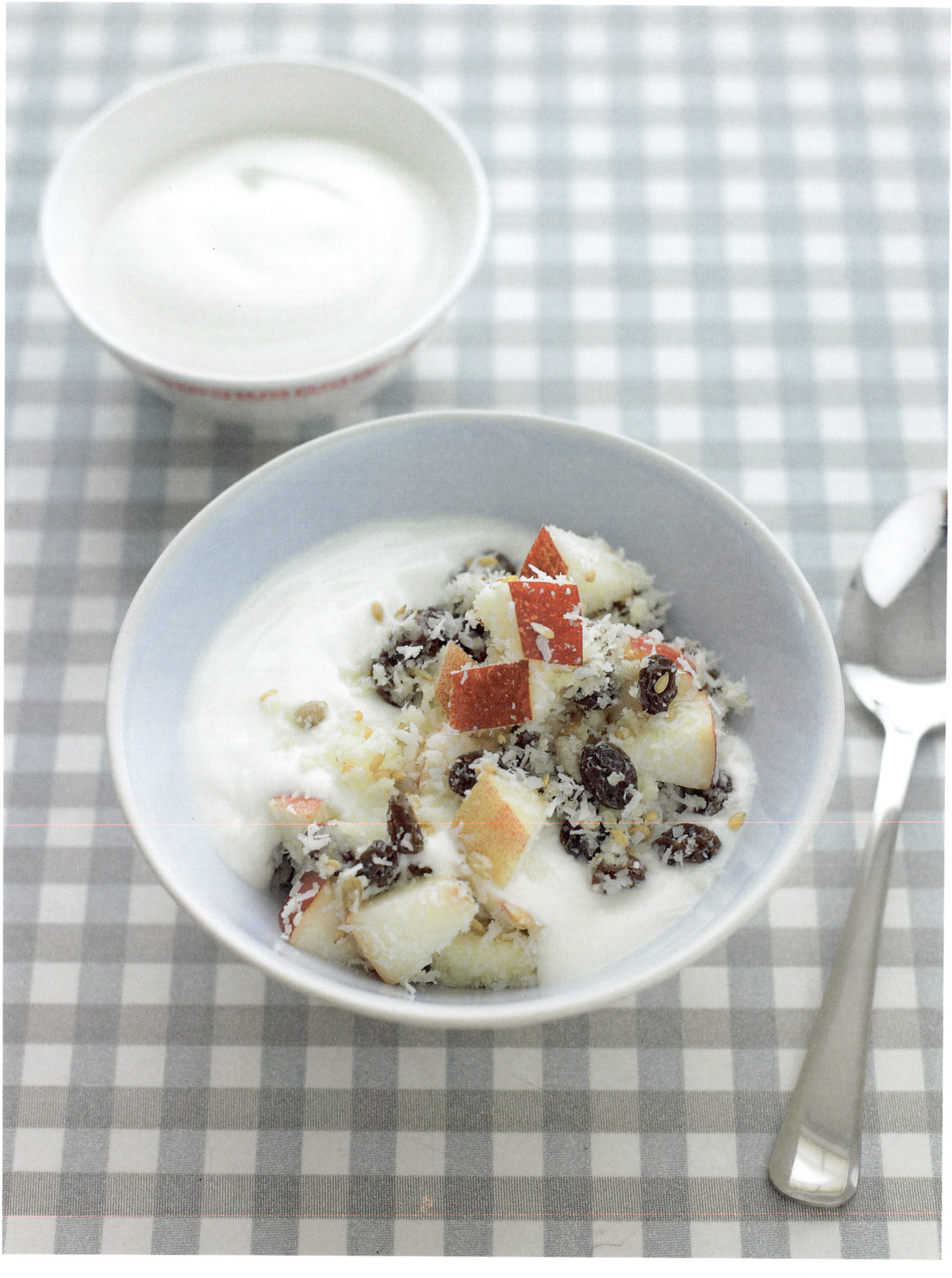

Esta receita é ótima para crianças ou para quando você tem hóspedes em casa. Combinado com frutas frescas ou secas, oleaginosas e sementes, o mix de iogurte é nutritivo e sustenta. Separe vários ingredientes para que todos possam adicionar à tigela e criar sua própria combinação de sabores.

Mix de frutas e oleaginosas com iogurte

SERVE: 2 adultos, 1 criança e 1 bebê
TEMPO DE PREPARO: 10 minutos
VALIDADE: até 3 dias na geladeira.

....

150 g/¼ de xícara de uvas-passas
2 nectarinas sem caroço, picadas
40 g/⅓ de xícara de amêndoas trituradas
4 colheres (sopa) de coco ralado desidratado
4 colheres (chá) de sementes de girassol
4 colheres (chá) de sementes de linhaça
500 g/2 xícaras de iogurte natural

1 Coloque as uvas-passas e 150 ml/⅔ de xícara de água fervente em uma tigela. Deixe hidratar por 5 minutos.

2 (6-9) (9-12) Em uma tigela grande, coloque as nectarinas, as amêndoas, o coco e as sementes. Escorra a água das passas e descarte-a. Em seguida, adicione-as à tigela e misture. Junte o iogurte, misture bem e sirva.

(6-9) PURÊ DE NECTARINA
Coloque ¼ de nectarina e 2 colheres (sopa) de água no liquidificador. Bata por 30 segundos, adicionando mais algumas colheres (chá) de água, uma por vez, até ficar homogêneo. Sirva morno ou em temperatura ambiente.

(9-12) MIX DE NECTARINA, UVAS-PASSAS E IOGURTE
Coloque ¼ de nectarina, 1 colher (sopa) de passas hidratadas, 2 colheres (sopa) de iogurte e 1 colher (sopa) de água no liquidificador. Bata por 15 segundos, adicionando mais algumas colheres (chá) de água, uma por vez, até formar um purê pedaçudo. Sirva morno ou em temperatura ambiente.

Adoro misturar o müsli com iogurte, porque fica muito cremoso – além disso, o iogurte deixa o müsli mais digerível, o que significa que os minerais como ferro, cálcio, magnésio e zinco são absorvidos mais facilmente pelo corpo. Você pode dobrar esta receita e armazenar a mistura seca em um pote.

Müsli suíço

SERVE: 2 adultos, 1 criança e 1 bebê
TEMPO DE PREPARO: 20 minutos, mais 1 noite de molho
VALIDADE: müsli com iogurte, até 3 dias na geladeira.

....

- 150 g/½ xícara de aveia para mingau
- 50 g/½ xícara de painço (ou qualquer outro grão) em flocos
- 30 g/¼ de xícara de passas
- 30 g/¼ de xícara de cranberries secas (ou maçã seca picada em cubinhos)
- 2 colheres (sopa) de amêndoas em lâminas
- 2 colheres (sopa) de avelãs picadas grosseiramente
- 2 colheres (sopa) de sementes de girassol
- 2 colheres (sopa) de sementes de linhaça
- 3 colheres (sopa) de iogurte natural ou kefir
- 1 maçã fresca

1 (6-9) (9-12) Misture a aveia, os flocos de painço, as passas, as cranberries, as amêndoas, as avelãs e as sementes em uma tigela grande. Adicione o iogurte, 625 ml/2½ xícaras de água morna e misture bem. Deixe de molho, coberto, durante a noite em temperatura ambiente.

2 Rale a maçã, misture no müsli e sirva.

(6-9) PURÊ DE AVEIA E MAÇÃ

Coloque 4 colheres (sopa) de aveia, ½ colher (chá) de iogurte e 185 ml/¾ de xícara de água quente em uma panela e deixe de molho, coberta, durante a noite em temperatura ambiente. Aqueça em fogo médio até levantar fervura. Em seguida, abaixe o fogo e cozinhe por 10 minutos, mexendo ocasionalmente, até que a aveia esteja macia. Transfira para o liquidificador e adicione ½ maçã ralada e 2 colheres (sopa) de água. Bata por 30 segundos, adicionando mais algumas colheres (chá) de água, uma por vez, até ficar homogêneo. Sirva morno.

(9-12) MIX DE FRUTAS E AVEIA

Coloque 4 colheres (sopa) de aveia, 1 colher (chá) de passas, 1 colher (chá) de cranberries secas (ou maçã seca picadinha), 1 colher (chá) de iogurte e 185 ml/¾ de xícara de água quente em uma panela e deixe de molho, coberta, durante a noite, em temperatura ambiente. Aqueça em fogo médio até levantar fervura, em seguida abaixe o fogo e cozinhe, mexendo ocasionalmente, por 10 minutos até que a aveia esteja macia. Bata no liquidificador com 2 colheres (sopa) de água por 15 segundos, adicionando mais algumas colheres (chá) de água, uma por vez, até formar um purê pedaçudo. Misture 1 colher (sopa) de maçã ralada e sirva morno.

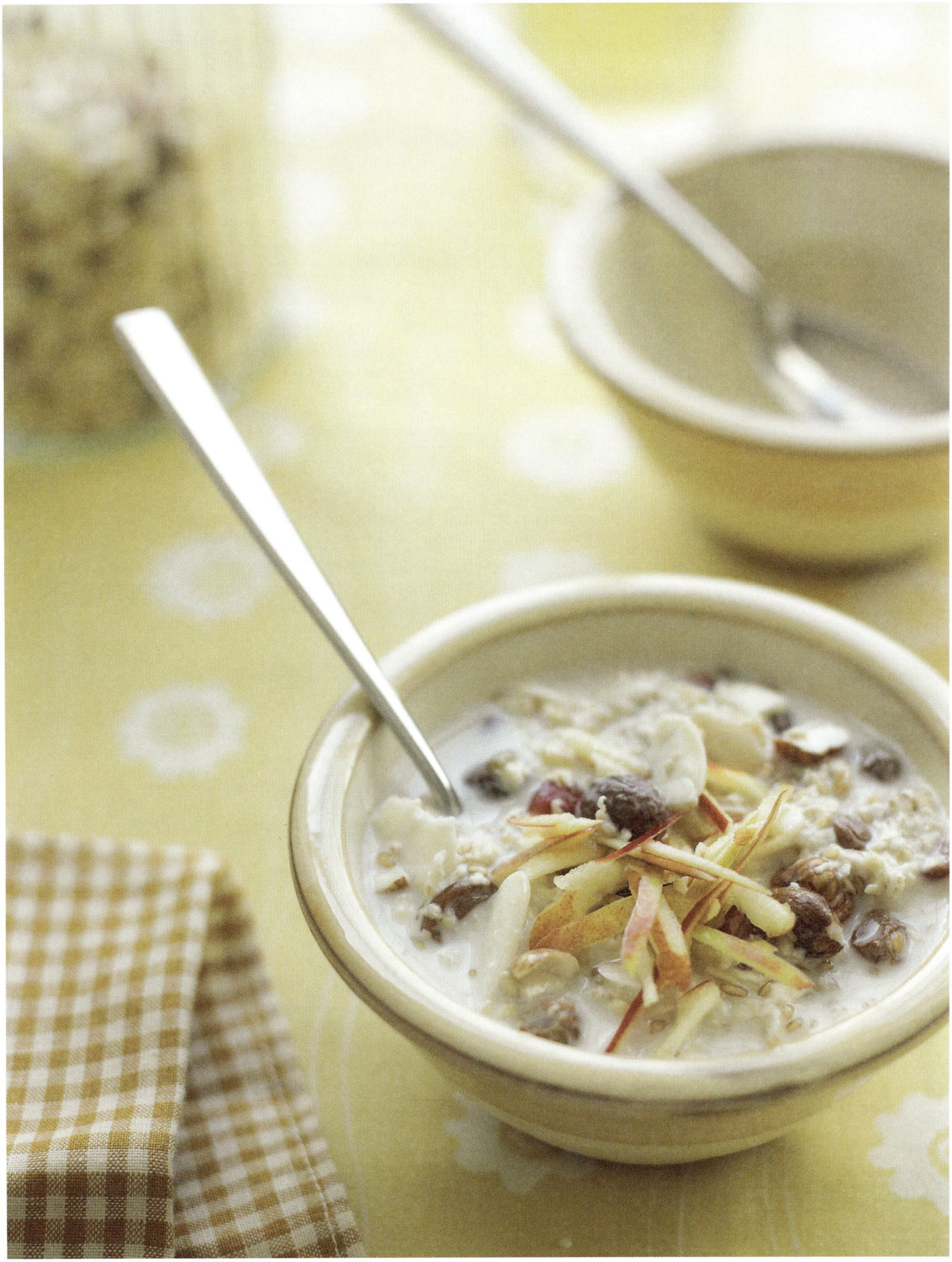

A manga desidratada traz uma doçura encantadora e uma série de nutrientes maravilhosos para este café da manhã. Vale a pena incluir o amaranto em seu repertório de grãos: é uma boa fonte de proteínas e muito rico em cálcio – necessário para você e seus filhos.

Amaranto com manga

SERVE: 2 adultos, 1 criança e 1 bebê
TEMPO DE PREPARO: 10 minutos, mais 7 horas de molho, pelo menos (opcional)
TEMPO DE COZIMENTO: 40 minutos
VALIDADE: até 3 dias na geladeira.

....

100 g/½ xícara de amaranto
2 colheres (sopa) de iogurte natural ou kefir para demolhar (opcional)
30 g/½ de xícara de manga seca, picada

1 (9-12) Se demolhar o amaranto, coloque-o em uma panela grande com iogurte e 600 ml/2½ xícaras de água quente. Adicione a manga e misture bem. Deixe de molho, tampada, por 7 horas ou durante a noite em temperatura ambiente.

2 Aqueça os ingredientes em fogo alto até ferver. Abaixe o fogo e cozinhe, tampado, por 40 minutos, mexendo ocasionalmente, até que o amaranto esteja macio e cozido.

(Se cozinhar o amaranto sem demolhar, coloque-o em uma panela grande com 600 ml/2½ xícaras de água. Misture a manga e aqueça em fogo alto até ferver. Abaixe o fogo e deixe cozinhar, tampado, por 40 minutos, mexendo ocasionalmente, até que o amaranto esteja macio e cozido.)

3 (6-9) Retire do fogo e sirva morno.

(6-9)

PURÊ DE AMARANTO E MANGA
Coloque 4 colheres (sopa) da mistura de amaranto e manga cozida e 2 colheres (sopa) de água em um liquidificador. Bata por 30 segundos, adicionando mais algumas colheres (chá) de água, uma por vez, até ficar homogêneo. Sirva morno.

(9-12)

MIX DE MANGA, AMARANTO E IOGURTE
Coloque 4 colheres (sopa) da mistura de amaranto e manga cozida, 2 colheres (sopa) de iogurte e 1 colher (sopa) de água no liquidificador. Bata por 15 segundos, adicionando mais algumas colheres (chá) de água, uma por vez, até que a mistura forme um purê irregular. Sirva morno.

Quando fiz este prato, meu marido torceu o nariz e correu para o müsli. Mas quando provou, ele adorou a combinação da cremosidade do painço, o crocante das avelãs e a doçura das tâmaras e do xarope de agave.

Painço cozido com tâmara e avelãs

SERVE: 2 adultos, 1 criança e 1 bebê
TEMPO DE PREPARO: 10 minutos, mais pelo menos 7 horas de molho e 20 minutos para cozinhar o painço
VALIDADE: até 3 dias na geladeira.

....

20 g/¾ de xícara de avelãs
1 receita de painço cozido (p. 22)
125 g/½ xícara de iogurte natural
4 tâmaras sem caroço picadas
3 colheres (sopa) de xarope de agave ou 2½ colheres (sopa) de açúcar mascavo

1 Coloque as avelãs em um saco plástico e quebre-as em pedaços pequenos com um rolo de macarrão. (6-9) (9-12) Transfira-as para uma tigela, adicione o painço, o iogurte, as tâmaras e o xarope de agave (ou açúcar mascavo) e misture completamente. Sirva em seguida.

(6-9) PURÊ DE PAINÇO COZIDO
Coloque 4 colheres (sopa) de painço cozido e 135 ml/½ xícara de água fervente em uma panela e cozinhe em fogo baixo, tampado, durante 20 minutos ou até que esteja macio. Bata no liquidificador com 2 colheres (sopa) de água por 30 segundos, adicionando mais algumas colheres (chá) de água, uma por vez, até ficar homogêneo. Sirva morno.

(9-12) MINGAU DE PAINÇO E TÂMARA
Coloque 4 colheres (sopa) de painço cozido, ½ colher (sopa) de tâmaras e 135 ml/½ xícara de água fervente em uma panela e cozinhe em fogo baixo, tampado, por 20 minutos ou até que esteja completamente macio. Bata no liquidificador com 2 colheres (sopa) de água por 15 segundos, adicionando mais algumas colheres (chá) de água, uma por vez, até formar um purê irregular. Sirva morno.

comece bem o dia

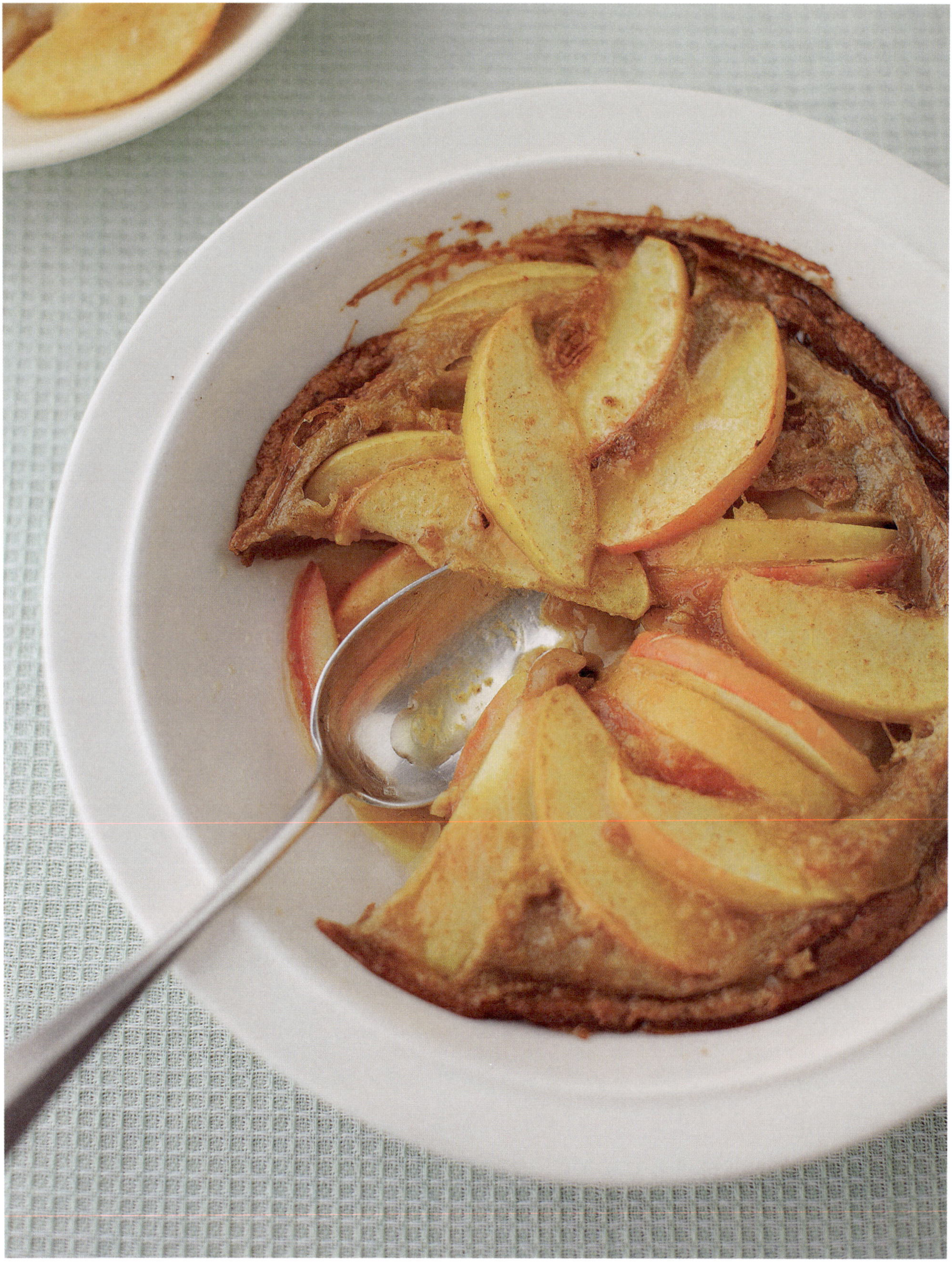

Nos fins de semana, quando você tem um pouco mais de tempo, este é um café da manhã delicioso. Com uma casquinha crocante por fora e uma massa delicada por dentro, esta receita está entre as favoritas de todos. Meus filhos adoram, pois parece que estão comendo sobremesa no café da manhã.

Puff de maçã assada

SERVE: 2 adultos, 1 criança e 1 bebê
TEMPO DE PREPARO: 15 minutos
TEMPO DE COZIMENTO: 25 minutos
VALIDADE: até 2 dias em recipiente com fechamento hermético.

....

3 ovos grandes
150 ml/⅔ de xícara de leite de aveia, leite de arroz ou água
60 g/¼ xícara de farinha de cevadinha integral, farinha de trigo integral ou farinha de trigo comum
2½ colheres (sopa) de xarope de agave ou 2 colheres (sopa) de açúcar mascavo
¼ de colher (chá) de essência orgânica de baunilha
1 colher (chá) de canela em pó
¼ de colher (chá) de sal refinado
15 g de manteiga sem sal
2 maçãs sem sementes cortadas em fatias finas

1 Preaqueça o forno a 200°C. Em uma tigela grande, bata levemente os ovos com um batedor manual. (9-12) Adicione o leite de aveia, a farinha, o xarope de agave, a baunilha, a canela e o sal e bata até ficar homogêneo.

2 Derreta a manteiga no forno, em um refratário de 25 cm. Retire o refratário do forno e incline-o para distribuir a manteiga derretida uniformemente, cobrindo todo o fundo. (6-9) Despeje a massa na fôrma e distribua as maçãs por cima. Asse por 25 minutos ou até dourar. Sirva morno.

(6-9) **PURÊ DE MAÇÃ ASSADA**
Corte 10 fatias de maçã em pedaços pequenos. Coloque a maçã e 1 colher (sopa) de água em um ramequim pequeno e asse como descrito acima durante 15 minutos, até que a maçã esteja totalmente cozida. Bata no liquidificador por 30 segundos, adicionando algumas colheres (chá) de água, uma por vez, até ficar homogêneo. Sirva morno.

(9-12) **MAÇÃ ASSADA COM CANELA**
Corte 10 fatias de maçã em pedaços pequenos. Coloque a maçã, 1 colher (sopa) de leite de aveia, 1 colher (chá) de manteiga derretida e uma pitada de canela em um ramequim pequeno e asse como descrito acima durante 15 minutos, até que a maçã esteja completamente cozida. Bata no liquidificador por 15 segundos, adicionando algumas colheres (chá) de água, uma por vez, até formar um purê irregular. Sirva morno.

comece bem o dia

Panquecas aos sábados são uma tradição familiar. Gosto de misturar o leite de aveia, os grãos e o iogurte na noite anterior e deixá-los de molho em temperatura ambiente para fermentar um pouco. Na manhã seguinte, apenas acrescente os outros ingredientes.

Panqueca de três grãos com mamão

RENDIMENTO: 12 panquecas
TEMPO DE PREPARO: 20 minutos
TEMPO DE COZIMENTO: 18 minutos
VALIDADE: massa crua por até 1 dia na geladeira; panquecas por até 3 dias na geladeira.

....

1 mamão papaia sem sementes descascado e picado
1 ovo
200 ml/1 xícara de leite de aveia, leite de arroz ou água
3 colheres (sopa) de óleo de girassol e um pouco mais para fritar, se necessário
50 g/¾ de xícara de farinha de trigo-sarraceno
90 g/¼ de xícara de farinha de cevadinha integral ou farinha de trigo integral
55 g/⅓ de xícara de fubá pré-cozido
1½ colher (chá) de fermento em pó
½ colher (chá) de sal marinho refinado
manteiga sem sal e maple syrup ou mel para acompanhar (opcional)
1 limão cortado em quatro e açúcar para acompanhar (opcional)

1 Coloque o mamão no liquidificador e bata, acrescentando 1 colher (sopa) de água por vez, até ficar homogêneo. Transfira para uma tigela e reserve. (6-9) (9-12)

2 Em uma tigela grande, bata o ovo ligeiramente com um batedor manual. Adicione o leite de aveia e 1 colher (sopa) de óleo e misture. Em outra tigela, misture as farinhas, o fubá, o fermento e o sal. Adicione a mistura de farinhas à mistura de ovos e bata até ficar homogêneo.

3 Preaqueça o forno a 100°C. Aqueça o óleo restante em uma frigideira de fundo grosso ou aqueça uma chapa em fogo médio-baixo. Despeje 2 colheres (sopa) de massa na frigideira até fazer uma panqueca e repita, deixando as panquecas ligeiramente afastadas. Cozinhe por 2-3 minutos de cada lado ou até que as bolhas na superfície estourem e a base da panqueca esteja levemente tostada. Mantenha as panquecas quentes no forno enquanto usa a massa restante, adicionando óleo à frigideira conforme necessário.

4 Sirva quente com o purê de mamão. Outra opção é servir com um pouco de manteiga e maple syrup por cima, ou com suco de limão e polvilhá-las com açúcar.

(6-9) PURÊ DE MAMÃO
Coloque 5 colheres (sopa) de purê de mamão em uma tigela e sirva morno ou em temperatura ambiente.

(9-12) PANQUECA DE TRIGO-SARRACENO COM PURÊ DE MAMÃO
Misture 2 colheres (sopa) de farinha de trigo-sarraceno e 3 colheres (sopa) de água em uma pequena tigela até formar uma pasta lisa. Aqueça 1 colher (sopa) de óleo em uma frigideira de fundo grosso em fogo médio-baixo. Despeje a massa na frigideira até formar uma panqueca e cozinhe por 1-2 minutos de cada lado, até as bolhas na superfície estourarem e a base da panqueca ficar levemente dourada. Coloque-as no liquidificador e bata com 2 colheres (sopa) de água por 15 segundos, adicionando mais algumas colheres (chá) de água, uma por vez, até formar um purê pedaçudo. Sirva morno com 2 colheres (sopa) de purê de mamão.

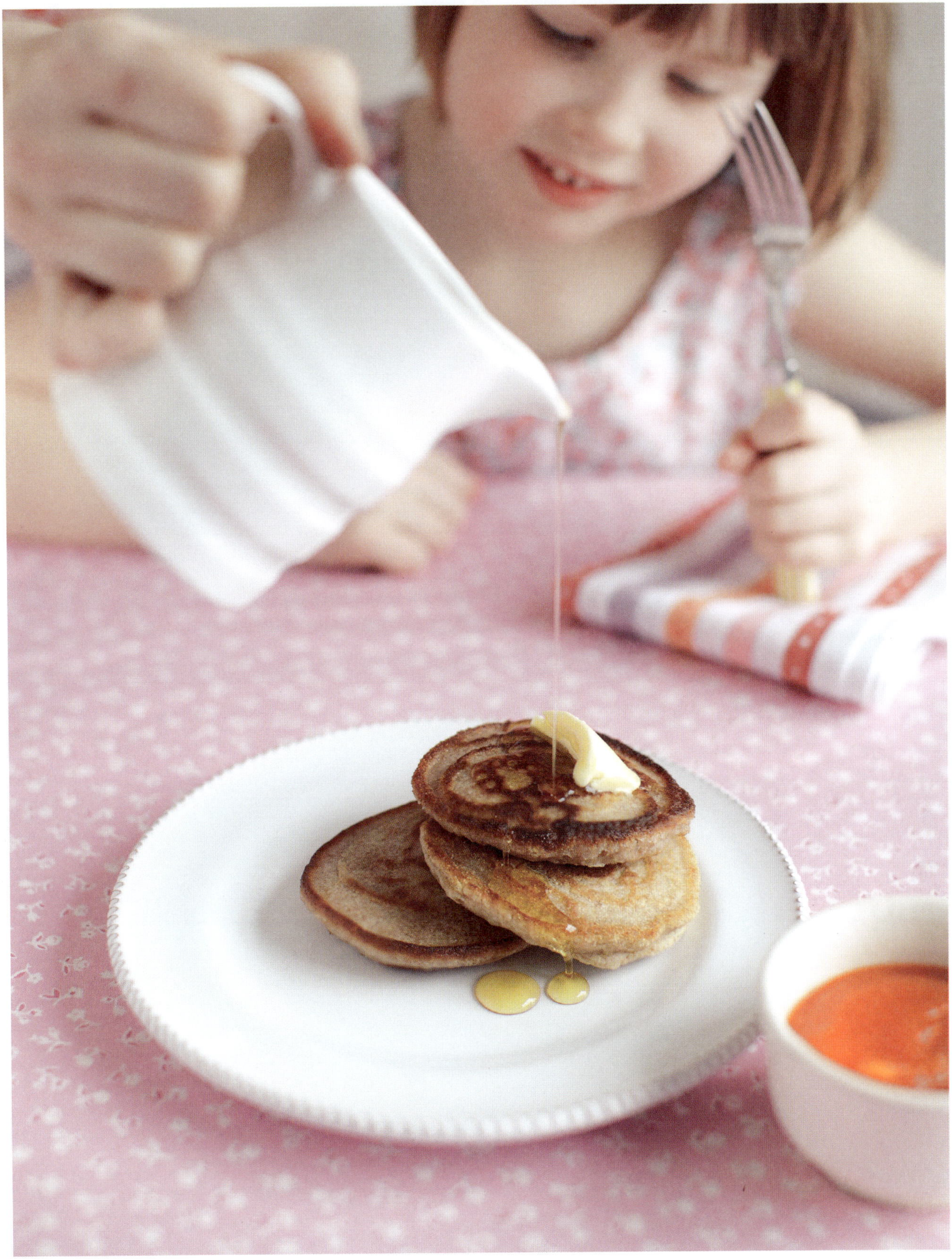

Quando as bananas estiverem ficando velhas, faça estas panquequinhas simples ou o Bolo de banana e nozes (p. 143). Deliciosas com manteiga, elas são naturalmente doces. Adoradas por crianças e adultos, as bananas são uma excelente fonte de potássio, um mineral essencial.

Panquequinha de banana

RENDIMENTO: 12
TEMPO DE PREPARO: 15 minutos
TEMPO DE COZIMENTO: 18 minutos
VALIDADE: consuma no mesmo dia.

....

2 ovos grandes
4 bananas
80 g/⅔ de xícara de farinha de cevadinha integral ou farinha de trigo integral
2 colheres (sopa) de iogurte natural
50 g/½ xícara de aveia em flocos
1 colher (chá) de fermento em pó
30 g de manteiga sem sal e mais um pouco para fritar, se necessário, e para acompanhar

1 Em uma tigela pequena, bata ligeiramente os ovos com um batedor manual. (9-12) Em uma tigela grande, amasse as bananas com um garfo até ficarem homogêneas. (6-9) Adicione os ovos, a farinha, o iogurte, a aveia e o fermento e misture bem.

2 Aqueça uma frigideira de fundo grosso ou uma chapa em fogo médio-baixo até ficar bem quente. Adicione a manteiga e deixe derreter. Incline a frigideira para distribuir a manteiga uniformemente. Despeje 2 colheres de massa até fazer uma panqueca e repita, deixando as panquecas ligeiramente afastadas. Cozinhe por 2-3 minutos de cada lado até dourar. Repita com o restante da massa, colocando mais manteiga na frigideira, conforme necessário. Sirva-as mornas com um pouco de manteiga por cima.

(6-9) PURÊ DE AVEIA E BANANA
Coloque 4 colheres (sopa) de aveia, 1 colher (chá) de iogurte e 185 ml/¾ de xícara de água quente em uma panela e deixe de molho, tampado, por 7 horas ou durante a noite em temperatura ambiente. Aqueça em fogo alto até ferver, abaixe o fogo e cozinhe, tampado, por 10 minutos, mexendo ocasionalmente, até que a aveia esteja macia. Coloque o mingau de aveia, 2 colheres (sopa) de banana amassada e 2 colheres (sopa) de água no liquidificador. Bata por 30 segundos, adicionando mais algumas colheres (chá) de água, uma por vez, até ficar homogêneo. Sirva morno.

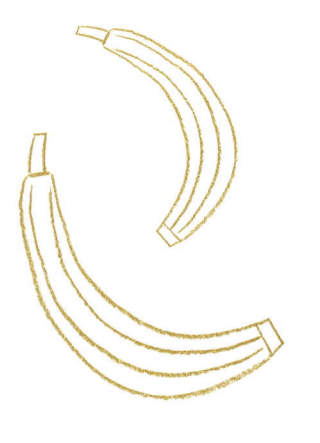

(9-12) RODELAS DE BANANA FRITA
Fatie ½ banana em rodelas grossas. Aqueça 1 colher (chá) de manteiga em uma frigideira em fogo médio até derreter. Adicione as bananas e frite-as durante 3 minutos de cada lado, até que estejam macias e douradas. Sirva-as mornas.

Este café da manhã nutritivo combina proteína, carboidratos complexos e frutas frescas. Muito rápido de preparar, ele nutre e sustenta por toda a manhã. Quando como isso logo cedo com as crianças, não sinto a barriga roncar até o meio-dia.

Bolinhos fritos de pêssego

RENDIMENTO: 12
TEMPO DE PREPARO: 10 minutos, mais 7 horas de molho pelo menos e 10 minutos para cozinhar o mingau
TEMPO DE COZIMENTO: 25 minutos
VALIDADE: até 3 dias na geladeira.

....

2 ovos grandes
1 receita de aveia em flocos cozida (p. 22)
3 colheres (sopa) de farinha de cevadinha integral ou farinha de trigo integral
2 pêssegos sem caroço picados
½ colher (chá) de sal refinado
30g de manteiga sem sal e mais um pouco para fritar, se necessário

1 Em uma tigela grande, bata ligeiramente os ovos com um batedor manual. (6-9) (9-12) Adicione a aveia cozida, a farinha, os pêssegos e o sal e misture bem.

2 Aqueça a manteiga em uma frigideira de fundo grosso em fogo médio--alto até derreter. Incline a frigideira para distribuir a manteiga derretida uniformemente. Despeje 2 colheres (sopa) de massa na frigideira, formando um bolinho, e repita, deixando os bolinhos ligeiramente afastados. Frite por 4-5 minutos de cada lado, até que os bolinhos estejam levemente dourados e crocantes nas bordas. Se quebrarem quando você for retirá-los, deixe mais um minuto fritando. Repita com a massa restante, acrescentando mais manteiga na frigideira conforme a necessidade. Sirva quente.

(6-9) PURÊ DE AVEIA E PÊSSEGO
Coloque ¼ dos pêssegos, 4 colheres (sopa) de aveia para mingau cozida e 2 colheres (sopa) de água no liquidificador. Bata por 30 segundos, adicionando mais algumas colheres (chá) de água, uma por vez, até ficar homogêneo. Sirva morno.

(9-12) MINGAU DE AVEIA E PÊSSEGO FRITO
Coloque ¼ dos pêssegos e 4 colheres (sopa) de aveia cozida no liquidificador. Bata durante 15 segundos até formar um purê pedaçudo. Aqueça 1 colher (chá) de manteiga em uma frigideira em fogo médio até derreter. Adicione a mistura de pêssego e mingau e frite, mexendo ocasionalmente, por 4-5 minutos até dourar. Sirva morno.

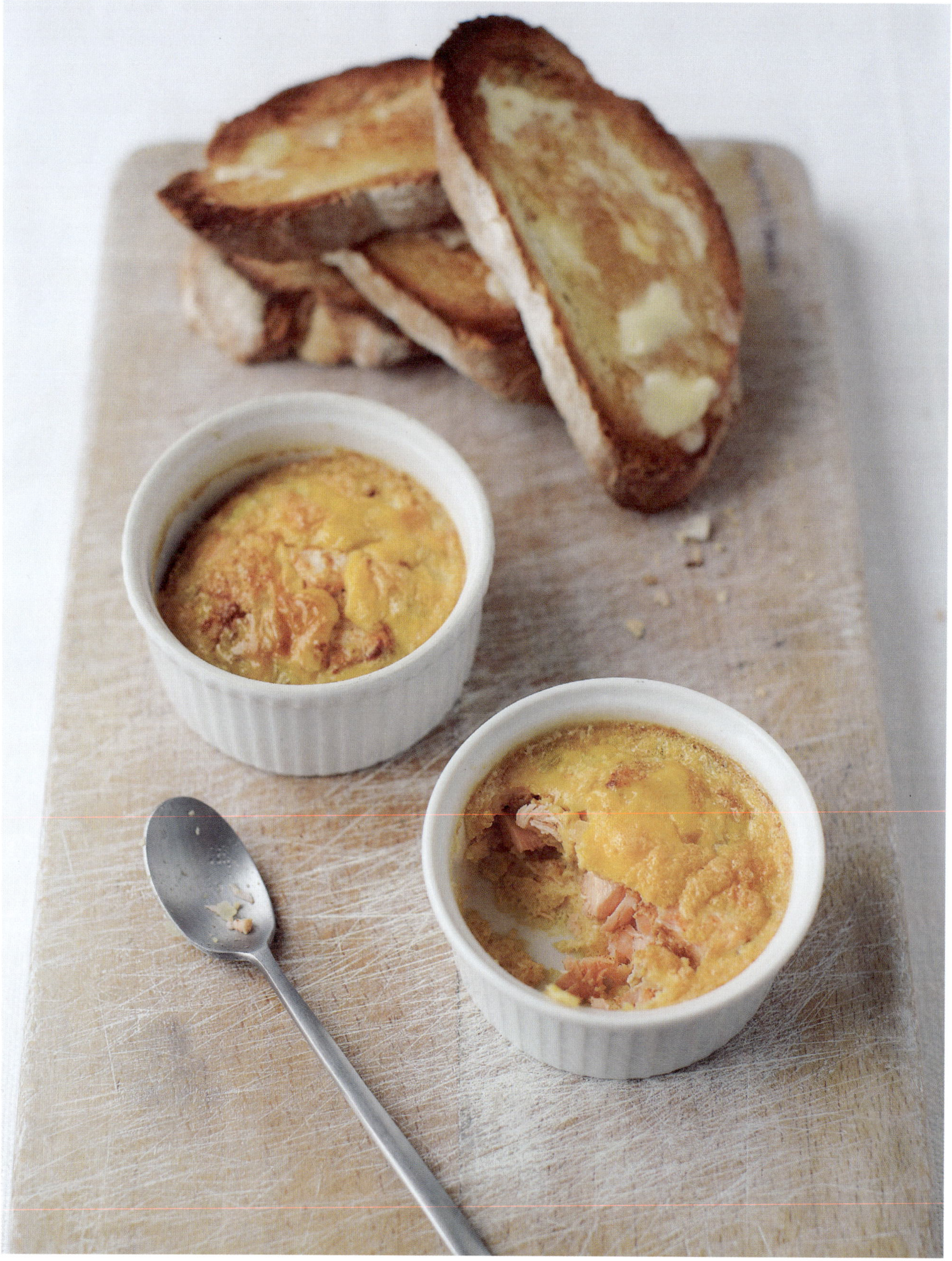

Salmão e ovos são uma combinação imbatível. Se você dormir até tarde depois de uma noite difícil ou estiver em um fim de semana preguiçoso, este é um prato excelente, rico em proteínas. Crianças de todas as idades adoram comer no seu próprio ramequim.

Ramequins ou forminhas de ovos e salmão

RENDIMENTO: 6
TEMPO DE PREPARO: 30 minutos
TEMPO DE COZIMENTO: 18 minutos
VALIDADE: até 1 dia na geladeira.

....

azeite extravirgem, para untar
1 cebola picada
150 g de filé de salmão sem pele e sem espinhas picado
6 ovos grandes
1 colher (sopa) de mostarda de Dijon
uma pitada de pimenta-de-caiena
uma pitada de pimenta-do-reino moída
¾ de colher (chá) de sal refinado
torradas com manteiga, para acompanhar

1 Preaqueça o forno a 200°C e unte seis ramequins com óleo.

2 (6-9) (9-12) Distribua a cebola e o salmão uniformemente nos ramequins e reserve. Bata os ovos com um batedor manual. Adicione a mostarda, as pimentas e o sal, misturando bem. Despeje a mistura de ovos por igual nos ramequins.

3 Coloque os ramequins em uma assadeira funda e despeje água fervente na assadeira até alcançar metade da lateral dos ramequins. Asse por 15-18 minutos até ficar firme ao toque e ligeiramente dourado. Sirva morno, acompanhado de torradas com manteiga.

(6-9)

PURÊ DE SALMÃO
Aqueça uma frigideira em fogo médio-baixo até ficar bem quente. Adicione 50 g de salmão e 1 colher (sopa) de água e cozinhe, tampado, por 10 minutos ou até que o salmão esteja opaco e completamente cozido. Bata no liquidificador com 2 colheres (sopa) de água por 30 segundos, adicionando mais algumas colheres (chá) de água, uma por vez, até ficar homogêneo. Sirva morno.

(9-12)

MIX DE SALMÃO E CEBOLA
Aqueça uma frigideira em fogo médio-baixo até ficar bem quente. Adicione 50 g de salmão, 1 colher (sopa) de cebola e 1 colher (sopa) de água. Cozinhe, mexendo ocasionalmente, durante 10 minutos ou até que o salmão esteja opaco e completamente cozido, e a cebola, macia. Bata no liquidificador com 2 colheres (sopa) de água por 15 segundos, adicionando mais algumas colheres (chá) de água, uma por vez, até formar um purê pedaçudo. Sirva morno.

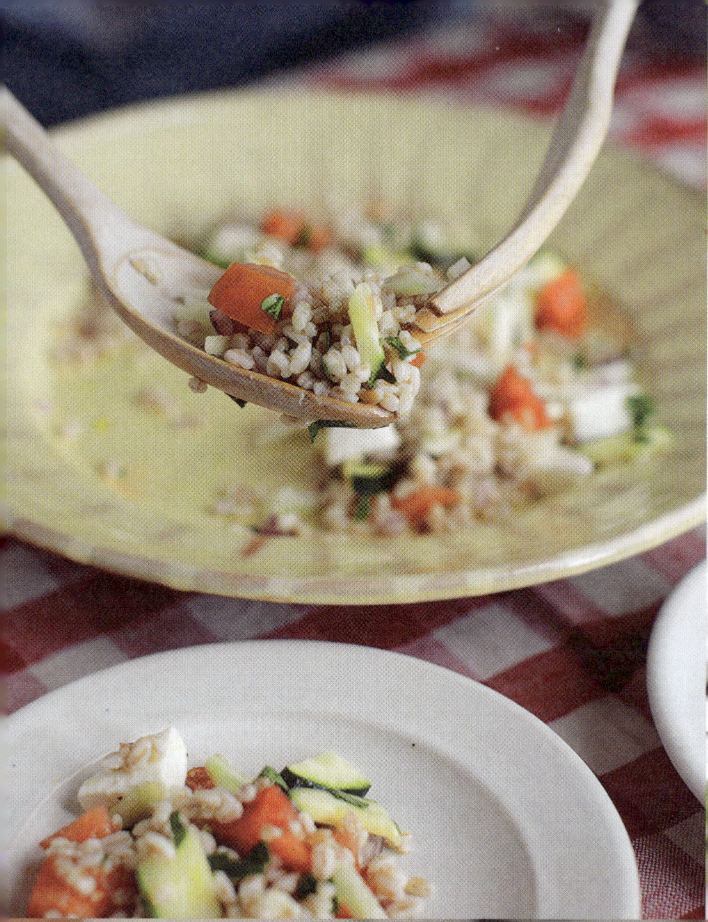
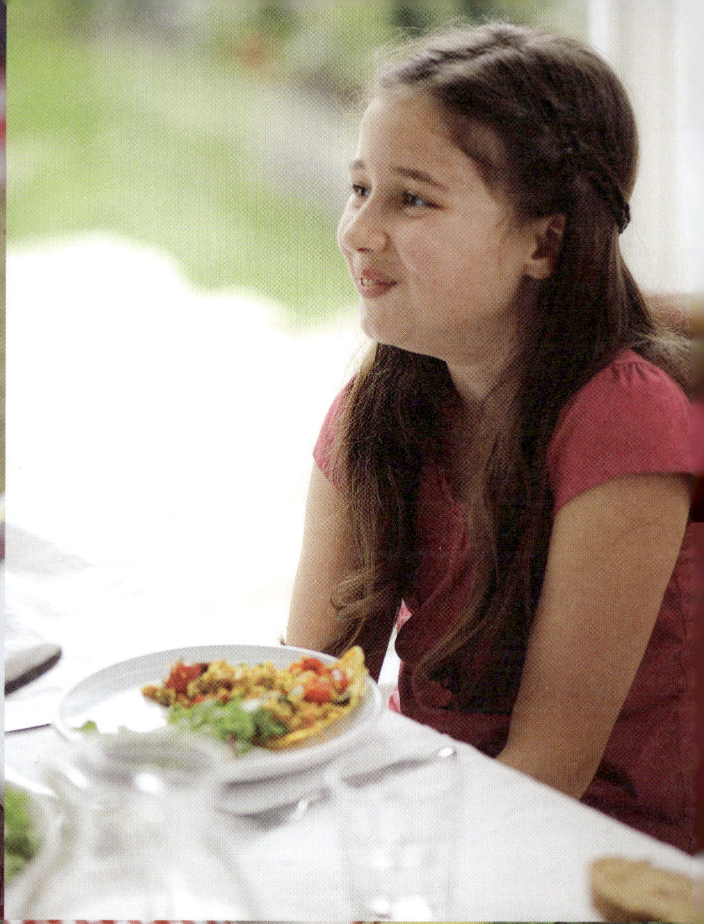
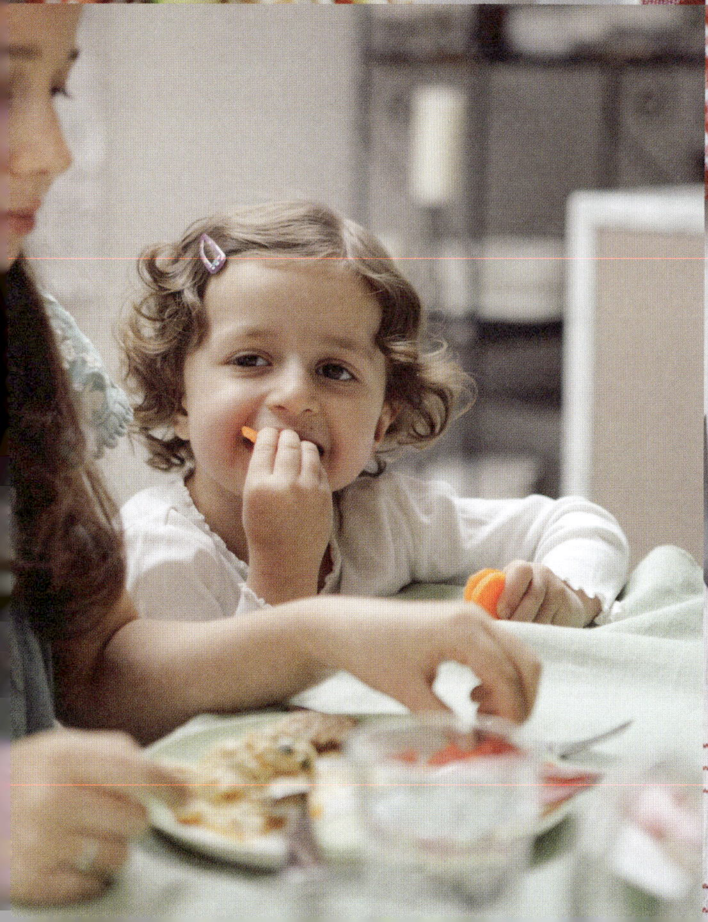
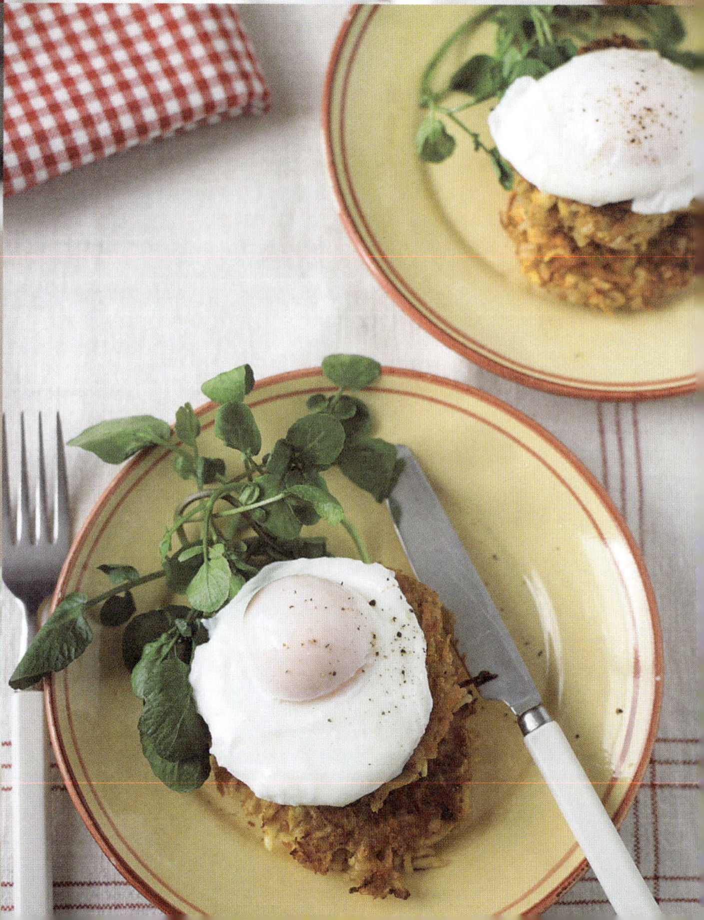

capítulo dois
hora do almoço

A hora do almoço é uma grande oportunidade para reservar um pouco de tempo e se reunir com a família. Aqui você encontrará uma variada seleção de receitas, todas fáceis, com variações para o seu bebê e para satisfazer a todos com alimentos deliciosos e nutritivos.

Experimente a receita de Macarrão com frango, presunto e queijo, por exemplo. Não há necessidade de fazer o molho de queijo separado ou cozinhar os legumes primeiro. Além disso, com os mesmos ingredientes você pode bater um Purê de frango, brócolis e couve-flor para o bebê de 6-9 meses ou fazer Frango com mix de legumes e macarrão para o bebê de 9-12 meses.

É maravilhoso almoçar ao ar livre, mas às vezes é preciso comer rápido. Você vai encontrar receitas muito práticas: Bolinhos de milho com presunto e vinagrete de manga e Festival de pasta de feijão, por exemplo, ambas perfeitas para colocar na lancheira ou fazer um piquenique no parque ou na praia.

Wraps são divertidos, porque você pode recheá-los com seus ingredientes favoritos e levá-los para o parque, a praia ou qualquer outro lugar. O tahine é feito com sementes de gergelim moídas, que contêm muitos nutrientes, entre eles cálcio e zinco, excelentes para pequenos ossos em formação.

Wrap de frango e tahine

RENDIMENTO: 6 unidades
TEMPO DE PREPARO: 30 minutos
TEMPO DE COZIMENTO: 5 minutos
VALIDADE: até 1 dia na geladeira.

....

3 colheres (sopa) de azeite extravirgem
3 filés de peito de frango sem pele ou 6 filés de coxa de frango sem pele cortados em tiras pequenas
80 g de couve-flor finamente picada
½ colher (sopa) de folhas de sálvia picada ou ½ colher (chá) de sálvia seca
¾ de colher (chá) de sal refinado
¼ de colher (chá) de pimenta-do-reino ralada na hora
6 colheres (sopa) de tahine
6 pães para wrap integral ou multigrãos
3 cenouras raladas
3 cebolinhas (apenas a parte branca) em fatias finas
½ pé de alface picada
55 g de brotos, como de alfafa, brócolis ou feijão (opcional)

1 (6-9) (9-12) Aqueça o azeite em uma frigideira de fundo grosso em fogo médio-alto. Acrescente o frango e a couve-flor e cozinhe, mexendo ocasionalmente, por 4-5 minutos ou até que o frango comece a dourar e esteja totalmente cozido e a couve-flor esteja macia. Retire do fogo, adicione a sálvia, o sal e a pimenta e misture bem.

2 Espalhe 1 colher (sopa) de tahine no meio de cada wrap e cubra com o frango e a couve-flor cozidos, a cenoura, a cebolinha, a alface e os brotos, se usar. Enrole o wrap, dobre uma extremidade e sirva.

(6-9) **PURÊ DE FRANGO E COUVE-FLOR**
Coloque 4 colheres (sopa) da mistura de frango e couve-flor cozidos e 3 colheres (sopa) de água no liquidificador. Bata por 30 segundos, adicionando mais algumas colheres (chá) de água, uma por vez, até ficar homogêneo. Misture 1 colher (chá) de azeite e sirva morno.

(9-12) **FRANGO COM COUVE-FLOR, CENOURA E BROTOS**
Coloque 2 colheres (sopa) de frango cozido, 1 colher (sopa) de couve-flor cozida, 1 colher (sopa) de cenoura ralada, 1 colher (sopa) de brotos, se estiver usando, e 3 colheres (sopa) de água no liquidificador. Bata por 15 segundos, adicionando mais algumas colheres (chá) de água, uma por vez, até formar um purê pedaçudo. Misture 1 colher (chá) de azeite e sirva morno.

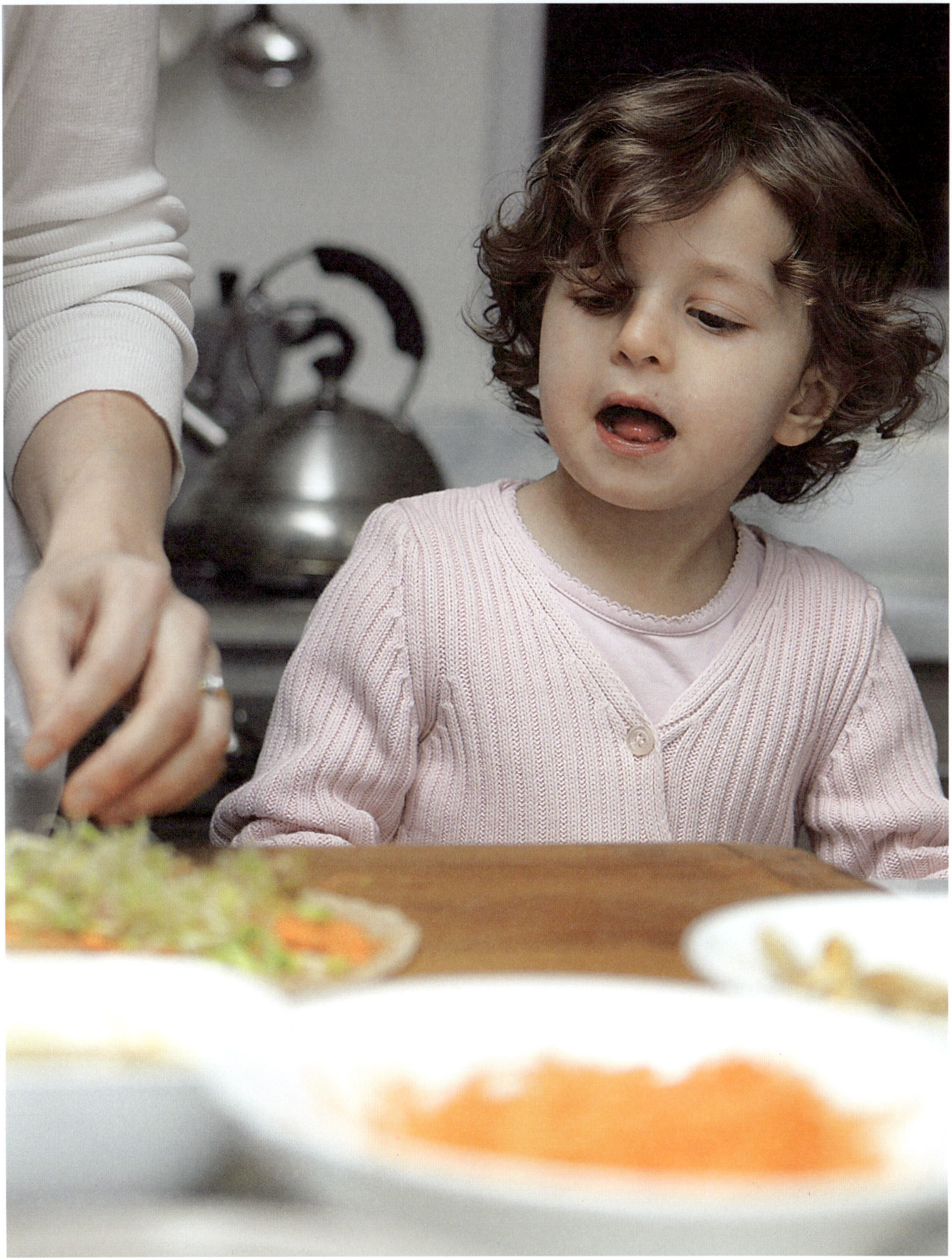

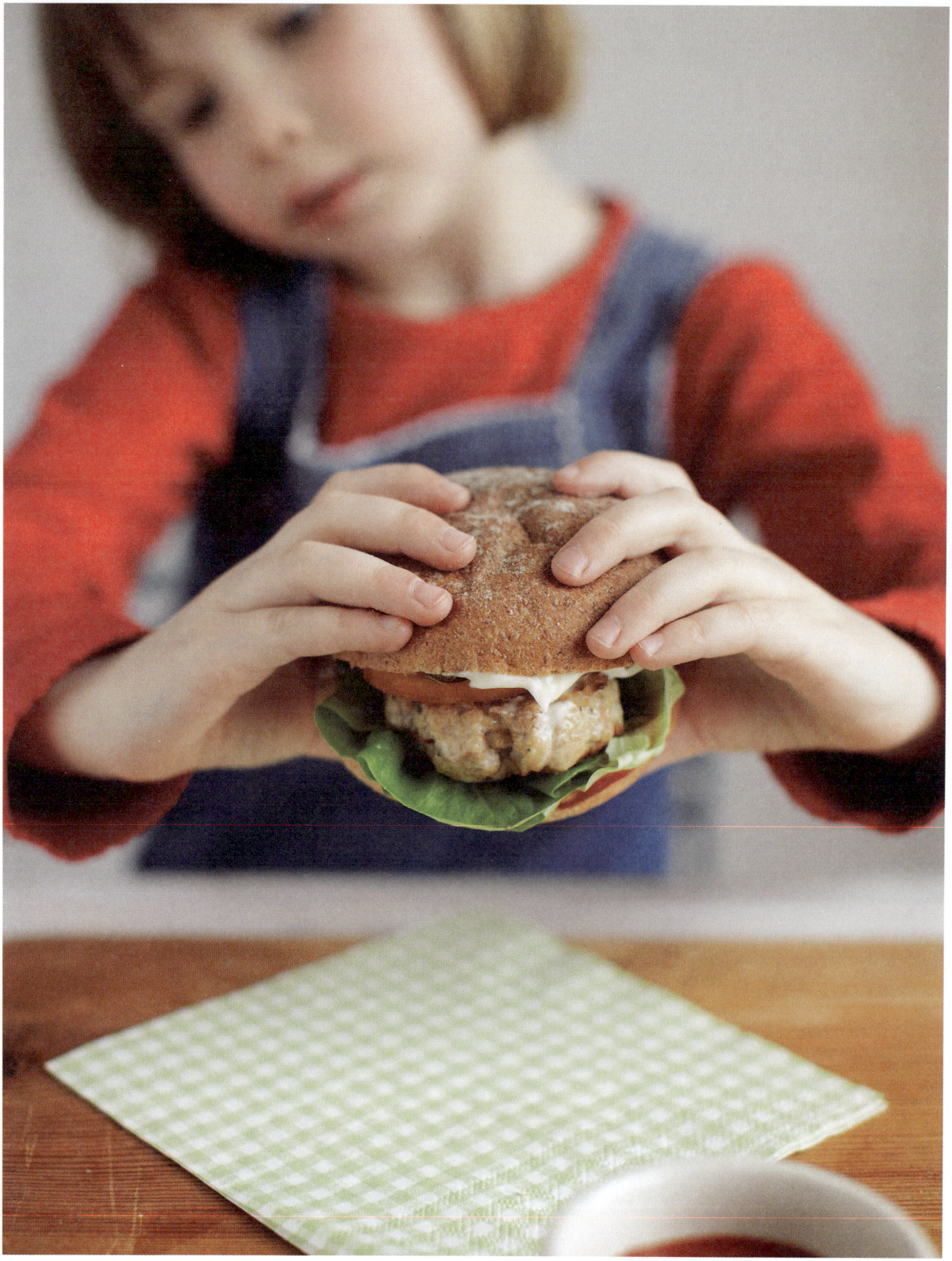

Hambúrgueres podem ser surpreendentemente saudáveis quando preparados em casa com pão integral, alface, tomate e cebola. Experimente também adicionar ervas na carne e pepinos no acompanhamento.

Hambúrguer de frango

SERVE: 2 adultos, 1 criança e 1 bebê
TEMPO DE PREPARO: 20 minutos
TEMPO DE COZIMENTO: 10 minutos
VALIDADE: até 1 dia na geladeira.

....

400 g de carne de frango, vaca, cordeiro ou porco moída
1 cebola pequena picada, mais ½ cebola cortada em anéis finos para servir
1 colher (chá) de folhas de alecrim fresco picadas (se usar frango)
½ colher (chá) de sal refinado
¼ de colher (chá) de pimenta-do-reino moída na hora
2 colheres (sopa) de azeite extravirgem
3 pães integrais de hambúrguer, abertos horizontalmente
maionese
ketchup
6 folhas de alface
2 tomates em fatias finas
3 pepinos pequenos em conserva, cortados ao comprimento

1 (6-9) (9-12) Coloque a carne moída, a cebola, o alecrim (se usar frango), o sal e a pimenta em uma tigela grande e misture bem. Com as mãos, faça 3 hambúrgueres com a mistura, lembrando de usar metade da porção dos adultos para fazer os hambúrgueres das crianças.

2 Aqueça o azeite em uma frigideira grande de fundo grosso, em fogo médio. Coloque os hambúrgueres na frigideira e frite por 5 minutos de cada lado até ficarem cozidos e ligeiramente dourados.

3 Em cada metade de pão de hambúrguer passe maionese, além de ketchup numa delas. Sirva o hambúrguer no pão, com anéis de cebola, alface, tomate e pepino.

(6-9) **PURÊ DE FRANGO MOÍDO**
Esquente 1 colher (chá) de azeite em uma frigideira de fundo grosso em fogo médio. Adicione 4 colheres (sopa) de frango moído e frite por 3-4 minutos mexendo ocasionalmente, até que o frango esteja um pouco dourado e completamente cozido. Bata no liquidificador com 3 colheres (sopa) de água por 30 segundos, adicionando mais algumas colheres (chá) de água, uma por vez, até ficar homogêneo. Sirva morno.

(9-12) **FRANGO MOÍDO E CEBOLA**
Esquente 1 colher (chá) de azeite em uma frigideira de fundo grosso em fogo médio. Adicione 4 colheres (sopa) de frango moído e 1 colher (sopa) de cebola picada. Frite por 3-4 minutos, mexendo ocasionalmente, até que o frango esteja completamente cozido e um pouco dourado. Bata no liquidificador com 3 colheres (sopa) de água por 15 segundos, adicionando mais algumas colheres (chá) de água, uma por vez, até formar um purê irregular. Sirva morno.

Meu irmão David me apresentou esta receita, uma de suas favoritas. A combinação de frango e queijo cria um sabor forte e maravilhoso. Minha amiga Kate a fez e disse que o prato ficou tão gostoso que ela convenceu seu filho a comer couve-flor.

Macarrão com frango, presunto e queijo

SERVE: 2 adultos, 1 criança e 1 bebê
TEMPO DE PREPARO: 25 minutos
TEMPO DE COZIMENTO: 30 minutos
VALIDADE: até 1 dia na geladeira.

- 1 colher (sopa) de azeite extravirgem
- 3 filés de peito de frango sem pele ou 6 filés de coxa de frango sem pele
- 1 colher (sopa) de manteiga sem sal
- 85 g de couve-flor cortada em buquês pequenos
- 85 g de brócolis cortados em buquês pequenos
- 1 pimentão verde pequeno sem sementes picado
- 1 cebola pequena picada
- 1 dente de alho esmagado
- 2 colheres (sopa) de farinha de cevadinha integral ou farinha de trigo integral
- 85 g de presunto em cubos
- 30 g de queijo prato ou estepe ralado
- 30 g de parmesão ralado
- 1 colher (sopa) de mostarda de Dijon
- 1 colher (chá) de sal refinado
- 300 g de macarrão integral de arroz ou de quinoa, em qualquer formato
- uma pitada de pimenta-do-reino moída na hora

1 Preaqueça uma frigideira tipo grelha em temperatura média. Pincele-a com o azeite e grelhe o frango por 5-8 minutos de cada lado até que esteja cozido e a carne solte apenas um suco claro. Retire o frango da frigideira e corte-o em fatias finas. (6-9) (9-12)

2 Aqueça a manteiga em uma frigideira grande de fundo grosso em fogo médio-alto. Adicione a couve-flor, os brócolis, o pimentão, a cebola e o alho e refogue por 5 minutos até que os vegetais estejam cozidos, mas ainda crocantes. Junte a farinha e, em seguida, adicione 185 ml/¾ de xícara de água e deixe cozinhar em fogo médio-alto por cerca de 5 minutos, mexendo sempre, até o molho engrossar. Misture o presunto, os queijos, a mostarda e o sal, e tempere com a pimenta.

3 Enquanto isso, cozinhe o macarrão em bastante água fervente, seguindo as instruções do pacote. Escorra, acrescente o molho de queijo e misture bem. Sirva quente, coberto com fatias de frango.

(6-9) PURÊ DE MACARRÃO COM FRANGO, BRÓCOLIS E COUVE-FLOR
Coloque três buquês de couve-flor e três de brócolis em uma panela a vapor e cozinhe por 10 minutos, tampada, até que os legumes estejam completamente macios. Transfira para o liquidificador e adicione 50 g de frango cozido, 2 colheres (sopa) de macarrão cozido e picado (sem o molho de queijos) e 4 colheres (sopa) de água. Bata por 30 segundos, adicionando mais algumas colheres (chá) de água, uma por vez, até ficar homogêneo. Sirva morno.

(9-12) FRANGO COM MIX DE LEGUMES E MACARRÃO
Coloque três buquês de couve-flor, três de brócolis, 1 colher (chá) de cebola e uma pitada de alho em uma panela a vapor e cozinhe por 10 minutos, tampada, até que os legumes estejam completamente macios. Transfira para o liquidificador e adicione 50 g de frango cozido, 2 colheres (sopa) de macarrão cozido e picado (sem o molho de queijo) e 4 colheres (sopa) de água. Bata por 15 segundos, acrescentando mais algumas colheres (chá) de água, uma por vez, até formar um purê irregular. Sirva morno.

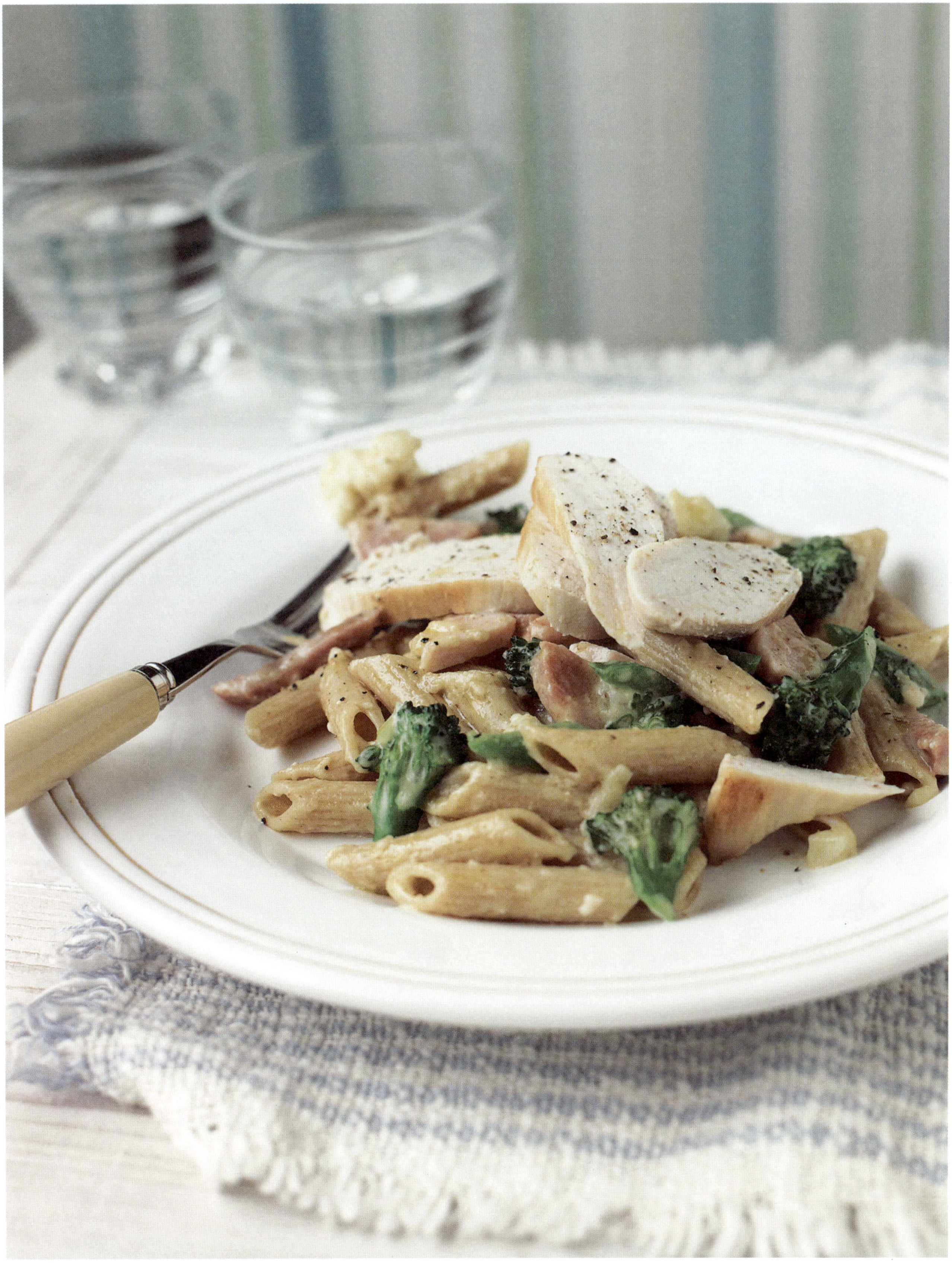

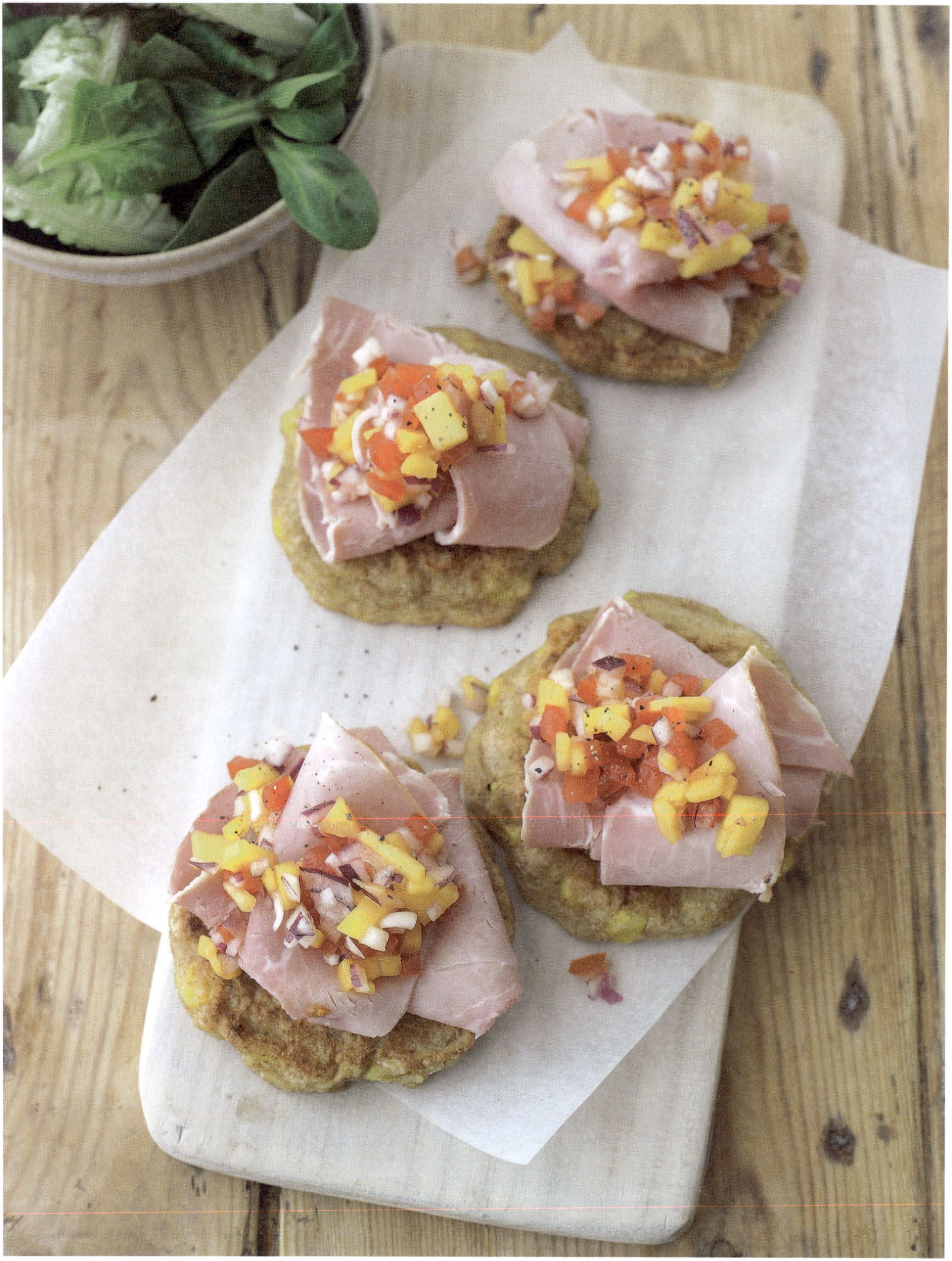

Estes bolinhos são gostosos sozinhos, mas com o vinagrete de manga ficam incríveis. Criamos esta receita num verão em que minha irmã Jan esteve aqui com os três filhos – uma das minhas sobrinhas, Alli, pediu algo para comer com o vinagrete de manga que eu tinha feito.

Bolinhos de milho com presunto e vinagrete de manga

RENDIMENTO: 12 unidades
TEMPO DE PREPARO: 40 minutos
TEMPO DE COZIMENTO: 30 minutos
VALIDADE: massa dos bolinhos por até 1 dia na geladeira; bolinhos e vinagrete por até 3 dias na geladeira.

....

3 ovos grandes
180 g/1½ xícara de farinha de cevadinha integral ou farinha de trigo integral
85 g/½ xícara de fubá pré-cozido
1½ colher (chá) de sal refinado
5 colheres (sopa) de azeite extravirgem e mais um pouco para fritar, se necessário
200 g/1½ xícara de milho descongelado
300 g de presunto cozido fatiado

PARA O VINAGRETE DE MANGA
2 mangas maduras descascadas e picadas
200 g de tomates-cereja
1 cebola roxa pequena picada
4 colheres (sopa) de suco de limão

1 (6-9) (9-12) Para fazer o vinagrete, coloque todos os ingredientes num processador e pulse por 15 segundos, formando cubinhos.

2 Bata os ovos ligeiramente com um batedor manual. Adicione a farinha, o fubá, o sal, 3 colheres (sopa) do azeite e 185 ml/¾ de xícara de água e misture. Junte o milho e mexa bem.

3 Aqueça o azeite restante em uma frigideira grande de fundo grosso em fogo médio-baixo. Despeje 2 colheres (sopa) de massa na frigideira e repita com o restante da massa, deixando os bolinhos ligeiramente afastados, colocando mais azeite na frigideira sempre que necessário. Frite por 4-5 minutos de cada lado ou até dourar. Cubra cada bolinho com presunto fatiado e 1 colher (sopa) do vinagrete de manga. Sirva morno com salada.

(6-9) **PURÊ DE PRESUNTO E MANGA**
Coloque 50 g de presunto, 2 colheres (sopa) de manga picada e 3 colheres (sopa) de água no liquidificador. Bata por 30 segundos, adicionando mais algumas colheres (chá) de água, uma por vez, até ficar homogêneo. Misture 1 colher (chá) de azeite e sirva morno.

(9-12) **MIX DE PRESUNTO, MANGA E CEBOLA ROXA**
Aqueça 1 colher (chá) de azeite em uma frigideira de fundo grosso em fogo baixo. Adicione 1 colher (chá) de cebola e cozinhe por 10 minutos até que a cebola esteja completamente macia. Transfira para o liquidificador e acrescente 50 g de presunto, 2 colheres (sopa) de manga e 3 colheres (sopa) de água. Bata por 15 segundos, acrescentando mais algumas colheres (chá) de água, uma por vez, até formar um purê irregular. Sirva morno.

hora do almoço

Esta maionese creole é muito rápida de fazer e incrementa qualquer sanduíche. Aqui eu escolhi filé, mas você também pode montar o lanche com sobras de carne assada. Minha mãe, que cresceu em Nova Orleans, ama o sabor creole desta receita.

Sanduíche de filé com maionese creole

SERVE: 2 adultos, 1 criança e 1 bebê
TEMPO DE PREPARO: 15 minutos
TEMPO DE COZIMENTO: 8 minutos
VALIDADE: filé cozido por até 1 dia na geladeira; maionese por até 2 semanas na geladeira.

....

3 escalopes de filé-mignon
1 colher (sopa) de azeite extravirgem
3 pães integrais cortados
    horizontalmente
2 tomates em fatias finas
6 folhas de acelga ou alface americana
¼ de colher (chá) de sal refinado

PARA A MAIONESE CREOLE
125 ml/½ xícara de maionese
1 dente de alho esmagado
½ colher (chá) de mostarda de Dijon
¼ de colher (chá) de molho de pimenta
¾ de colher (chá) de páprica
¼ de colher (sopa) de orégano fresco
    ou ¼ de colher (chá) de orégano seco
½ colher (chá) de tomilho picado
    ou uma pitada de tomilho seco

1 Para fazer a maionese, misture todos os ingredientes em uma tigela.
(6-9) (9-12) Aqueça o azeite na frigideira em fogo médio. Tempere os escalopes com sal e frite por 2-4 minutos de cada lado, ou até que estejam ao seu gosto, e corte-os em tiras. Deixe esfriar, se quiser.

2 Espalhe a maionese generosamente nas metades dos pães. Sirva a carne quente ou fria no pão e cubra com as fatias de tomate e a acelga.

(6-9) **PURÊ DE CARNE**
Coloque 50 g do filé-mignon e 1 colher (chá) de azeite em uma frigideira e frite por 10 minutos, até que a carne esteja completamente cozida e dourada. Bata no liquidificador com 3 colheres (sopa) de água por 30 segundos, adicionando mais algumas colheres (chá) de água, uma por vez, até ficar homogêneo. Sirva morno.

(9-12) **FILÉ COM ACELGA**
Coloque 50 g do filé-mignon e 1 colher (chá) de azeite em uma frigideira e frite por 10 minutos, até que a carne esteja completamente cozida e dourada. Transfira para o liquidificador e adicione 1 folha de acelga e 3 colheres (sopa) de água. Bata por 15 segundos, acrescentando mais algumas colheres (chá) de água, uma por vez, até formar um purê pedaçudo. Sirva morno.

Minha irmã Lauren diz que este prato é incrivelmente saboroso, rápido e arrebatador. O tempero chinês combinado ao sabor do macarrão de cevadinha ou integral é uma surpresa deliciosa. Se sobrar, este refogado com arroz é ainda mais saboroso no dia seguinte.

Macarrão com cinco especiarias chinesas

SERVE: 2 adultos, 1 criança e 1 bebê
TEMPO DE PREPARO: 10 minutos
TEMPO DE COZIMENTO: 10 minutos
VALIDADE: até 1 dia na geladeira.

....

2 colheres (sopa) de azeite extravirgem
400 g de carne moída
300 g de brócolis picados
2 colheres (sopa) de molho tamari ou shoyu
1 colher (chá) de cinco especiarias chinesas (ver receita na p. 176)
300 g de penne integral
3 cebolinhas (só a parte verde) fatiadas para servir

1 Aqueça o azeite em uma frigideira de fundo grosso em fogo médio-alto. Coloque a carne moída e os brócolis e cozinhe por 5-10 minutos até que os brócolis estejam cozidos, mas crocantes, e a carne moída, cozida e dourada. (6-9) (9-12) Adicione o tamari, as cinco especiarias chinesas, 4 colheres (sopa) de água e misture bem.

2 Enquanto isso, cozinhe o macarrão em bastante água fervente, seguindo as instruções do pacote. Escorra, acrescente a mistura de carne e brócolis e mexa bem. Sirva quente, com a cebolinha.

(6-9)

PURÊ DE CARNE E BRÓCOLIS
Aqueça uma frigideira em fogo médio-baixo até ficar bem quente. Adicione 4 colheres (sopa) de carne cozida, 4 colheres (sopa) de brócolis cozidos e 1 colher (sopa) de água. Cozinhe por mais 10 minutos, mexendo ocasionalmente. Bata no liquidificador com 3 colheres (sopa) de água por 30 segundos, adicionando mais algumas colheres (chá) de água, uma por vez, até ficar homogêneo. Sirva morno.

(9-12)

CARNE, BRÓCOLIS E CEBOLINHA VERDE
Aqueça uma frigideira em fogo médio-baixo até ficar bem quente. Adicione 4 colheres (sopa) de carne cozida, 4 de brócolis cozidos, 1 colher (chá) de cebolinha verde e 1 colher (sopa) de água. Cozinhe por mais 10 minutos, mexendo ocasionalmente. Bata no liquidificador com 3 colheres (sopa) de água por 15 segundos, adicionando mais algumas colheres (chá) de água, uma por vez, até formar um purê pedaçudo. Sirva morno.

hora do almoço

Bonito e cheio de sabor, este prato leva macarrão de milho, que não tem glúten e é ótimo para bebês mais crescidos. (Você pode usar qualquer tipo de macarrão sem glúten, como de milho, arroz ou quinoa.) Também dá para fazer o macarrão com ervilhas, brócolis e aspargos.

Macarrão tricolor com camarão e vegetais

SERVE: 2 adultos, 1 criança e 1 bebê
TEMPO DE PREPARO: 15 minutos
TEMPO DE COZIMENTO: 12 minutos
VALIDADE: até 1 dia na geladeira.

....

- 1 cenoura cortada ao meio no sentido do comprimento e fatiada
- 200 g de vagem limpa e cortada ao meio
- 200 g de coração de alcachofra em conserva de água ou óleo, escorrido e picado
- 3 colheres (sopa) de azeite extravirgem
- 2 dentes de alho amassados
- 125 ml/½ xícara de vinho branco ou água
- 1 colher (sopa) de suco de limão
- 40 g de manteiga
- 1 colher (chá) de sal refinado
- 300 g de camarões grandes cozidos, sem casca
- 300 g de macarrão de milho ou sem glúten em qualquer formato

1 Coloque a cenoura em uma panela a vapor e cozinhe, tampada, por 3 minutos. Acrescente as vagens e cozinhe por mais 3 minutos, tampada, até que ambas estejam cozidas, mas ligeiramente crocantes. (6-9) (9-12) Transfira para uma tigela, adicione as alcachofras e misture bem. Aqueça 2 colheres (sopa) de azeite em uma frigideira grande de fundo grosso, em fogo médio. Coloque o alho e frite por 1 minuto. Em seguida, acrescente o vinho, o suco de limão, a manteiga e o sal. Deixe em fogo alto até ferver, depois reduza o fogo para médio e aguarde 2 minutos. Adicione os camarões e cozinhe por mais 2 minutos.

2 Enquanto isso, cozinhe o macarrão em bastante água fervente, seguindo as instruções do pacote. Escorra, misture-o aos vegetais, adicione o azeite restante e mexa bem. Em seguida, junte o macarrão com legumes à mistura de camarão e mexa. Sirva quente.

(6-9) PURÊ DE VAGEM, CENOURA E ALCACHOFRA
Deixe 3 colheres (sopa) de vagem e de cenoura na panela a vapor e cozinhe, tampada, por mais 20 minutos, até que os vegetais estejam completamente cozidos. Transfira para o liquidificador e adicione 2 colheres (sopa) de alcachofras e 3 colheres (sopa) de água. Bata por 30 segundos, adicionando mais algumas colheres (chá) de água, uma por vez, até ficar homogêneo. Misture 1 colher (chá) de azeite e sirva morno.

(9-12) LEGUMES COM MACARRÃO DE MILHO
Deixe 3 colheres (sopa) de vagem e de cenoura na panela a vapor e cozinhe, tampada, por mais 20 minutos, até que os vegetais estejam completamente cozidos. Adicione 1 colher (sopa) de alcachofra e 2 colheres (sopa) de macarrão cozido e picado (sem os vegetais e o azeite). Bata no liquidificador com 3 colheres (sopa) de água por 15 segundos, adicionando mais algumas colheres (chá) de água, uma por vez, até formar um purê pedaçudo. Misture 1 colher (chá) de azeite e sirva morno.

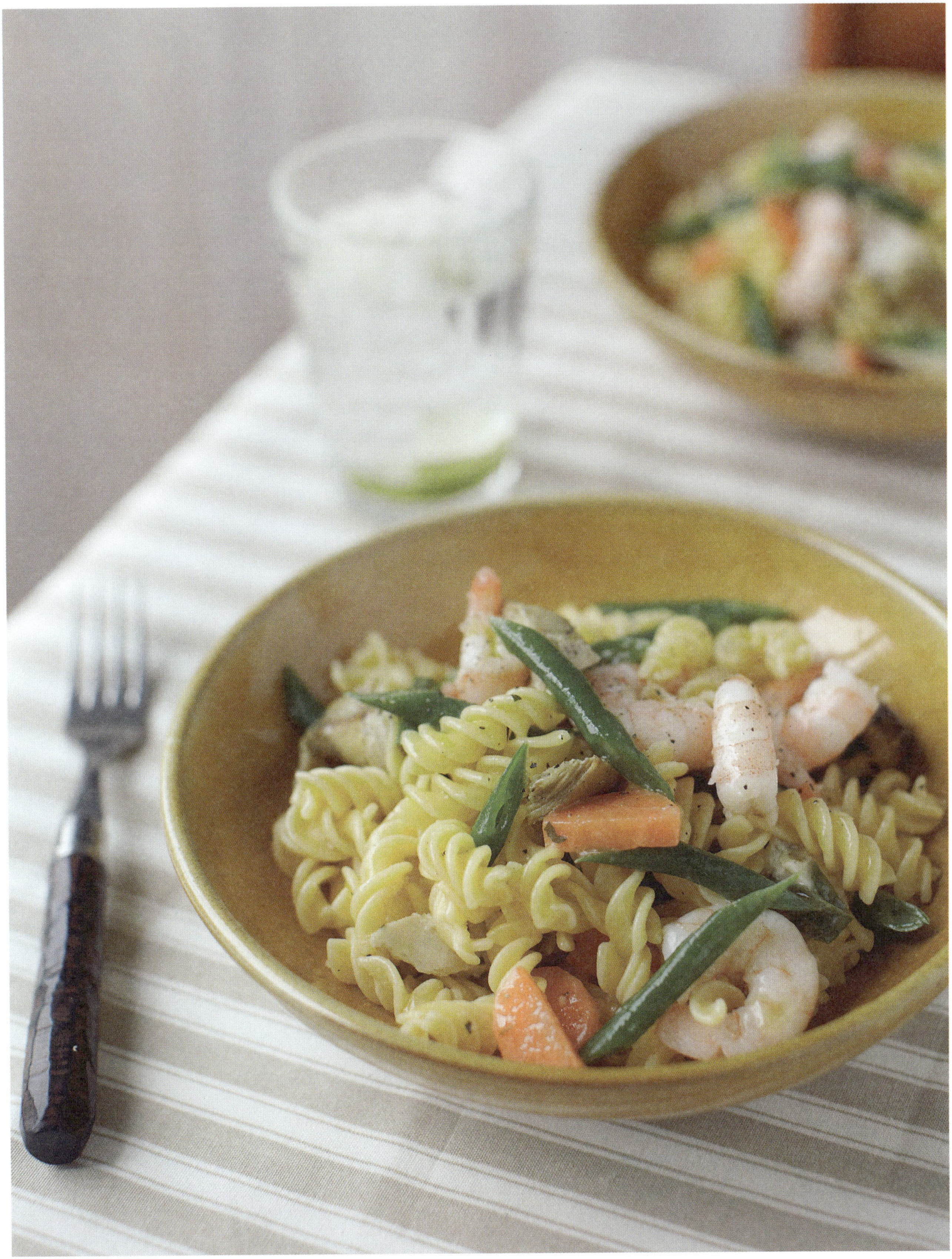

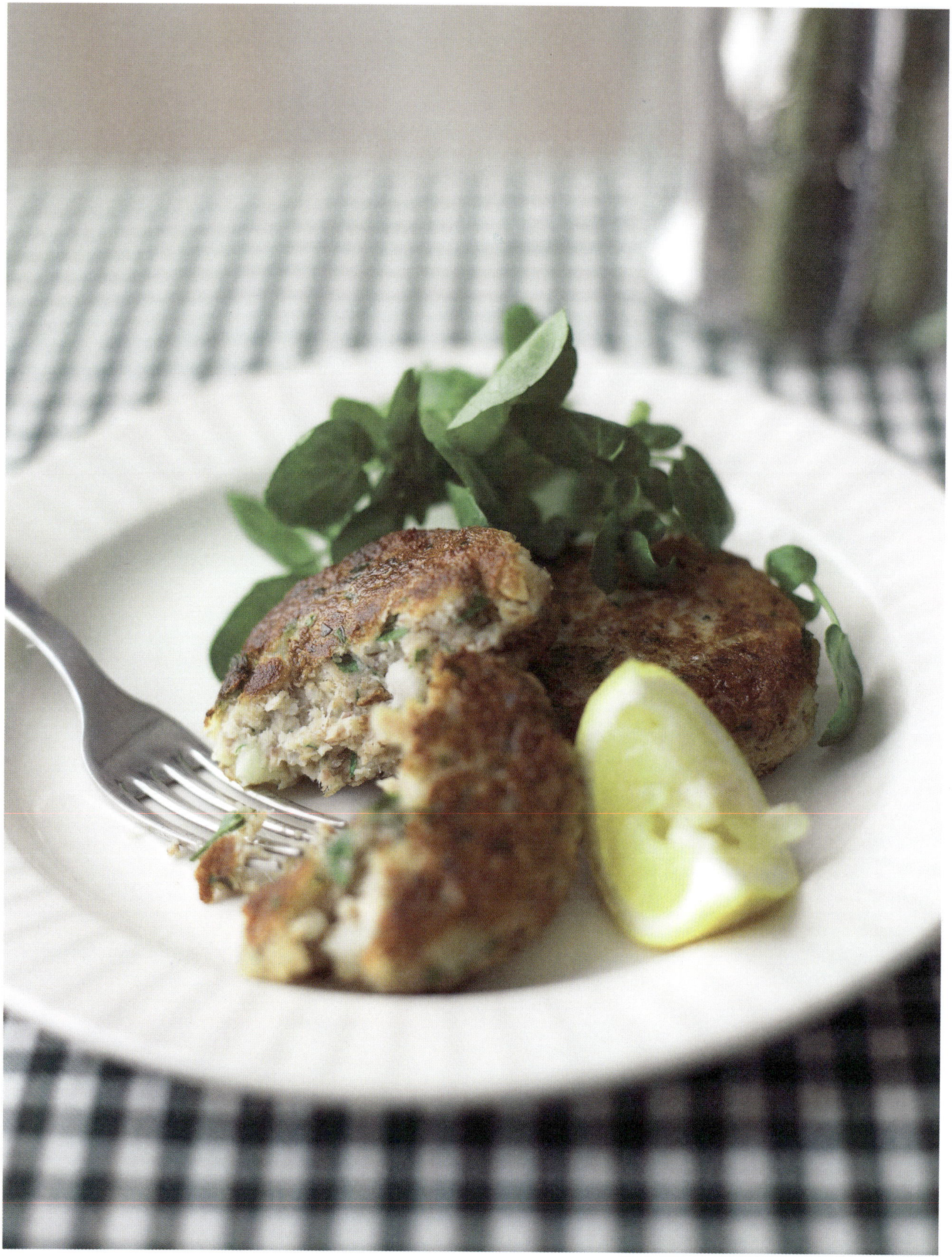

Meus filhos adoram sardinha; se os seus não, esta receita é excelente para servi-las, já que o gosto de peixe não é muito forte. Estes pequenos peixes são ricos em gorduras essenciais ômega 3; portanto, ótimos para as crianças. Jessie gosta tanto destes bolinhos que pede que eu os faça toda semana e até já está aprendendo a prepará-los.

Bolinho de sardinha

RENDIMENTO: 10 unidades
TEMPO DE PREPARO: 20 minutos
TEMPO DE COZIMENTO: 30 minutos
VALIDADE: até 1 dia na geladeira.

....

400 g de batatas em cubos
2 ovos grandes
180 g de sardinhas em lata com óleo ou água escorridas
1 cebola pequena picada
1 colher (sopa) de mostarda de Dijon
3 colheres (sopa) de salsinha picada
2 colheres (chá) de raspas de limão
uma pitada de pimenta-de-caiena
½ colher (chá) de sal refinado
75 g/¾ de xícara de farinha de rosca integral
1 colher (sopa) de azeite extravirgem e um pouco mais para fritar, se necessário
fatias de limão para servir

1 Coloque as batatas em uma panela a vapor e cozinhe, tampada, por 10 minutos ou até que estejam macias. Amasse grosseiramente em uma tigela grande.

2 Bata os ovos com um batedor manual. (6-9) (9-12) Em outra tigela, amasse as sardinhas com um garfo. Acrescente os ovos, a cebola, a mostarda, a salsinha, as raspas de limão, a pimenta, o sal e a farinha de rosca e misture. Junte as batatas amassadas e mexa bem. Com as mãos, divida a mistura em dez partes iguais e modele os bolinhos, achatando-os como pequenos hambúrgueres.

3 Aqueça o azeite em uma frigideira grande de fundo grosso, em fogo médio-baixo. Coloque os bolinhos cuidadosamente na frigideira e frite por 3 minutos de cada lado, até que dourem. Repita com os bolinhos restantes, acrescentando mais azeite na frigideira sempre que necessário. Sirva morno com fatias de limão e salada.

(6-9) PURÊ DE SARDINHA
Coloque 4 sardinhas e 3 colheres (sopa) de água no liquidificador. Bata por 30 segundos, adicionando mais algumas colheres (chá) de água, uma por vez, até ficar homogêneo. Sirva morno.

(9-12) MIX DE SARDINHA, CEBOLA E SALSINHA
Aqueça 1 colher (chá) de azeite em uma frigideira de fundo grosso em fogo baixo. Adicione 1 colher (chá) de cebola e cozinhe por 10 minutos até que esteja completamente macia. Transfira para o liquidificador e adicione 4 sardinhas, 1 colher (chá) de salsinha e 3 colheres (sopa) de água. Bata por 15 segundos, adicionando mais algumas colheres (chá) de água, uma por vez, até formar um purê pedaçudo. Sirva morno.

hora do almoço

Esta receita é fácil, deliciosa e muito versátil. Para uma versão vegetariana, esqueça a cavalinha e simplesmente cubra os legumes cozidos com pasta de feijão (p. 68). Você também pode mudar os vegetais e usar batata-doce, espinafre ou favas como base em vez da batata.

Cavalinha com legumes

SERVE: 2 adultos, 1 criança e 1 bebê
TEMPO DE PREPARO: 20 minutos
TEMPO DE COZIMENTO: 20 minutos
VALIDADE: até 1 dia na geladeira.

....

300 g de batatas em cubos
200 g de abóbora sem sementes, em pedaços, ou moranga descascada sem sementes, em pedaços
1 cenoura pequena picada
1 alho-poró pequeno picado
10 dentes de alho
75 g de brócolis cortados em buquês pequenos
75 g de vagens limpas e cortadas na metade
400 g de filés de cavalinha ou pescada branca
azeite extravirgem para servir

1 (6-9) (9-12) Coloque a batata, a abóbora, a cenoura, o alho-poró e o alho em uma panela a vapor e cozinhe, tampada, por 12-15 minutos. Adicione os brócolis e a vagem, coloque a cavalinha em cima dos legumes no vapor e cozinhe por mais 5 minutos, tampado, até que os legumes estejam macios e a cavalinha completamente cozida. Sirva morno, com azeite extravirgem.

(6-9) **PURÊ DE CAVALINHA E LEGUMES**
Coloque dois pedaços de abóbora em uma panela a vapor, tampe e cozinhe, por 10 minutos. Adicione 1 colher (sopa) de cenoura e cozinhe, tampada, por mais 10 minutos. Junte três pedaços de brócolis e 3 vagens e cozinhe, tampada, por mais 10 minutos até que os legumes estejam completamente macios. Remova a pele e as espinhas de 50 g de cavalinha cozida no vapor. Transfira para o liquidificador e adicione os legumes cozidos e 3 colheres (sopa) de água. Bata por 30 segundos, adicionando mais algumas colheres (chá) de água, uma por vez, até ficar homogêneo. Misture 1 colher (chá) de azeite e sirva morno.

(9-12) **MIX DE CAVALINHA E LEGUMES**
Coloque dois pedaços de abóbora em uma panela a vapor, tampe e cozinhe por 10 minutos. Adicione 1 colher (sopa) de cenoura e cozinhe por mais 10 minutos. Adicione 1 dente de alho, dois pedaços de alho-poró, 3 buquês de brócolis e 3 vagens e cozinhe por mais 10 minutos, até que os legumes estejam completamente macios. Remova a pele e as espinhas de 50 g de cavalinha cozida no vapor e amasse com um garfo. Transfira para o liquidificador e adicione os legumes cozidos e 3 colheres (sopa) de água. Bata por 15 segundos, adicionando mais algumas colheres (chá) de água, uma por vez, até formar um purê irregular. Misture 1 colher (chá) de azeite e sirva morno com a cavalinha amassada.

Minha mãe às vezes faz esta couve-flor quando chegamos para passar o Natal. É um lanche rápido que nos sustenta até o jantar depois da longa viagem. O salmão torna este prato um almoço excelente. Se você servir com um pouco de arroz, macarrão ou pão, terá uma refeição completa.

Salmão assado, couve-flor e alcaparras

SERVE: 2 adultos, 1 criança e 1 bebê
TEMPO DE PREPARO: 20 minutos, mais 7 horas de molho e 40 minutos para cozinhar o arroz
TEMPO DE COZIMENTO: 20 minutos
VALIDADE: até 1 dia na geladeira.

....

6 colheres (sopa) de azeite extravirgem
3 postas de salmão
1 couve-flor cortada em buquês pequenos
¼ de colher (chá) de sal refinado
1 cebola roxa cortada em anéis
4 colheres (sopa) de alcaparras pequenas em sal ou salmoura escorridas e dessalgadas
3 dentes de alho picados
4 colheres (sopa) de salsinha picada
uma pitada de pimenta-do-reino moída na hora
1 receita de arroz integral cozido (p. 23) para servir

1 (6-9) (9-12) Preaqueça o forno a 200°C e unte uma assadeira grande com 2 colheres (sopa) de azeite. Arrume o salmão e a couve-flor em uma única camada na assadeira e cubra com o resto do azeite. Polvilhe com sal e pimenta. Cubra o salmão com ⅓ dos anéis de cebola.

2 Leve ao forno por 15-20 minutos até que a couve-flor esteja macia e dourada nas bordas, e o salmão totalmente cozido e opaco. Espalhe as alcaparras, o alho e a salsinha por cima e sirva quente, acompanhado de arroz integral cozido.

(6-9) **PURÊ DE SALMÃO E COUVE-FLOR**
Remova pele e espinhos de 50 g de salmão. Coloque em uma assadeira untada, adicione seis buquezinhos de couve-flor e leve ao forno como descrito acima por 20 minutos até o salmão ficar opaco e completamente cozido, e a couve-flor, completamente macia. Bata no liquidificador por 30 segundos com 3 colheres (sopa) de água, adicionando mais algumas colheres (chá) de água, uma por vez, até ficar homogêneo. Sirva morno.

(9-12) **SALMÃO ASSADO E LEGUMES**
Remova pele e espinhos de 50 g de salmão. Coloque em uma assadeira untada, adicione seis caules de couve-flor e um anel de cebola e leve ao forno como descrito acima por 20 minutos até o salmão ficar opaco e cozido, e os vegetais, completamente macios. Bata no liquidificador por 15 segundos com 3 colheres (sopa) de água, adicionando mais algumas colheres (chá) de água, uma por vez, até formar um purê pedaçudo. Sirva morno.

Minha irmã Lauren acha esta receita fenomenal, principalmente por causa dos sabores, e eu adoro ingredientes fabulosos como favas, couve, beterraba e sementes torradas. Esta é uma salada bonita, que satisfaz o suficiente para se tornar uma refeição.

Salada dos sonhos com abóbora

SERVE: 2 adultos, 1 criança e 1 bebê
TEMPO DE PREPARO: 30 minutos
TEMPO DE COZIMENTO: 25 minutos
VALIDADE: consuma no mesmo dia.

....

1 abóbora japonesa, ou cabotiá, sem sementes, picada
6 colheres (sopa) de azeite extravirgem
½ colher (chá) de sal refinado
100 g de favas frescas
3 colheres (sopa) de sementes de abóbora
3 colheres (sopa) de sementes de girassol
1 colher (sopa) de shoyu ou molho tamari
100 g de queijo feta cortado em cubinhos
¼ de pé de alface romana ou lisa lavada e picada
1 abacate pequeno picado
1 beterraba ralada
1 colher (sopa) de vinagre balsâmico
50 g de brotos, como alfafa, brócolis ou feijão (opcional)
pimenta-do-reino moída na hora

1 Preaqueça o forno em temperatura alta. Coloque a abóbora em uma assadeira com 2 colheres (sopa) do azeite e misture bem. Asse por 20 minutos até que esteja macia. (6-9) (9-12) Retire a abóbora do forno e tempere-a com sal e pimenta. Enquanto isso, coloque as favas em uma panela a vapor e cozinhe, tampada, por 3-4 minutos ou até que estejam macias, mas ainda levemente crocantes.

2 Aqueça uma frigideira grande em fogo médio-baixo. Misture as sementes com o shoyu em uma tigela pequena. Coloque o mix de sementes na frigideira e toste por 3-5 minutos, mexendo com uma colher de pau, até que a frigideira esteja seca, e as sementes, levemente douradas.

3 Em uma tigela grande misture a abóbora assada, as favas cozidas, as sementes torradas, o queijo feta, a alface, o abacate, a beterraba, o vinagre balsâmico, os brotos, se usar, e o azeite restante. Sirva.

(6-9) PURÊ DE ABÓBORA, FAVAS E ABACATE
Coloque 2 colheres (sopa) de abóbora grelhada, 1 colher (sopa) de favas cozidas, 2 colheres (sopa) de abacate e 3 colheres (sopa) de água no liquidificador. Bata por 30 segundos, adicionando mais algumas colheres (chá) de água, uma por vez, até ficar homogêneo. Sirva morno.

(9-12) ABÓBORA, FAVAS E ABACATE COM BETERRABA E BROTOS
No liquidificador, coloque 2 colheres (sopa) de abóbora grelhada, 1 colher (sopa) de favas cozidas, 1 colher (sopa) de abacate, 1 de beterraba ralada, 1 de brotos, se usar, e 1 colher (sopa) de água. Bata por 15 segundos, adicionando mais algumas colheres (chá) de água, uma por vez, até formar um purê pedaçudo. Sirva morno.

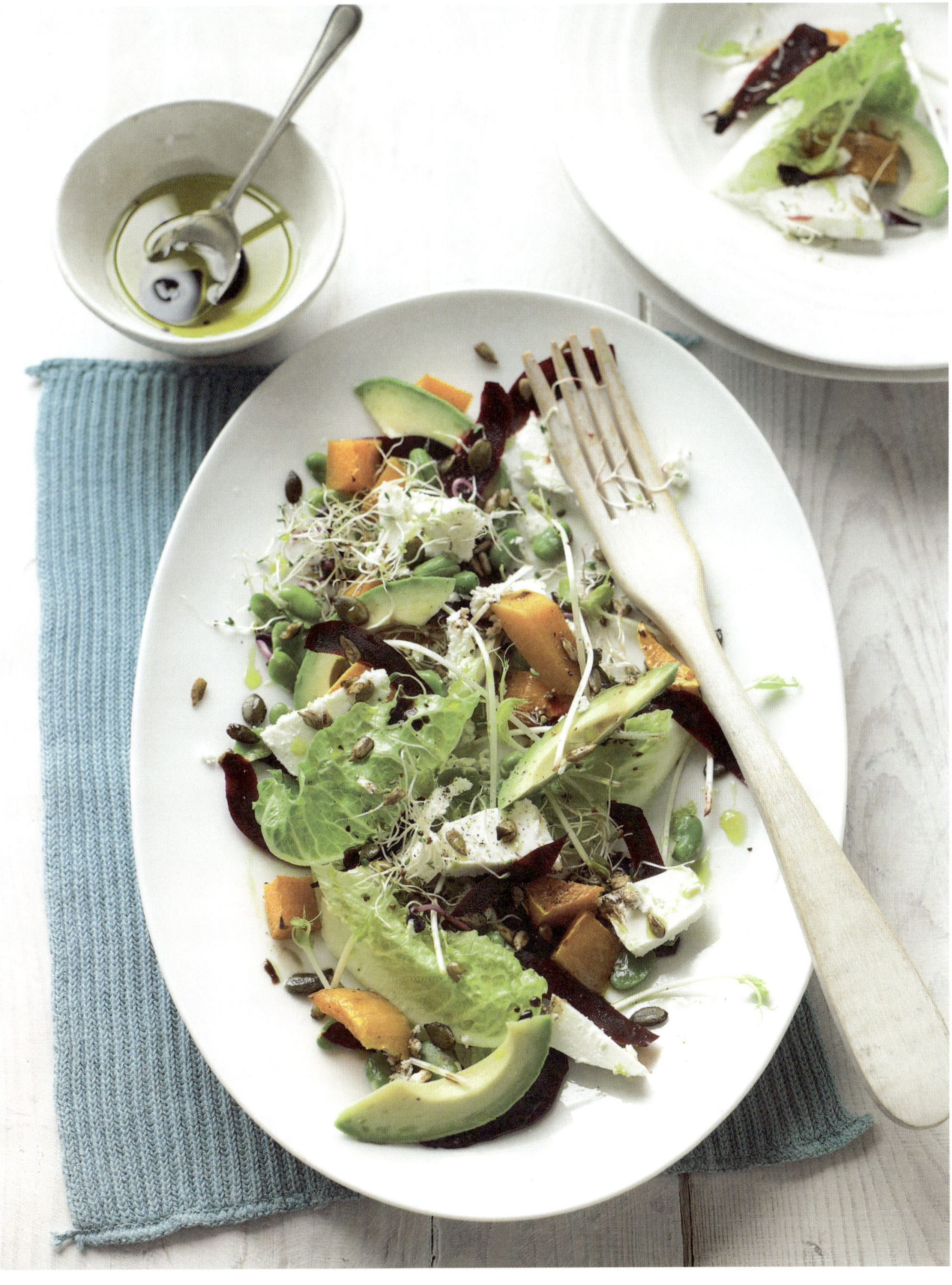

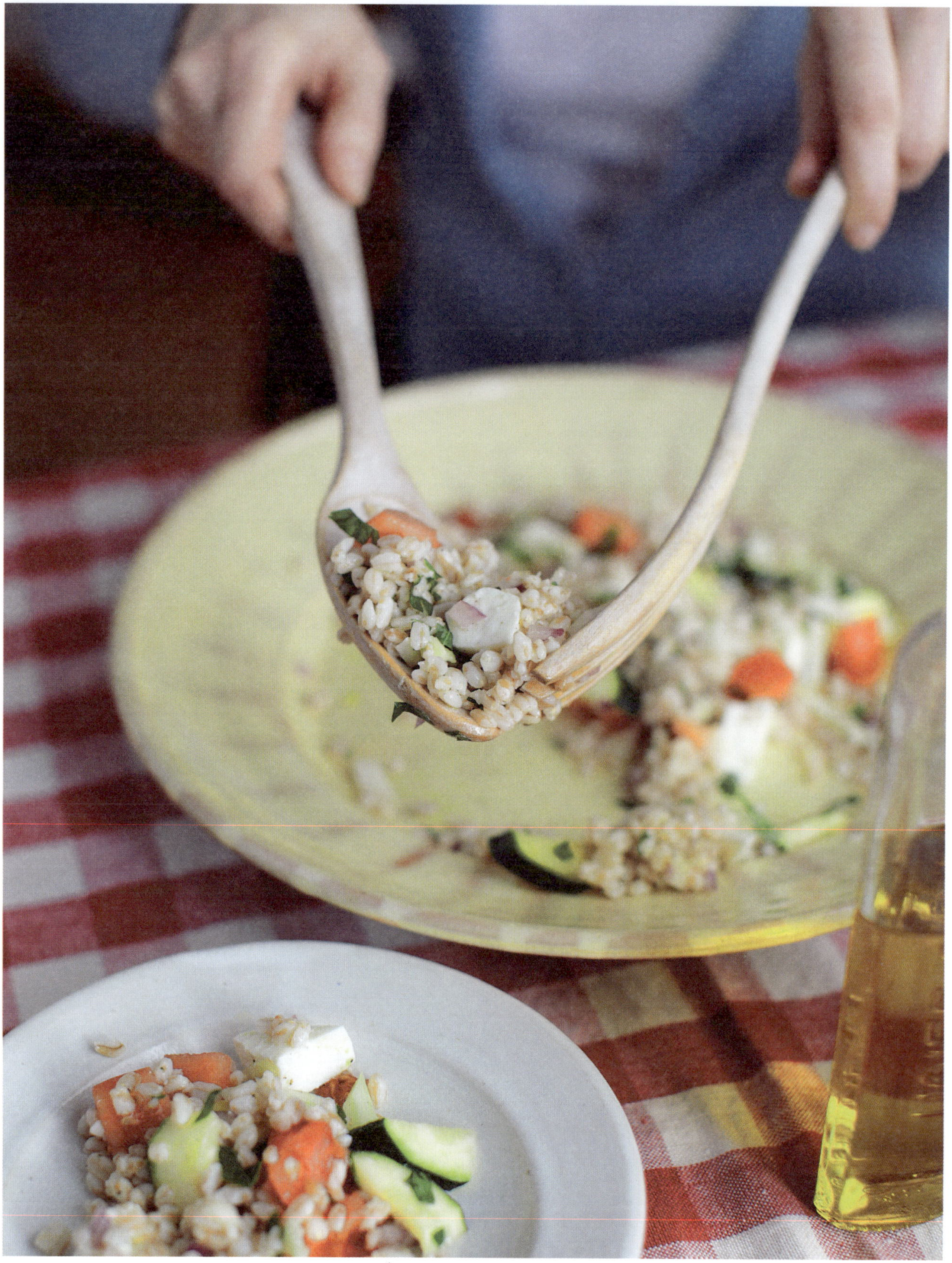

Eu experimentei a salada de cevadinha pela primeira vez na Toscana. Alguns amigos nos convidaram para um piquenique perto de um refrescante córrego em um dia quente de verão. Depois que todos tinham se refrescado, dividimos a comida que havíamos levado; nossa amiga Susanna ofereceu a salada de cevadinha, um prato clássico da região.

Salada toscana de cevadinha

SERVE: 2 adultos, 1 criança e 1 bebê
TEMPO DE PREPARO: 20 minutos, e pelo menos 7 horas de molho (opcional)
TEMPO DE COZIMENTO: 35-45 minutos
VALIDADE: até 3 dias na geladeira.

....

150 g/¾ de xícara de grãos de cevadinha integral
¾ de colher (sopa) de iogurte natural ou kefir para demolhar (opcional)
1 colher (chá) de sal refinado
4 colheres (sopa) de azeite extravirgem
2 colheres (sopa) de vinagre de vinho branco
250 g de muçarela de búfala em cubos
1 tomate grande picado
1 abobrinha cortada ao comprido e fatiada em meias-luas
1 bulbo de erva-doce picado
1 cebola roxa pequena picada
1 dente de alho pequeno picado
3 colheres (sopa) de salsinha picada
2 colheres (sopa) de folhas de hortelã picadas

1 Se for deixar a cevadinha de molho, coloque os grãos e o iogurte em uma vasilha grande e cubra generosamente com água morna. Deixe de molho, coberto, por 7 horas ou durante a noite em temperatura ambiente. Escorra e lave os grãos, coloque-os na panela e adicione 375 ml/1½ xícara de água.

2 Aqueça em fogo alto até ferver. Abaixe o fogo e cozinhe por 30-35 minutos, tampado, mexendo ocasionalmente, até que os grãos estejam macios, mas não empapados. Escorra e transfira para uma tigela grande.

(Se cozinhar a cevadinha sem a deixar de molho, coloque os grãos e 455 ml/2 xícaras rasas de água em uma panela grande. Leve ao fogo alto até ferver. Abaixe o fogo e cozinhe, coberto, por 45 minutos, mexendo ocasionalmente, até que os grãos estejam macios, mas não empapados. Escorra e transfira para uma tigela grande.)

3 (6-9) (9-12) Adicione o sal, o azeite e o vinagre de vinho branco e mexa. Deixe esfriar um pouco e, em seguida, acrescente os ingredientes restantes, misturando bem. Sirva essa salada morna ou fria.

(6-9) PURÊ DE ABOBRINHA

Coloque metade da abobrinha fatiada em uma panela a vapor e cozinhe, tampada, durante 10 minutos ou até que esteja completamente macia. Bata no liquidificador por 30 segundos com 2 colheres (sopa) de água, adicionando mais algumas colheres (chá) de água, uma por vez, até ficar homogêneo. Misture 1 colher (chá) de azeite e sirva morno.

(9-12) MIX DE ABOBRINHA, ERVA-DOCE, CEBOLA ROXA E ERVAS

Coloque metade da abobrinha fatiada, 1 colher (sopa) de erva-doce e 1 colher (chá) de cebola em uma panela a vapor e cozinhe, tampada, por 10 minutos ou até que os vegetais fiquem macios. Leve ao liquidificador e adicione um pouquinho de salsa e de hortelã e 2 colheres (sopa) de água. Bata por 15 segundos, adicionando mais algumas colheres (chá) de água, uma por vez, até formar um purê pedaçudo. Misture 1 colher (chá) de azeite e sirva morno.

hora do almoço

Eu adoro uma sopa de cogumelos bem-feita. Nesta, o sabor é intensificado pelo uso de funghi porcini ou shitake seco e pelo refogado de cogumelos. Bater metade da sopa proporciona uma ótima textura, preservando pedaços de alho-poró, cogumelos e salsinha.

Sopa simples de cogumelos

SERVE: 2 adultos, 1 criança e 1 bebê
TEMPO DE PREPARO: 30 minutos, além de pelo menos 7 horas de molho e 20 minutos para cozinhar o trigo-sarraceno
TEMPO DE COZIMENTO: 55 minutos
VALIDADE: até 3 dias na geladeira; até 3 meses no congelador.

....

30 g de funghi porcini ou cogumelos shitake secos
4 colheres (sopa) de azeite extravirgem e mais um pouco para servir
1 alho-poró cortado ao comprido e fatiado
450 g de cogumelos-de-paris picados
1 receita de trigo-sarraceno cozido (p. 22)
2 colheres (chá) de tomilho fresco finamente picado
2½ colheres (chá) de sal marinho
4 colheres (sopa) de salsinha picada
pão integral para servir

1 Deixe os funghi porcini de molho em 240 ml/1 xícara rasa de água fervente por 10 minutos ou até que estejam macios. Escorra, esprema o excesso de água e pique.

2 (6-9) (9-12) Aqueça o azeite em uma frigideira grande de fundo grosso em fogo médio-alto. Coloque o alho-poró e refogue-o por 10 minutos, mexendo ocasionalmente, até que esteja macio. Adicione o funghi porcini e o cogumelo-de-paris e refogue por 10 minutos até que os cogumelos comecem a dourar.

3 Despeje 750 ml/3 xícaras de água fervente em uma panela grande de fundo grosso e junte o refogado de cogumelos e alho-poró, o trigo-sarraceno cozido, o tomilho e o sal. Deixe em fogo alto até ferver, abaixe o fogo e cozinhe, tampado, por 35 minutos.

4 Adicione a salsinha. Transfira metade da sopa para o liquidificador e bata até que fique homogênea. Coloque a sopa batida na panela e esquente-a, se necessário. Sirva quente com um fio de azeite e pão integral.

(6-9) PURÊ DE TRIGO-SARRACENO
Coloque 4 colheres (sopa) de trigo cozido e 135 ml/½ xícara de água em uma panela. Cozinhe em fogo baixo, tampado, por 20 minutos até que esteja completamente macio. Bata no liquidificador por 30 segundos com 2 colheres (sopa) de água, adicionando mais algumas colheres (chá) de água, uma por vez, até ficar homogêneo. Misture 1 colher (chá) de azeite e sirva morno.

(9-12) MIX DE TRIGO-SARRACENO E ALHO-PORÓ
Coloque 4 colheres (sopa) de trigo cozido e 135 ml/½ xícara de água em uma panela. Cozinhe em fogo baixo, tampado, por 20 minutos até que esteja completamente macio. Transfira para o liquidificador e adicione 2 colheres (sopa) de alho-poró cozido e 2 colheres (sopa) de água. Bata por 15 segundos, adicionando mais algumas colheres (chá) de água, uma por vez, até formar um purê pedaçudo. Misture 1 colher (chá) de azeite e sirva morno.

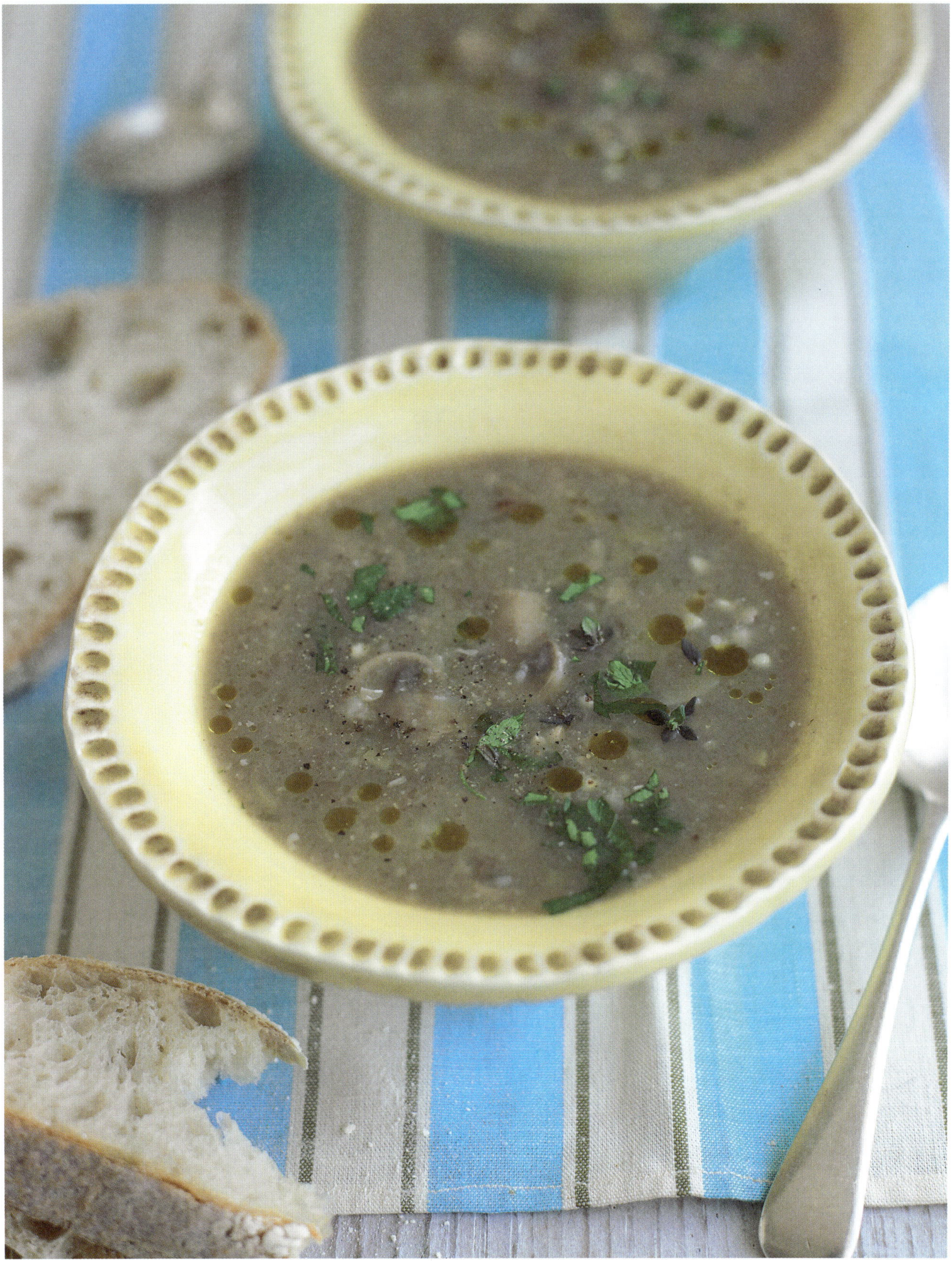

Nós amamos homus, mas preferimos esta pasta por conta de sua incrível textura cremosa, conferida pelos feijões-brancos (sugestão do meu irmão David). Quando Cassie me vê colocar feijão no liquidificador, ela exclama "inham", com alegria. Comemos esta pasta na tigela com vegetais.

Festival de pasta de feijão

SERVE: 2 adultos, 1 criança e 1 bebê
TEMPO DE PREPARO: 20 minutos, mais pelo menos 12 horas de molho e 1h10 de cozimento do feijão-branco (opcional), e pelo menos 12 horas de molho e 2h10 de cozimento do grão-de-bico (opcional)
TEMPO DE COZIMENTO: 5 minutos
VALIDADE: até 3 dias na geladeira.

....

55 g/⅓ de xícara de pinholes (ou amêndoas peladas ou nozes)
3 colheres (sopa) de azeite extravirgem
3 colheres (sopa) de salsinha picada
3 pitadas de páprica
2 cenouras cortadas em rodelas para acompanhar
1 pepino cortado em rodelas para servir
1 pimentão amarelo pequeno picado para servir
1 endívia (com as folhas separadas) para servir
pão sírio integral para servir

PARA A PASTA DE FEIJÃO
1 receita de feijão-branco cozido (p. 23) ou 270 g/1½ xícara de feijão-branco em conserva escorrido e lavado
1 receita de grão-de-bico cozido (p. 24) ou 220 g/1⅓ xícara de grão-de-bico em conserva escorrido e lavado
3 colheres (sopa) de suco de limão
6 colheres (sopa) de azeite extravirgem
2 dentes de alho amassados
2 colheres (chá) de sal marinho
6 colheres (sopa) de tahine

1 Preaqueça o forno em temperatura alta. Coloque os pinholes em uma assadeira e toste-os por 3-5 minutos até que comecem a dourar.

2 (6-9) (9-12) Para fazer a pasta de feijão, coloque o feijão-branco e o grão-de-bico cozidos em um processador de alimentos ou liquidificador. (Adicione alga kombu, se utilizar, no cozimento.) Acrescente o suco de limão, o azeite, o alho, o sal e 200 ml/1 xícara rasa de água. Bata por 1 minuto até ficar homogêneo. Adicione o tahine e misture bem.

3 Coloque 6 colheres (sopa) da pasta de feijão em três tigelas e regue cada uma com 1 colher (sopa) de azeite. Polvilhe com 1 colher (sopa) de pinholes torrados, 1 colher (sopa) de salsinha e uma pitada de páprica por cima de cada tigela. Sirva com cenoura, pepino, pimentão, folhas de endívia e pão sírio integral.

(6-9) **PURÊ DE FEIJÃO-BRANCO E GRÃO-DE-BICO**
Coloque 2 colheres (sopa) de feijão-branco cozido, 2 colheres (sopa) de grão-de-bico cozido e 2 colheres (sopa) de água no liquidificador. Bata por 30 segundos, adicionando mais algumas colheres (chá) de água, uma por vez, até ficar homogêneo. Misture 1 colher (chá) de azeite e sirva morno.

(9-12) **FEIJÃO-BRANCO E GRÃO-DE-BICO COM PEPINO**
Coloque 2 colheres (sopa) de feijão-branco cozido, 2 colheres (sopa) de grão-de-bico cozido, quatro pedaços de pepino e 1 colher (sopa) de água no liquidificador. Bata por 15 segundos, adicionando mais algumas colheres (chá) de água, uma por vez, até formar um purê pedaçudo. Misture 1 colher (chá) de azeite e sirva morno.

Ovos são a proteína perfeita, e se você os misturar com alguns vegetais e um pouco de arroz, terá uma refeição simples e excelente, rápida e nutritiva.

Omelete arco-íris de legumes e arroz

SERVE: 2 adultos, 1 criança e 1 bebê
TEMPO DE PREPARO: 10 minutos, além de pelo menos 7 horas de molho e 40 minutos para cozinhar o arroz integral
TEMPO DE COZIMENTO: 16 minutos
VALIDADE: até 1 dia na geladeira.

....

6 ovos grandes
½ colher (chá) de sal marinho
¼ de colher (chá) de molho de pimenta
3 colheres (sopa) de azeite extravirgem
100 g de aspargos frescos, com os talos limpos e picados
1 pimentão vermelho pequeno sem sementes cortado em cubos
100 g de champignon fatiado
1 cebola pequena picada
1 abobrinha pequena ralada
1 cenoura ralada
2 dentes de alho picados
½ receita de arroz integral cozido (p. 23)

1 Bata ligeiramente os ovos com um batedor manual. Adicione o sal e o molho de pimenta, misture e reserve. Aqueça 2 colheres (sopa) do azeite em uma frigideira grande de fundo grosso em fogo médio-alto. **(9-12)** Coloque os aspargos, o pimentão, os champignons e a cebola e refogue por 5 minutos, mexendo ocasionalmente. **(6-9)** Acrescente a abobrinha, a cenoura, o alho e o arroz integral cozido e refogue por mais 3 minutos, até que o arroz esteja quente, os vegetais comecem a dourar e todo o seu suco tenha evaporado.

2 Transfira a mistura de legumes e arroz para uma tigela. Reduza o fogo para médio e adicione o azeite restante na frigideira, inclinando-a para untar o fundo uniformemente. Coloque os ovos batidos e cozinhe por 4-5 minutos, até que eles comecem a firmar. Em seguida, espalhe a mistura de arroz e legumes sobre os ovos. Tampe parcialmente e cozinhe por mais 3 minutos, até que a omelete esteja totalmente cozida, dourada e crocante na base. Sirva-a quente.

(6-9) PURÊ DE ARROZ INTEGRAL, ABOBRINHA E CENOURA
Coloque 4 colheres (sopa) de arroz integral cozido, 1 colher (sopa) de abobrinha, 1 de cenoura e 135 ml/½ xícara de água fervente em uma panela. Cozinhe em fogo baixo por 20 minutos, tampado, até que estejam completamente macios. Bata no liquidificador por 30 segundos, adicionando mais algumas colheres (chá) de água, uma por vez, até ficar homogêneo. Misture 1 colher (chá) de azeite e sirva morno.

(9-12) ARROZ INTEGRAL COM ASPARGOS, ABOBRINHA E CENOURA
Coloque 4 colheres (sopa) de arroz integral cozido e 135 ml/½ xícara de água fervente em uma panela. Cozinhe em fogo baixo, tampado, por 10 minutos. Adicione 3 pedaços de aspargos e cozinhe por mais 10 minutos, até que esteja completamente macio. Retire do fogo e misture 1 colher (sopa) de abobrinha e 1 de cenoura. Bata no liquidificador por 15 segundos, adicionando mais algumas colheres (chá) de água, uma por vez, até formar um purê irregular. Misture 1 colher (chá) de azeite e sirva morno.

hora do almoço

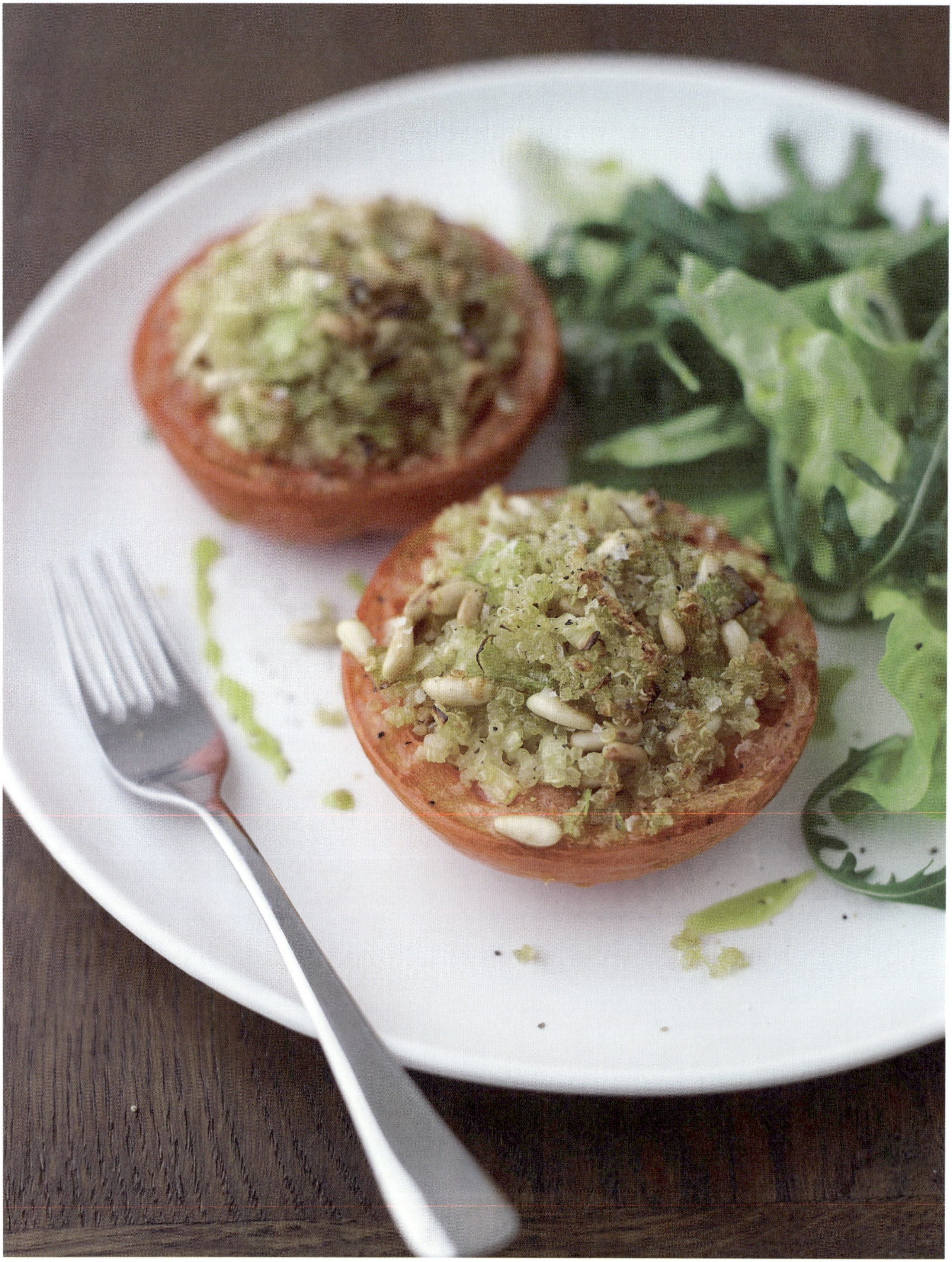

Para meu espanto, minha amiga Kate me disse que não comia quinoa. Como ela podia não gostar de quinoa? Encarei o desafio convidando-a a fazer estes tomates em casa. Ela fez, disse que a receita é ótima e agora é uma apreciadora desses grãozinhos.

Tomate recheado com quinoa

SERVE: 2 adultos, 1 criança e 1 bebê
TEMPO DE PREPARO: 20 minutos, além de pelo menos 7 horas de molho e 20 minutos para cozinhar a quinoa
TEMPO DE COZIMENTO: 35 minutos
VALIDADE: até 3 dias na geladeira.

....

50 g/⅓ de xícara de pinholes (ou amêndoas peladas ou nozes)
2 colheres (sopa) de azeite extravirgem e mais um pouco para untar
1 alho-poró cortado em quatro no comprimento e picado
½ receita de quinoa cozida (p. 22)
80 g de queijo parmesão ralado
1 dente de alho esmagado
½ colher (chá) de sal marinho
3 tomates grandes
salada para servir

1 Preaqueça o forno em temperatura alta. Coloque os pinholes em uma assadeira e toste-os por 3 minutos, até que dourem.

2 Preaqueça o forno a 160°C, unte uma assadeira grande com azeite e reserve. (6-9) (9-12) Aqueça o azeite em uma panela de fundo grosso em fogo médio. Coloque o alho-poró e refogue por 10 minutos, mexendo ocasionalmente, até que esteja macio.

3 Misture os pinholes torrados, o alho-poró refogado, a quinoa cozida, o parmesão, o alho e o sal em uma tigela pequena. Corte os tomates ao meio, horizontalmente, retire a polpa e as sementes e descarte-as. Encha bem as metades de tomate com o recheio de quinoa. Coloque os tomates recheados na assadeira untada e asse por 20 minutos, até o queijo derreter e começar a dourar. Sirva-os quentes, acompanhados de uma salada.

(6-9) PURÊ DE QUINOA
Coloque 4 colheres (sopa) de quinoa cozida e 135 ml/½ xícara de água fervente em uma panela. Cozinhe em fogo baixo, com a panela tampada, por 20 minutos, até que a quinoa esteja completamente macia. Bata no liquidificador por 30 segundos com 2 colheres (sopa) de água, adicionando mais algumas colheres (chá) de água, uma por vez, até ficar homogêneo. Misture 1 colher (chá) de azeite e sirva morno.

(9-12) QUINOA COM ALHO-PORÓ
Coloque 4 colheres (sopa) de quinoa cozida e 135 ml/½ xícara de água fervente em uma panela. Tampe e cozinhe em fogo baixo por 20 minutos, até que ela esteja completamente macia. Transfira para o liquidificador e adicione 1 colher (sopa) de alho-poró cozido e 2 colheres (sopa) de água. Bata por 15 segundos, adicionando mais algumas colheres (chá) de água, uma por vez, até formar um purê pedaçudo. Misture 1 colher (chá) de azeite e sirva morno.

O arroz selvagem é um alimento excelente que muitas pessoas não conhecem ou esquecem que existe. Ele tem uma textura maravilhosamente crocante e um sabor leve. Use outros tipos de arroz ou massa quando quiser variar esta receita.

Panqueca de arroz selvagem

RENDIMENTO: 12 unidades
TEMPO DE PREPARO: 15 minutos, além de pelo menos 7 horas de molho e 40 minutos para cozinhar o arroz selvagem
TEMPO DE COZIMENTO: 18 minutos
VALIDADE: até 3 dias na geladeira.

....

2 ovos grandes
60 g/½ xícara de farinha de cevadinha integral ou farinha de trigo integral
1 receita de arroz selvagem cozido (p. 23)
2 colheres (sopa) de iogurte natural
100 g de folhas de espinafre fresco ou descongelado picado
100 g de queijo feta cortado em cubos
¾ de colher (chá) de sal marinho
½ colher (chá) de pimenta-de-caiena
1 colher (sopa) de azeite extravirgem e mais um pouco para fritar, se necessário
salada para servir

1 Bata os ovos e 2 colheres (sopa) de água com um batedor manual. (6-9) (9-12) Misture a farinha e adicione o arroz selvagem cozido, o iogurte, o espinafre, o queijo feta, o sal e a pimenta-de-caiena. Misture bem.

2 Aqueça o azeite em uma frigideira grande de fundo grosso, em fogo médio. Despeje 2 colheres (sopa) da massa na frigideira para fazer uma panqueca e repita com o restante da massa, deixando as panquecas ligeiramente afastadas e colocando mais azeite na frigideira sempre que necessário. Frite por 3 minutos de cada lado, até que elas dourem. Sirva-as mornas, acompanhadas de uma salada.

(6-9) **PURÊ DE ARROZ SELVAGEM**
Coloque 4 colheres (sopa) de arroz selvagem cozido e 150 ml/⅔ de xícara de água fervente em uma panela. Tampe e cozinhe em fogo baixo por 20 minutos, até que esteja bem macio. Bata no liquidificador por 30 segundos com 2 colheres (sopa) de água, adicionando mais algumas colheres (chá) de água, uma por vez, até ficar homogêneo. Misture 1 colher (chá) de azeite e sirva morno.

(9-12) **ARROZ SELVAGEM COM IOGURTE**
Coloque 4 colheres (sopa) de arroz selvagem cozido e 150 ml/⅔ de xícara de água fervente em uma panela. Tampe e cozinhe em fogo baixo por 20 minutos, até que esteja bem macio. Transfira o arroz para o liquidificador e adicione 2 colheres (sopa) de iogurte e 1 colher (sopa) de água. Bata por 15 segundos, adicionando mais algumas colheres (chá) de água, uma por vez, até formar um purê pedaçudo. Misture 1 colher (chá) de azeite e sirva morno.

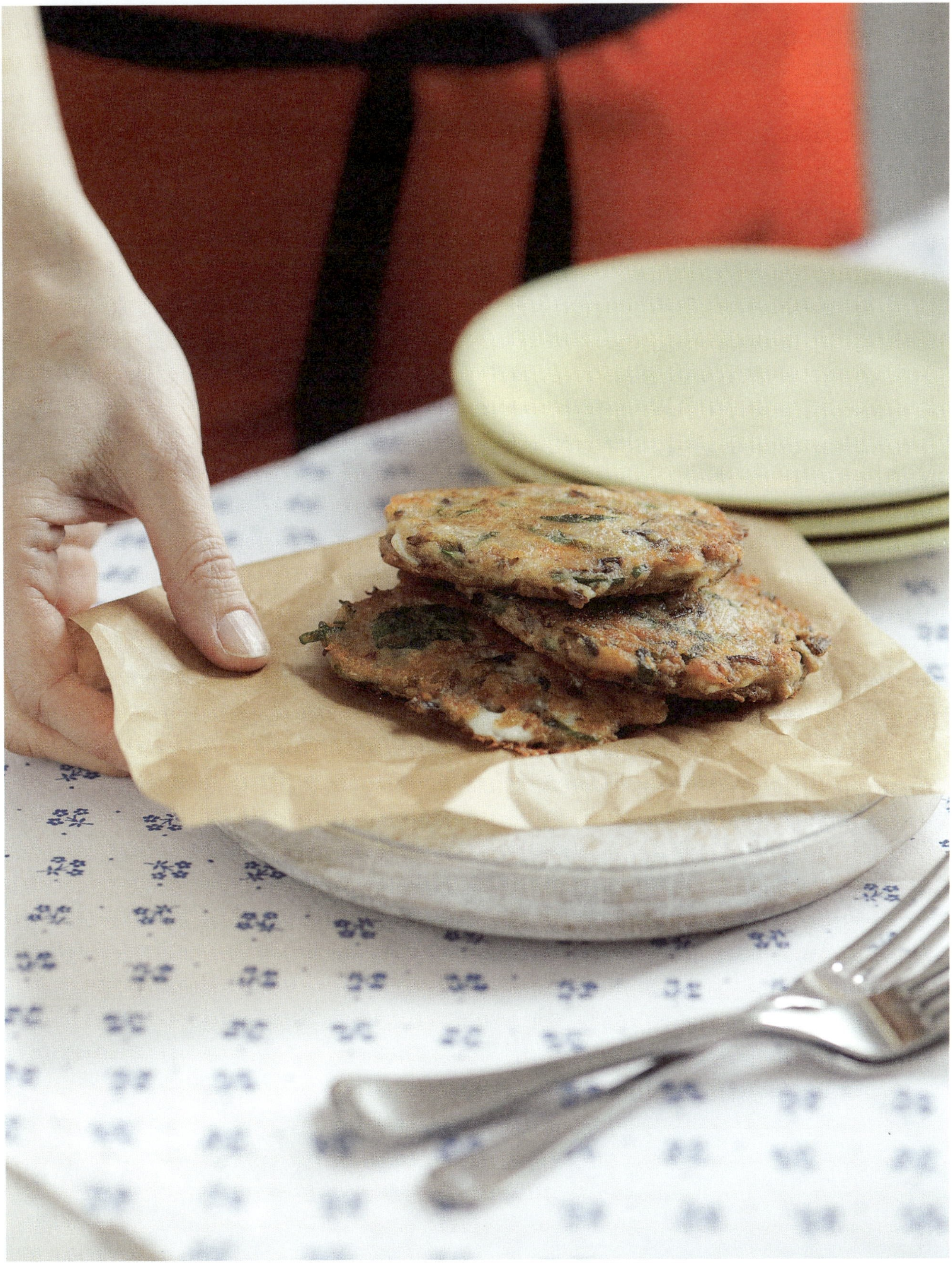

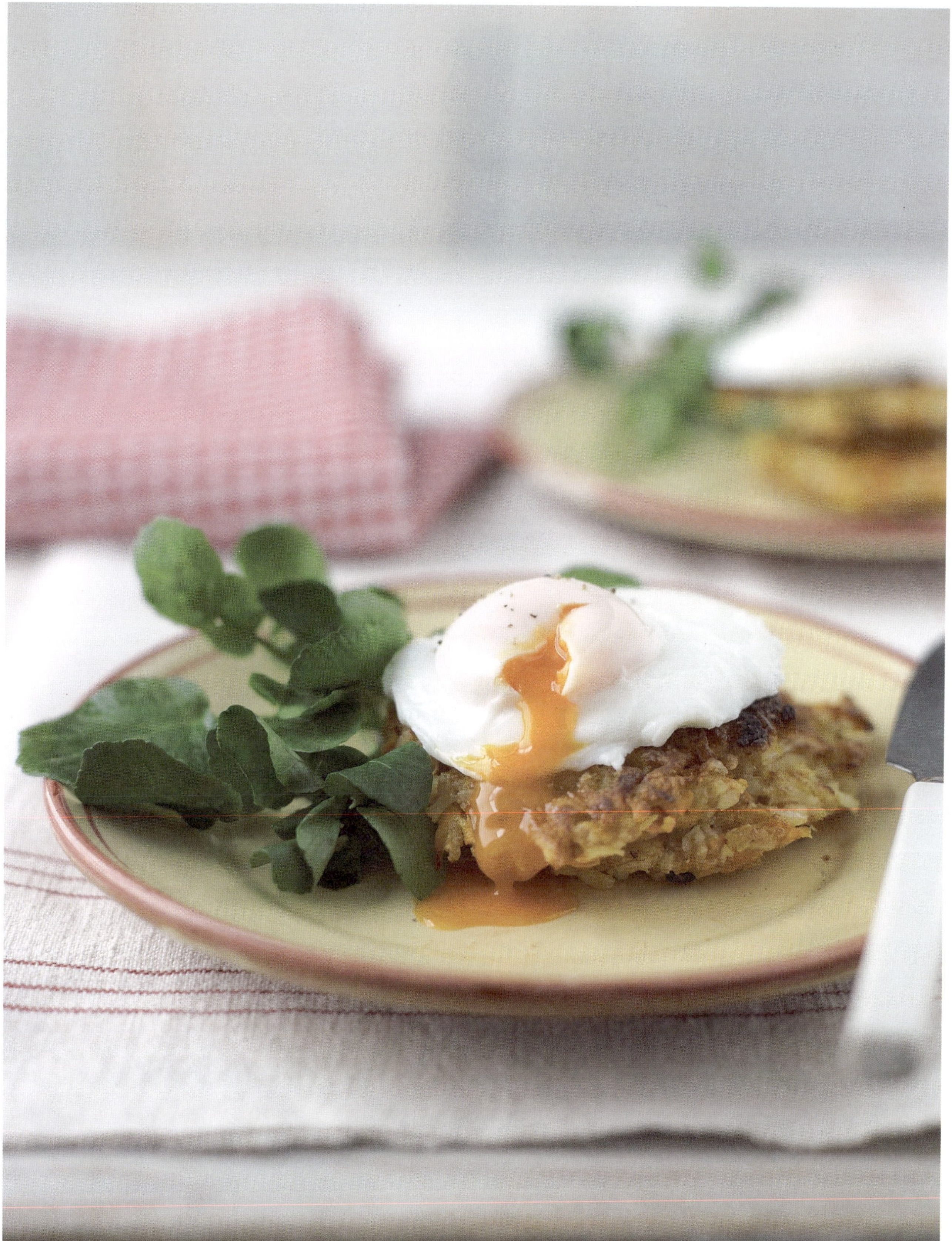

Rosti de raízes com ovos pochés

RENDIMENTO: 6 unidades
TEMPO DE PREPARO: 20 minutos, mais 7 horas de molho e 40 minutos para cozinhar o arroz integral
TEMPO DE COZIMENTO: 25 minutos
VALIDADE: mistura crua para rosti, até 1 dia na geladeira.

....

7 ovos grandes
1 batata-doce grande ralada
1 nabo redondo pequeno ou 2 mandioquinhas descascadas e raladas
1 receita de arroz integral cozido (p. 23)
4 colheres (sopa) de farinha de cevadinha integral ou farinha de trigo integral
1 colher (sopa) de mostarda rústica (com grãos) tipo ancienne
1 colher (chá) de sal marinho
2 colheres (sopa) de azeite extravirgem e mais um pouco para fritar, se necessário
1 colher (sopa) de vinagre de vinho branco ou vinagre de vinho tinto
pimenta-do-reino moída na hora
salada para servir

1 Preaqueça o forno a 100°C. Bata levemente 1 ovo com um batedor manual. (6-9) (9-12) Adicione a batata-doce, o nabo, o arroz integral cozido, a farinha, a mostarda, o sal e misture bem.

2 Aqueça o azeite em uma frigideira grande de fundo grosso, em fogo médio-alto. Despeje 4 colheres (sopa) da mistura na mão e modele um rosti. Com as costas de uma colher de metal, achate o topo e alise as laterais. Coloque-o na frigideira com o lado chato para baixo, e achate o outro lado com uma espátula. Frite por 4-5 minutos de cada lado até dourar. Repita com a mistura restante, pondo mais azeite na frigideira sempre que necessário. Mantenha os rostis aquecidos no forno enquanto faz os ovos pochés.

3 Ponha uma panela grande com água no fogo alto. Depois que ferver, abaixe o fogo. Adicione o vinagre, em seguida quebre um ovo na água em fervura branda e cozinhe por 3 minutos. Retire o ovo da panela com uma escumadeira e ponha em uma travessa forrada com papel-toalha. Repita o procedimento com os cinco ovos restantes. Cubra cada rosti com um ovo poché e tempere com pimenta-do-reino moída. Sirva morno, com salada.

(6-9)

PURÊ DE BATATA-DOCE, NABO REDONDO E ARROZ
Coloque 1 colher (sopa) de batata-doce ralada, 1 colher (sopa) de nabo redondo ralado, 4 colheres (sopa) de arroz integral cozido, 1 colher (chá) de azeite e 135 ml/½ xícara de água em uma frigideira de fundo grosso. Tampe e cozinhe em fogo baixo por 20 minutos, até que os legumes estejam bem macios. Bata no liquidificador com 3 colheres (sopa) de água por 30 segundos, adicionando mais algumas colheres (chá) de água, uma por vez, até ficar homogêneo. Sirva morno.

(9-12)

NABO REDONDO E ARROZ INTEGRAL COM BATATA-DOCE
Ponha 2 colheres (sopa) de nabo redondo picado, 4 colheres (sopa) de arroz integral cozido, 1 colher (chá) de azeite e 135 ml/½ xícara de água em uma frigideira de fundo grosso. Cozinhe em fogo baixo, tampado por 20 minutos, até que amacie. Coloque no liquidificador e adicione 2 colheres (sopa) de batata-doce ralada e 3 colheres (sopa) de água. Bata por 15 segundos, adicionando mais algumas colheres (chá) de água, uma por vez, até formar um purê pedaçudo. Sirva morno.

hora do almoço

Dei esta receita para minha amiga Julia, que resolveu fazê-la com alguma hesitação. Mas ela voltou cheia de elogios, comentando sobre os maravilhosos sabores do suco de limão, do cominho e do coentro, e convicta de que este é um prato perfeito para o verão.

Feijão-vermelho picante com milho e arroz

SERVE: 2 adultos, 1 criança e 1 bebê
TEMPO DE PREPARO: 25 minutos, além de 1 hora descansando, pelo menos 12 horas de molho e 1h40 de cozimento do feijão (opcional), mais 1 hora de descanso, pelo menos 7 horas de molho e 40 minutos de cozimento do arroz integral
TEMPO DE COZIMENTO: 4 minutos
VALIDADE: até 3 dias na geladeira.

---

165 g/1 xícara rasa de milho descongelado
1 receita de feijão cozido (p. 24) ou 500 g/2½ xícaras de feijão em conserva, escorrido e lavado
1 pimentão laranja sem sementes picado em cubos
1 cebola roxa pequena picada
1 dente de alho picado
5 colheres (sopa) de azeite extravirgem
4 colheres (sopa) de suco de limão
1 colher (chá) de cominho em pó
2 colheres (chá) de sal marinho
1 receita de arroz integral cozido (p. 23)
8 colheres (sopa) de coentro fresco picado

1 Coloque o milho em uma panela a vapor, tampe e cozinhe por 3-4 minutos até que esteja macio.

2 (6-9) (9-12) Coloque o feijão-vermelho cozido em uma tigela grande. (Pique a alga kombu e adicione-a, se a tiver utilizado no cozimento.) Acrescente o milho, o pimentão, a cebola, o alho, o azeite, o suco de limão, o cominho, metade do sal e misture bem. Cubra e deixe repousar em temperatura ambiente durante pelo menos 1 hora.

3 Coloque o arroz integral cozido em uma tigela grande, adicione o sal restante e misture bem. Acrescente o coentro à mistura de feijão e sirva sobre o arroz quente.

6-9 PURÊ DE FEIJÃO-VERMELHO E ARROZ INTEGRAL
Coloque 4 colheres (sopa) de arroz integral cozido e 135 ml/½ xícara de água fervente em uma panela. Tampe e cozinhe em fogo baixo por 20 minutos, até que esteja bem macio. Transfira para o liquidificador e adicione 2 colheres (sopa) de feijão cozido e 3 colheres (sopa) de água. Bata por 30 segundos, adicionando mais algumas colheres (chá) de água, uma por vez, até ficar homogêneo. Misture 1 colher (chá) de azeite e sirva morno.

9-12 FEIJÃO-VERMELHO PICANTE E ARROZ
Coloque 4 colheres (sopa) de arroz integral cozido, ½ colher (chá) de cebola, ½ colher (chá) de coentro fresco e 135 ml/½ xícara de água fervente em uma panela. Tampe e cozinhe em fogo baixo por 20 minutos, até que esteja bem macio. Transfira para o liquidificador e acrescente 2 colheres (sopa) de feijão cozido e 3 colheres (sopa) de água. Bata por 15 segundos, adicionando mais algumas colheres (chá) de água, uma por vez, até formar um purê pedaçudo. Misture 1 colher (chá) de azeite e sirva morno.

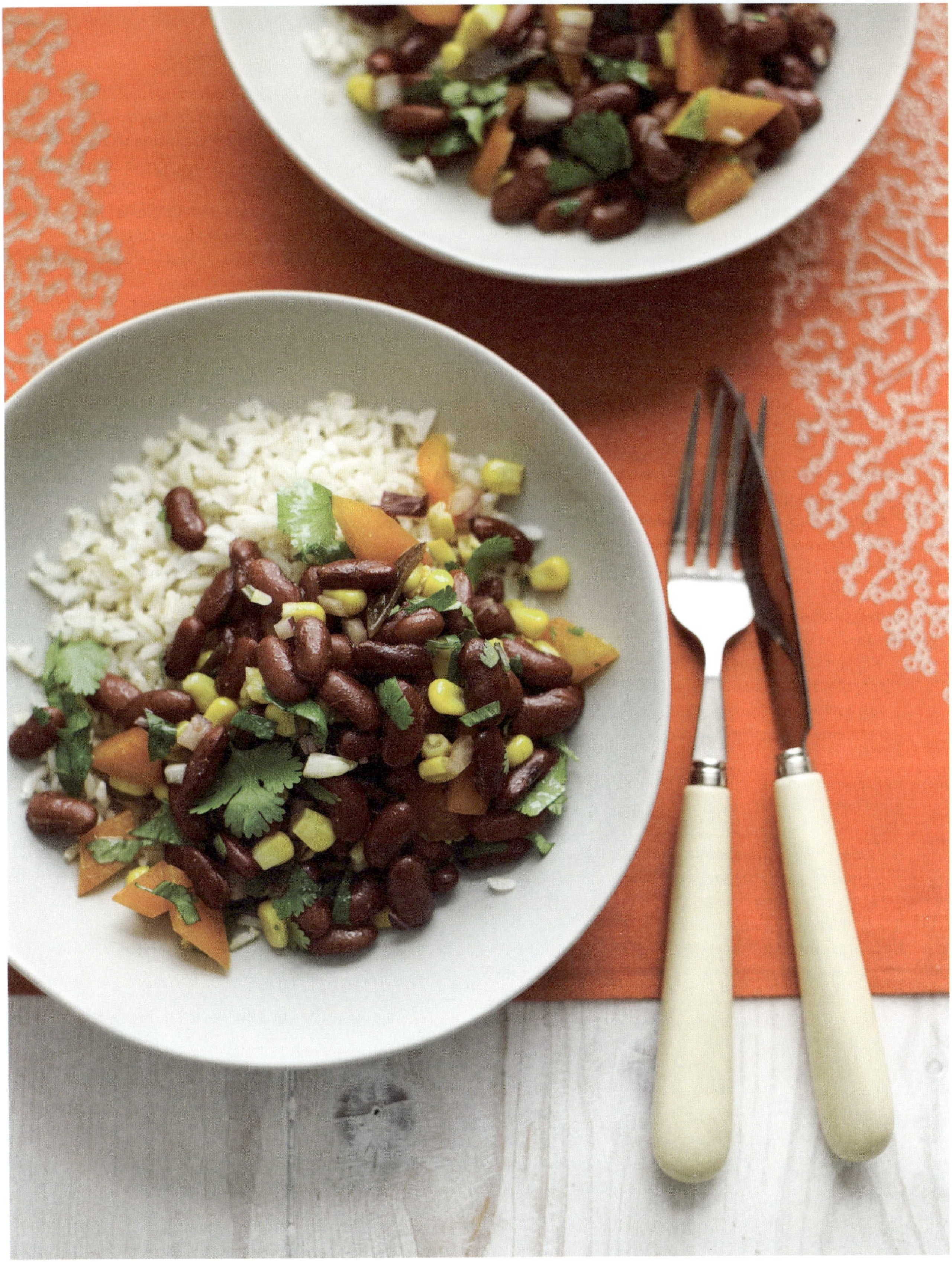

Esta massa vegetal simples, mas deliciosa, rende um almoço excelente. É uma das favoritas de Jessie, pois ela adora alcachofras, ervilhas e qualquer coisa com limão – que neste prato ressalta o parmesão.

Macarrão de milho com alcachofra e ervilha

SERVE: 2 adultos, 1 criança e 1 bebê
TEMPO DE PREPARO: 20 minutos
TEMPO DE COZIMENTO: 12 minutos
VALIDADE: até 3 dias na geladeira.

....

- 5 colheres (sopa) de azeite extravirgem
- 1 cebola picada
- 3 dentes de alho finamente picados
- 450 g de coração de alcachofra em conserva (de água ou óleo) escorrido e picado
- 185 g/1¼ xícara de ervilhas descongeladas ou ervilhas frescas
- 40 g de queijo parmesão ralado
- 2 colheres (sopa) de suco de limão
- 300 g de macarrão de milho ou sem glúten
- ½ colher (chá) de sal marinho

1 (6-9) Aqueça 2 colheres (sopa) do azeite em uma frigideira grande de fundo grosso, em fogo médio. Coloque a cebola e refogue por 5 minutos, mexendo ocasionalmente, até começar a dourar, então aumente o fogo para médio-alto. Adicione o alho e as alcachofras e refogue por mais 5 minutos, mexendo ocasionalmente, até dourar. Adicione as ervilhas e refogue por 2 minutos, até aquecê-las. (9-12) Transfira para uma tigela grande, junte o queijo parmesão, o suco de limão e 1 colher (sopa) do azeite e misture bem.

2 Enquanto isso, cozinhe o macarrão em bastante água fervente, seguindo as instruções do pacote. Escorra bem e misture o sal e o azeite restantes. Junte o macarrão à mistura de alcachofra e misture bem. Sirva morno.

(6-9) PURÊ DE ALCACHOFRA E ERVILHA

Aqueça 1 colher (chá) de azeite e 3 colheres (sopa) de água em uma frigideira em fogo baixo. Adicione 3 colheres (sopa) de ervilhas, tampe e cozinhe por 10 minutos, até que estejam bem macias. Acrescente nove pedaços de alcachofra e cozinhe por mais 2-3 minutos, até a alcachofra esquentar. Bata no liquidificador com 3 colheres (sopa) de água por 30 segundos, adicionando mais algumas colheres (chá) de água, uma por vez, até ficar homogêneo. Sirva quente.

(9-12) MACARRÃO DE MILHO, ALCACHOFRA E ERVILHA

Coloque 3 colheres (sopa) da mistura de alcachofra e ervilha cozida, 2 colheres (sopa) de macarrão de milho cozido e picado (sem sal ou azeite) e 3 colheres (sopa) de água no liquidificador. Bata por 15 segundos, adicionando mais algumas colheres (chá) de água, uma por vez, até formar um purê irregular. Misture 1 colher (chá) de azeite e sirva morno.

Quando temperado, o tofu absorve muitos sabores, por isso fica ótimo com esta marinada fabulosa. O óleo de gergelim torrado usado aqui é um condimento excelente para ter na despensa, e você pode adicionar tofu a qualquer refogado para garantir proteína extra.

Tofu marinado salteado

SERVE: 2 adultos, 1 criança e 1 bebê
TEMPO DE PREPARO: 25 minutos, além de 30 minutos marinando, mais pelo menos 7 horas de molho e 40 minutos de cozimento para o arroz integral
TEMPO DE COZIMENTO: 15 minutos
VALIDADE: até 3 dias na geladeira.

....

250 g de tofu seco em cubinhos
2 colheres (sopa) de sementes de gergelim
2 colheres (sopa) de óleo de gergelim torrado
250 g de brócolis cortados em buquês pequenos
200 g de ervilhas-tortas limpas e cortadas no meio
1½ receita de arroz integral cozido (p. 23) para servir

PARA A MARINADA
2 colheres (sopa) de suco de limão
4 colheres (chá) de gengibre ralado
2 dentes de alho amassados
3 colheres (sopa) de molho tamari ou shoyu
2 colheres (sopa) de óleo de gergelim torrado

1 (9-12) Para fazer a marinada, coloque todos os ingredientes em uma tigela de vidro ou cerâmica e misture bem. Acrescente o tofu e mexa bem, garantindo que ele fique coberto pelos temperos. Cubra e deixe marinar em temperatura ambiente por 30 minutos.

2 Enquanto isso, torre as sementes de gergelim em uma frigideira seca em fogo médio por 1-2 minutos, mexendo ocasionalmente, até dourar.

3 Aqueça o óleo em uma wok ou frigideira grande em fogo médio. Adicione o tofu escorrido e reserve a marinada. (6-9) Frite por 5 minutos, até começar a dourar. Acrescente os brócolis, a ervilha-torta, a marinada reservada e 125 ml/½ xícara de água quente. Refogue por mais 5 minutos, mexendo sempre, até que os legumes estejam macios. Sirva quente sobre o arroz integral cozido, salpicado com as sementes de gergelim torradas.

(6-9) **PURÊ DE ERVILHA-TORTA, BRÓCOLIS E ARROZ INTEGRAL**
Coloque 4 colheres (sopa) de arroz integral cozido e 135 ml/½ xícara de água fervente em uma panela. Tampe e cozinhe em fogo baixo durante 10 minutos. Adicione seis pedaços de ervilha-torta, seis de brócolis e cozinhe por mais 10 minutos, tampado, até que estejam bem macios. Bata no liquidificador com 3 colheres (sopa) de água por 30 segundos, adicionando mais algumas colheres (chá) de água, uma por vez, até ficar homogêneo. Sirva morno.

(9-12) **ERVILHA-TORTA, BRÓCOLIS, ALHO E ARROZ INTEGRAL**
Coloque 4 colheres (sopa) de arroz integral cozido e 135 ml/½ xícara de água fervente em uma panela. Tampe e cozinhe em fogo baixo durante 10 minutos. Adicione seis pedaços de ervilha-torta, seis de brócolis e um pouquinho de alho. Cozinhe por mais 10 minutos, até que estejam bem macios. Bata no liquidificador com 3 colheres (sopa) de água por 15 segundos, adicionando mais algumas colheres (chá) de água, uma por vez, até formar um purê pedaçudo. Sirva morno.

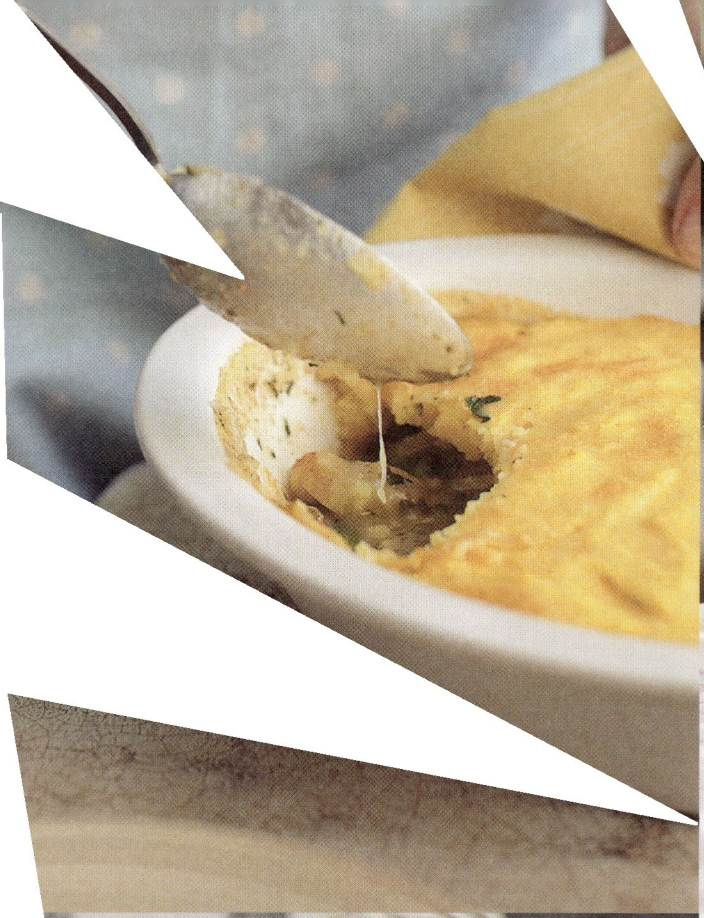
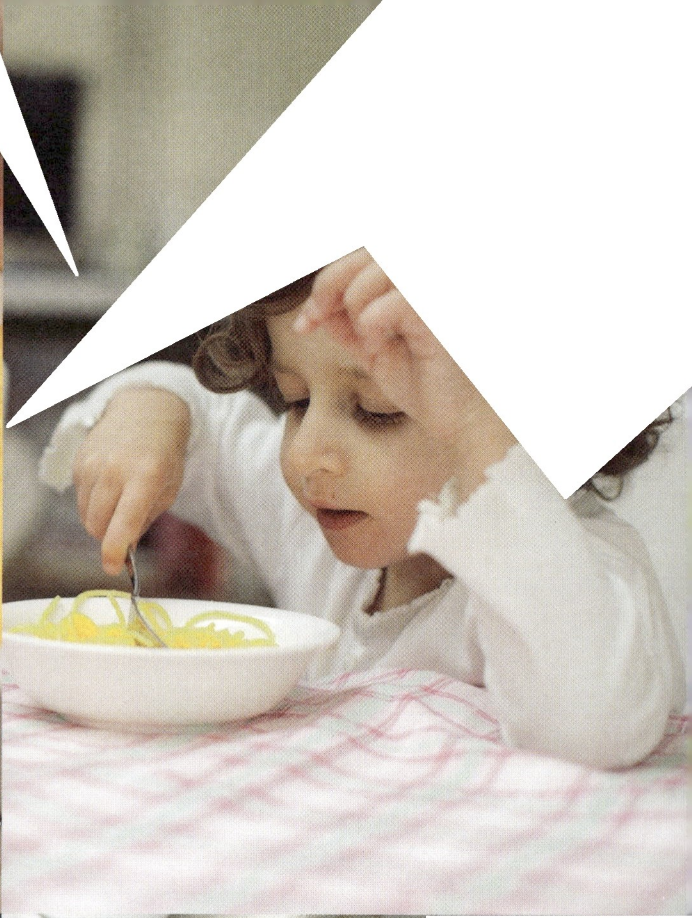
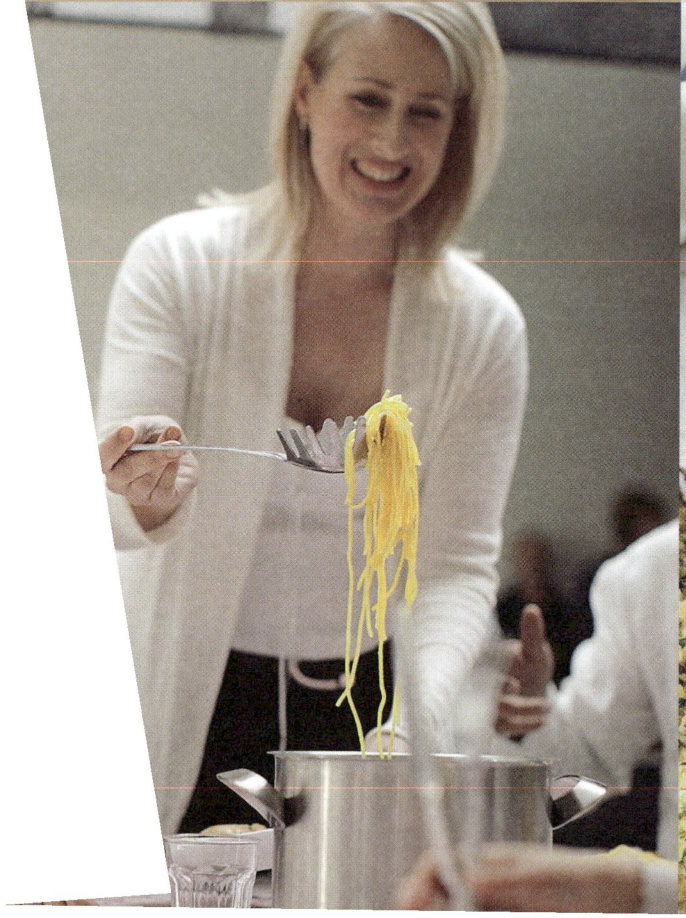
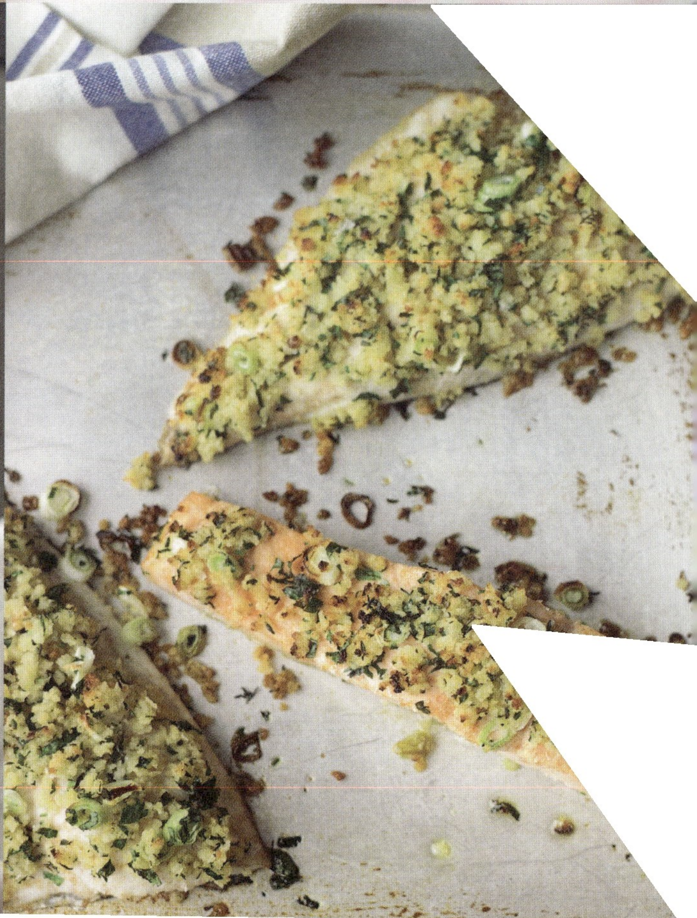

capítulo três
em volta da mesa

Descobri que preciso de uma grande variedade de jantares. Há dias em que falta tempo e não planejei nada com antecedência; fins de semana em que fico feliz de gastar mais horas preparando uma refeição; e jantares com amigos, nos quais quero oferecer algo muito especial. Nesta seção há receitas tentadoras, seja com carne, frango ou peixe; feijão ou lentilhas; ou qualquer coisa entre macarrão, arroz e grãos mais inusitados.

Há delícias para dias de primavera, como o Peixe com crosta de ervas; para noites de verão, como a Quesadilla aberta com salsa; receitas outonais, tais como o Frango embrulhado em pancetta com salada de quinoa; ou pratos de inverno, como o Guisado de carne e cebola cozido lentamente. São refeições maravilhosas para a família — seja aos 6 meses ou aos 60 anos de idade!

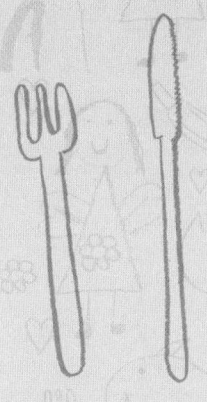

Frango embrulhado em pancetta com salada de quinoa

SERVE: 2 adultos, 1 criança e 1 bebê
TEMPO DE PREPARO: 45 minutos, além de pelo menos 7 horas de molho e 20 minutos para cozinhar a quinoa
TEMPO DE COZIMENTO: 40 minutos
VALIDADE: salada de quinoa, até 3 dias na geladeira; frango, até 1 dia na geladeira.

....

1 colher (sopa) de azeite extravirgem
1 colher (sopa) de folhas de tomilho fresco finamente picadas
½ colher (chá) de páprica
¼ de colher (chá) de sal marinho
pimenta-do-reino moída na hora
6 filés de coxa de frango sem pele
12 fatias de pancetta (ou bacon) o mais finas possível, ou 6 fatias de presunto cru

PARA A SALADA DE QUINOA
70 g/½ xícara de ervilhas frescas ou descongeladas
70 g de vagens limpas e picadas
70 g de brócolis cortados em buquês pequenos
1 alho-poró pequeno cortado em quatro no comprimento e picado
1 receita de quinoa cozida (p. 22)
1 colher (chá) de sal marinho

PARA O MOLHO
2 colheres (sopa) de óleo de gergelim torrado
2 colheres (sopa) de azeite extravirgem
1 colher (sopa) de missô vermelho
4 colheres (sopa) de vinagre de arroz

1 (6-9) (9-12) Preaqueça o forno a 200°C e unte o fundo de uma assadeira com o azeite. Misture o tomilho, a páprica e o sal em uma tigela pequena. Coloque os filés de coxa de frango na assadeira, polvilhe-os com a mistura de tomilho e tempere com pimenta. Enrole duas fatias de pancetta (ou uma fatia de presunto cru) em cada filé, dobrando as extremidades sob o frango para fixar. Asse por 35-40 minutos, até que o frango esteja cozido, e a pancetta, dourada.

2 Enquanto isso, prepare a salada de quinoa. Coloque os legumes em uma panela a vapor, tampe e cozinhe-os por 3 minutos, até ficarem macios. Junte os legumes cozidos, a quinoa cozida e o sal em uma tigela grande e misture bem.

3 Para o molho, coloque todos os ingredientes em um pote pequeno. Tampe e agite vigorosamente até que o missô se dissolva por completo. Despeje o molho sobre a salada de quinoa e misture bem. Sirva-a morna, com o frango.

(6-9) **PURÊ DE FRANGO E QUINOA COM MIX DE LEGUMES**
Coloque meia coxa de frango, 2 colheres (sopa) de quinoa cozida e 135 ml/½ xícara de água fervente em uma assadeira untada. Asse como descrito acima, durante 20 minutos, até que o frango esteja completamente cozido e a quinoa fique bem macia. Bata no liquidificador com 4 colheres (sopa) de água por 30 segundos, adicionando mais algumas colheres (chá) de água, uma por vez, até ficar homogêneo. Deixe três buquês de brócolis, quatro pedaços de vagem e 1 colher (sopa) de ervilhas na panela a vapor e cozinhe por mais 7 minutos, tampada, até que os legumes fiquem bem macios. Bata os legumes no liquidificador com 2 colheres (sopa) de água por 30 segundos, adicionando mais algumas colheres (chá) de água, uma por vez, até ficar homogêneo. Sirva o mix de legumes morno, com o purê de frango e a quinoa.

(9-12) **FRANGO E QUINOA COM MIX DE LEGUMES E ALHO-PORÓ**
Coloque meia coxa de frango, 2 colheres (sopa) de quinoa cozida e 135 ml/½ xícara de água fervente em uma assadeira untada. Asse como descrito acima, durante 20 minutos, até que o frango esteja completamente cozido e a quinoa fique bem macia. Bata no liquidificador com 4 colheres (sopa) de água por 15 segundos, adicionando mais algumas colheres (chá) de água, uma por vez, até formar um purê pedaçudo. Deixe três pedaços de brócolis, quatro de vagem, 1 colher (sopa) de ervilhas e 1 de alho-poró na panela a vapor, tampe e cozinhe por mais 7 minutos, até que os legumes fiquem bem macios. Bata no liquidificador com 2 colheres (sopa) de água por 15 segundos, adicionando mais algumas colheres (chá) de água, uma por vez, até formar um purê pedaçudo. Sirva este mix morno, com o purê de frango e a quinoa.

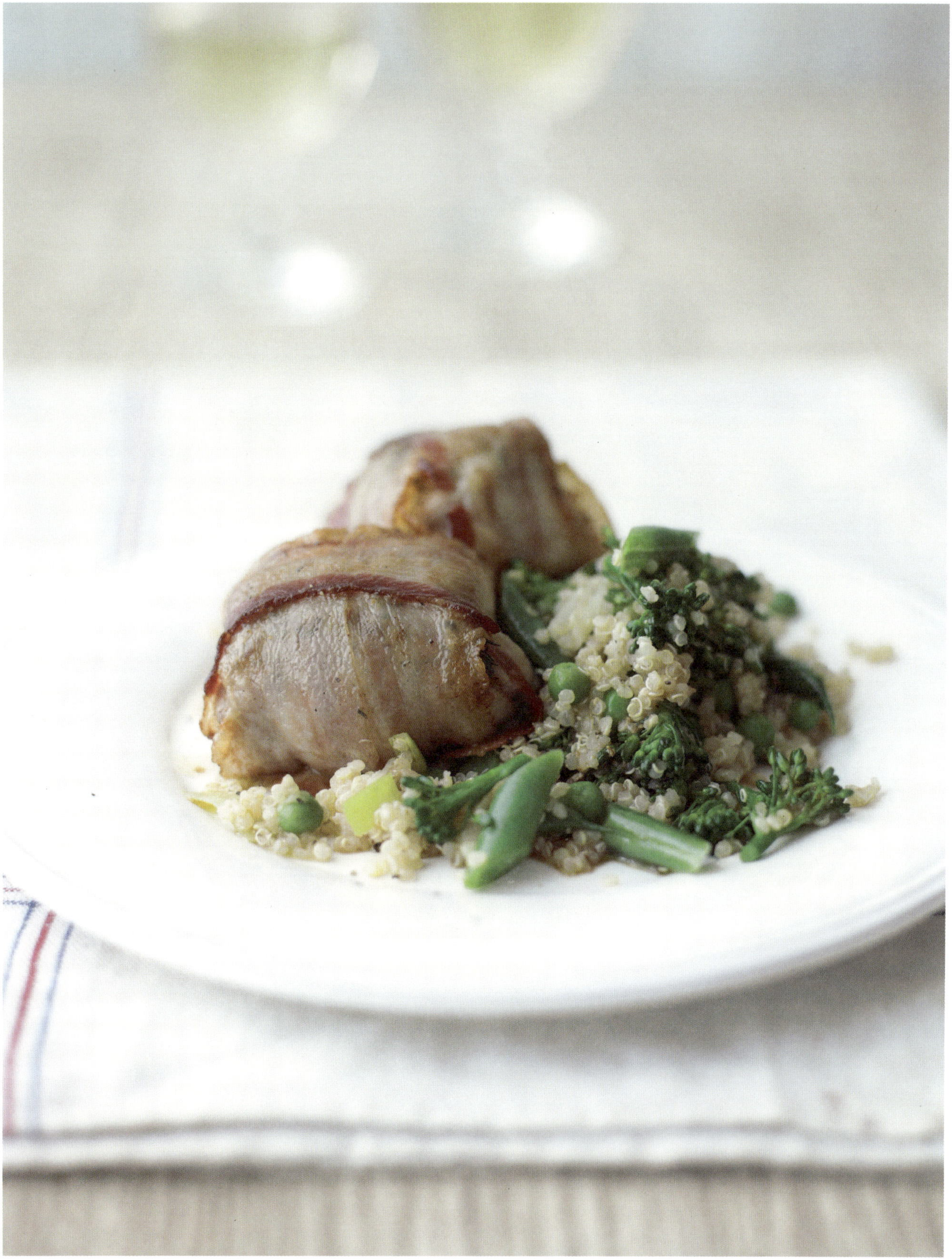

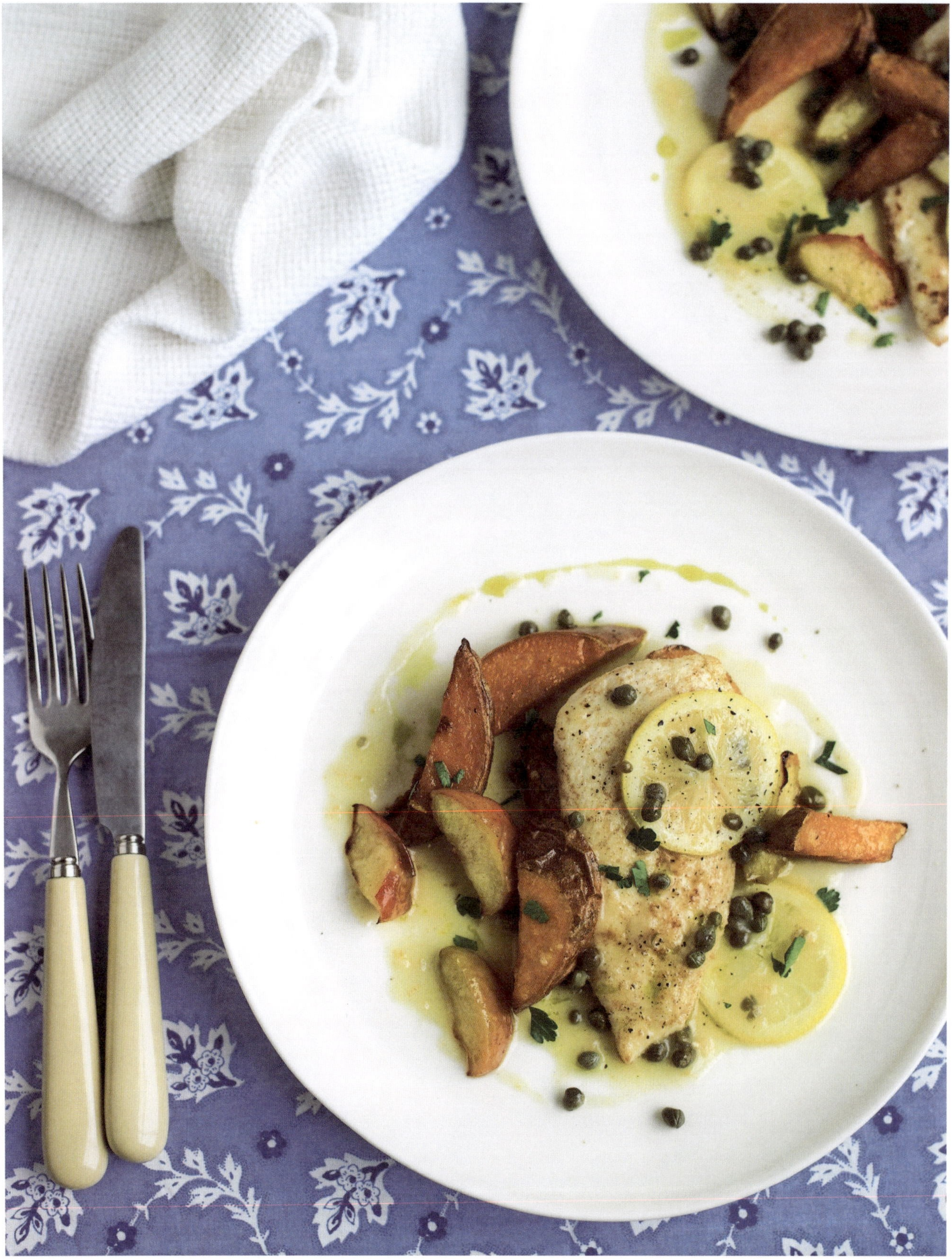

Piccata de frango com batata-doce e maçã assadas

SERVE: 2 adultos, 1 criança e 1 bebê
TEMPO DE PREPARO: 40 minutos
TEMPO DE COZIMENTO: 30 minutos
VALIDADE: até 1 dia na geladeira.

·····································

- 2 colheres (sopa) de azeite extravirgem e mais um pouco para untar
- 2 batatas-doces cortadas em pedaços
- 4 maçãs sem miolo cortadas em pedaços
- 2 colheres (sopa) de farinha de trigo integral
- 1 colher (chá) de sal marinho
- pimenta-do-reino moída na hora
- 3 filés de peito de frango sem pele ou 6 filés de coxa de frango sem pele, cada um cortado horizontalmente em dois pedaços
- 30 g de manteiga sem sal
- 6 colheres (sopa) de suco de limão
- 1 limão pequeno cortado em fatias finas
- 240 ml/1 xícara rasa de vinho branco
- 3 colheres (sopa) de alcaparras em conserva escorridas e lavadas
- 6 colheres (sopa) de salsinha picada
- legumes cozidos no vapor para acompanhar

1 Preaqueça o forno a 220°C e unte uma assadeira grande e rasa com azeite. (6-9) (9-12) Coloque as batatas-doces, as maçãs e 80 ml/⅓ de xícara de água na assadeira e leve ao forno por 30 minutos até ficarem macias e levemente douradas.

2 Enquanto isso, misture a farinha, o sal e a pimenta em uma tigela rasa. Cubra completamente os pedaços de frango com a farinha temperada, retire o excesso e transfira para um prato. Aqueça metade da manteiga e do azeite em uma frigideira grande de fundo grosso, em fogo médio-alto. Frite o frango por 2-3 minutos de cada lado, até que esteja dourado e cozido. Coloque mais manteiga e azeite sempre que necessário. Retire o frango e reserve. Tire a frigideira do fogo e deixe esfriar ligeiramente.

3 Coloque o suco e as rodelas de limão, o vinho, as alcaparras e a salsinha na frigideira. Leve ao fogo alto e deixe ferver. Abaixe o fogo e cozinhe, com a panela tampada, durante 10 minutos. Ponha o frango de volta na frigideira e cozinhe por mais 2-3 minutos, para que ele aqueça. Sirva quente, acompanhado do molho, das batatas-doces, das maçãs assadas e dos legumes no vapor.

(6-9) PURÊ DE FRANGO, BATATA-DOCE E MAÇÃ
Coloque 50 g de frango, quatro pedaços de batata-doce, quatro pedaços de maçã e 2 colheres (sopa) de água em uma assadeira. Leve ao forno como descrito acima por 20 minutos, até que o frango esteja completamente cozido, os sucos saiam claros e a batata-doce e a maçã estejam bem macias. Bata no liquidificador com 3 colheres (sopa) de água por 30 segundos, adicionando mais algumas colheres (chá) de água, uma por vez, até ficar homogêneo. Sirva morno.

(9-12) ASSADO DE FRANGO COM ERVAS, BATATA-DOCE E MAÇÃ
Coloque 50 g de frango, dois pedaços de batata-doce, quatro pedaços de maçã e 2 colheres (sopa) de água em uma assadeira. Leve ao forno como descrito acima por 20 minutos, até que o frango esteja completamente cozido e os sucos saiam claros, e a batata-doce e a maçã estejam bem macias. Transfira para o liquidificador e adicione 1 colher (chá) de salsinha e 3 colheres (sopa) de água. Bata durante 15 segundos, adicionando mais algumas colheres (chá) de água, uma por vez, até formar um purê irregular. Sirva morno.

em volta da mesa

Esta é a receita de frango favorita do meu pai – mas sem os brócolis! Ele adora o contraste entre os ingredientes picantes e um toque de doçura. A nenê linda da foto é Niamh Harrison-Murray, filha dos meus amigos Nathalie e Diarmid. Nesta foto, ela está provando um de seus primeiros purês.

Frango com gengibre do Edward

SERVE: 2 adultos, 1 criança e 1 bebê
TEMPO DE PREPARO: 30 minutos, além de pelo menos 7 horas de molho e 35 minutos para cozinhar o arroz basmati
TEMPO DE COZIMENTO: 50 minutos
VALIDADE: frango e molho, até 1 dia na geladeira; arroz basmati, até 3 dias na geladeira.

....

125 ml/½ xícara de azeite extravirgem
3 filés de peito de frango sem pele ou 6 filés de coxa de frango sem pele
7 cebolinhas fatiadas finamente
2½ colheres (sopa) de gengibre picado
1½ colher (chá) de pimenta vermelha em pó
500 ml/2 xícaras de caldo de galinha
1 colher (chá) de pimenta-do-reino moída na hora
1 colher (sopa) de açúcar
1 colher (sopa) de molho tamari ou shoyu
1 colher (sopa) de amido de milho ou araruta
1 receita de arroz basmati cozido (p. 23)
1 colher (chá) de sal marinho
brócolis refogados, cortados em buquês pequenos, para acompanhar

1 Aqueça o azeite em uma frigideira de fundo grosso em fogo médio-alto. Acrescente o frango e sele-o por 3-4 minutos de cada lado para dourar.

2 (6-9) (9-12) Adicione a cebolinha, o gengibre, a pimenta vermelha em pó, o caldo de galinha, a pimenta-do-reino, o açúcar e o molho tamari. Deixe em fogo médio-alto até ferver, em seguida abaixe o fogo e cozinhe por 30-35 minutos, tampado, até o frango ficar macio e cozido.

3 Misture o amido de milho com 1 colher (sopa) de água fria até formar uma pasta lisa. Retire o frango da frigideira e acrescente a mistura de amido de milho ao molho da frigideira. Mexa em fogo médio por 5 minutos ou até que o molho fique espesso e brilhante. Coloque o arroz cozido em uma tigela grande, adicione sal e misture bem. Sirva o frango coberto com o molho, acompanhado de arroz e dos brócolis no vapor.

(6-9) **PURÊ DE FRANGO, BRÓCOLIS E ARROZ BASMATI**
Coloque 2 colheres (sopa) de arroz basmati cozido, 50 g de frango dourado e 135 ml/½ xícara de água fervente em uma panela. Leve ao fogo alto até ferver. Em seguida, abaixe o fogo e cozinhe por 10 minutos, com a panela tampada. Adicione 2 colheres (sopa) dos brócolis cozidos no vapor e cozinhe por mais 10 minutos, tampado, até que o arroz esteja bem macio e o frango completamente cozido. Bata no liquidificador com 3 colheres (sopa) de água por 30 segundos, adicionando mais algumas colheres (chá) de água, uma por vez, até ficar homogêneo. Sirva morno.

(9-12) **FRANGO, LEGUMES E ARROZ BASMATI**
Coloque 2 colheres (sopa) de arroz basmati cozido, 50 g de frango dourado, 1 colher (chá) de cebolinha e 135 ml/½ xícara de água fervente em uma panela. Leve ao fogo alto até ferver, em seguida abaixe o fogo e cozinhe por 10 minutos, com a panela tampada. Adicione 2 colheres (sopa) dos brócolis cozidos no vapor e cozinhe por mais 10 minutos até que o arroz esteja bem macio e o frango completamente cozido. Bata no liquidificador com 3 colheres (sopa) de água por 15 segundos, adicionando mais algumas colheres (chá) de água, uma por vez, até formar um purê pedaçudo. Sirva morno.

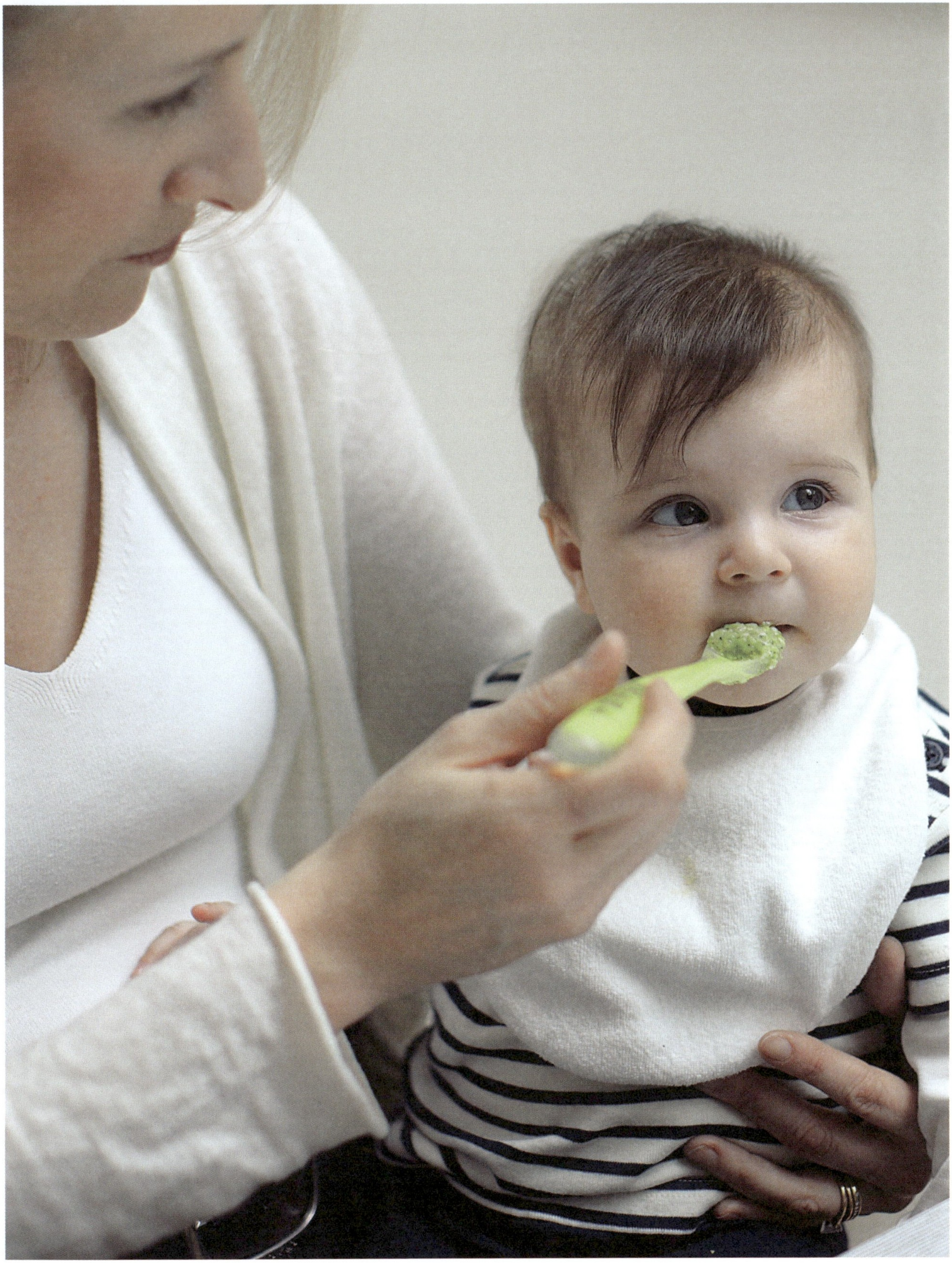

Com o sabor do alho torrado, este frango simples e delicioso fica incrível servido com salada de aipo-rábano. Minha amiga Julia, na Toscana, fez a receita para seu marido, Dayton, e para um pedreiro que estava trabalhando em sua casa – os dois aprovaram.

Frango com alho e salada de aipo-rábano

SERVE: 2 adultos, 1 criança e 1 bebê
TEMPO DE PREPARO: 30 minutos
TEMPO DE COZIMENTO: 40 minutos
VALIDADE: frango, até 1 dia na geladeira; salada, até 3 dias na geladeira.

---

30 g de manteiga sem sal e mais um pouco para untar e servir
8 dentes de alho fatiados
3 filés grossos de peito de frango sem pele ou 6 filés de coxa de frango sem pele
1½ colher (chá) de vinagre balsâmico
espaguete de milho ou sem glúten cozido para acompanhar
½ colher (chá) de sal marinho
2 colheres (sopa) de azeite extravirgem

PARA A SALADA DE AIPO-RÁBANO
1 aipo-rábano ou salsão ralado
1½ colher (sopa) de suco de limão
3 colheres (sopa) de maionese
1 colher (chá) de mostarda de Dijon
1 colher (chá) de sementes de linhaça
3 colheres (sopa) de azeite extravirgem

1 Preaqueça o forno a 200°C e unte uma assadeira grande com manteiga. Aqueça metade da manteiga em uma frigideira de fundo grosso em fogo médio. Adicione o alho, frite-o por 5 minutos até dourar e em seguida retire a frigideira do fogo. (6-9) (9-12) Coloque os filés de frango na assadeira. Faça duas fendas na parte superior de cada peito, cortando até o meio da carne, e insira ⅓ do alho frito em cada fenda. Regue uniformemente com vinagre balsâmico e asse por 30-35 minutos, até que a superfície do frango esteja crocante e os sucos saiam claros.

2 Enquanto isso, misture todos os ingredientes da salada em uma tigela.

3 Sirva o frango quente, acompanhado da salada de aipo-rábano e do espaguete de milho cozido temperado com o sal, o azeite e a manteiga restante.

(6-9) PURÊ DE FRANGO E AIPO-RÁBANO
Coloque metade do peito de frango em uma assadeira untada e asse como descrito acima por 15-20 minutos até que esteja completamente cozido e os sucos saiam claros. Coloque 2 colheres (sopa) de aipo-rábano ou salsão em uma panela a vapor e cozinhe por 10 minutos, tampado, até que esteja bem macio. Transfira para o liquidificador e adicione o frango e 3 colheres (sopa) de água. Bata por 30 segundos, adicionando mais algumas colheres (chá) de água, uma por vez, até ficar homogêneo. Misture 1 colher (chá) de azeite e sirva morno.

(9-12) FRANGO, ESPAGUETE DE MILHO E AIPO-RÁBANO RALADO
Coloque metade do peito de frango em uma assadeira untada e asse como descrito acima por 15-20 minutos, até que esteja completamente cozido e os sucos saiam claros. Transfira para o liquidificador e acrescente 2 colheres (sopa) de aipo-rábano, 2 colheres (sopa) de espaguete de milho cozido e picado e 3 colheres (sopa) de água. Bata por 15 segundos, adicionando mais algumas colheres (chá) de água, uma por vez, até formar um purê pedaçudo. Misture 1 colher (chá) de azeite e sirva quente.

Fazer guisado é um jeito maravilhoso de criar sabores excelentes em um prato sem muito trabalho: apenas jogue tudo na panela e deixe cozinhar no forno ou no fogão enquanto você faz outras coisas.

Guisado de porco e laranja

SERVE: 2 adultos, 1 criança e 1 bebê
TEMPO DE PREPARO: 40 minutos
TEMPO DE COZIMENTO: 1h20 minutos
VALIDADE: até 1 dia na geladeira.

....

3 colheres (sopa) de azeite extravirgem
450 g de paleta de porco desossada cortada em pedaços grandes
2 cenouras cortadas em palitos
1 cebola finamente picada
2 dentes de alho finamente picados
1 colher (sopa) de amido de milho ou araruta
6 tomates picados
1 colher (sopa) de xarope de agave ou açúcar mascavo
1 colher (sopa) de raspas de casca de laranja
240 ml/1 xícara rasa de caldo de galinha
240 ml/1 xícara rasa de vinho branco seco
1 colher (chá) de sal marinho
macarrão de arroz cozido para acompanhar

1 (6-9) (9-12) Aqueça 2 colheres (sopa) do azeite em uma panela grande de fundo grosso em fogo médio-alto. Frite a carne de porco por 6 minutos, mexendo sempre, até dourar bem de todos os lados. Retire a carne da panela com uma escumadeira e reserve. Durante a fritura, vá adicionando mais azeite sempre que necessário.

2 Leve a carne de porco de volta à panela e acrescente a cenoura, a cebola e o alho. Cozinhe por mais 8 minutos, até que os legumes comecem a dourar. À parte, misture o amido de milho com 1 colher (sopa) de água fria até formar uma pasta lisa. Adicione à mistura da panela o tomate, o xarope de agave, as raspas de laranja, o caldo, o vinho, a pasta de amido de milho e o sal e mexa bem. Deixe em fogo médio-alto até ferver, em seguida abaixe o fogo e cozinhe por 1 hora, com a panela tampada, até que a carne de porco esteja macia. Sirva quente, em cima do macarrão de arroz cozido.

(6-9) **PURÊ DE CARNE DE PORCO, MACARRÃO DE ARROZ E CENOURA**
Aqueça uma frigideira de fundo grosso em fogo médio-baixo até ficar bem quente. Adicione 50 g de carne de porco, seis pedaços de cenoura, 1 colher (chá) de azeite e 6 colheres (sopa) de água. Cozinhe por 20 minutos, com a panela tampada, até que a carne de porco esteja macia e completamente cozida. Bata no liquidificador com 2 colheres (sopa) de macarrão de arroz cozido por 30 segundos, adicionando algumas colheres (chá) de água, uma por vez, até ficar homogêneo. Sirva morno.

(9-12) **CARNE DE PORCO COM MACARRÃO DE ARROZ E LEGUMES**
Aqueça uma frigideira de fundo grosso em fogo médio-baixo até ficar bem quente. Adicione 50 g de carne de porco, seis pedaços de cenoura, 1 colher (chá) de cebola, um pouquinho de alho picado, 1 colher (chá) de azeite e 6 colheres (sopa) de água. Tampe a panela e cozinhe por 20 minutos, até que a carne de porco esteja macia e completamente cozida. Bata no liquidificador com 2 colheres (sopa) de macarrão de arroz cozido por 15 segundos, adicionando algumas colheres (chá) de água, uma por vez, até formar um purê irregular. Sirva morno.

em volta da mesa

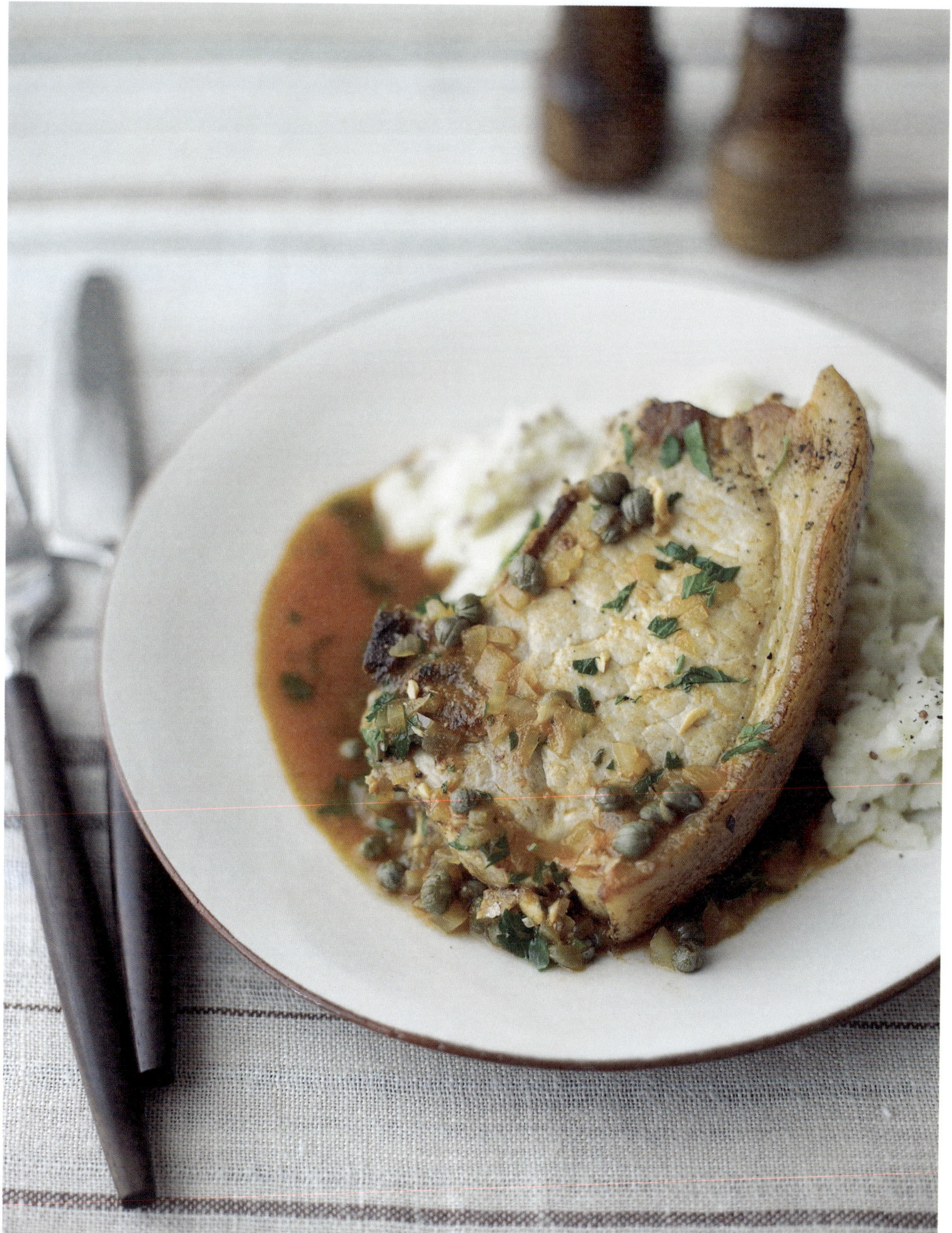

Carne de porco com alcaparras e purê de aipo-rábano

SERVE: 2 adultos, 1 criança e 1 bebê
TEMPO DE PREPARO: 30 minutos
TEMPO DE COZIMENTO: 1h35 minutos
VALIDADE: carne de porco, até 1 dia na geladeira; purê, até 3 dias na geladeira.

....

30 g de manteiga sem sal
3 bistecas de porco grandes ou 6 bistecas de porco médias
2 cebolas picadas
3 dentes de alho finamente picados
1 colher (sopa) de purê de tomate
25 g de anchovas em conserva no óleo escorridas e picadas
455 ml/2 xícaras rasas de caldo de frango
2 colheres (sopa) de alcaparras em conserva escorridas e lavadas
1½ colher (sopa) de salsinha fresca picada
pimenta-do-reino moída na hora
legumes cozidos no vapor para acompanhar

PARA O PURÊ DE AIPO-RÁBANO

1 aipo-rábano ou 4 talos de salsão limpos e cortados em pedaços
500 g de batatas sem casca cortadas em pedaços
50 g de manteiga sem sal
4 colheres (sopa) de azeite extravirgem
1 colher (sopa) de mostarda rústica (com grãos), tipo ancienne
120 ml/½ xícara de caldo de legumes
pimenta-do-reino moída na hora

1 Derreta metade da manteiga em uma frigideira grande de fundo grosso em fogo médio-alto. (6-9) (9-12) Frite as bistecas por 3-5 minutos de cada lado até que dourem. Use mais manteiga durante a fritura, sempre que necessário. Transfira-as para um prato e tempere com pimenta.

2 Reduza o fogo para médio e frite a cebola por 5 minutos até começar a dourar. Adicione o alho, o purê de tomate, as anchovas, o caldo de frango e misture. Deixe ferver em fogo alto, mexendo com uma colher de pau para desprender o que grudar no fundo. Torne a pôr a carne de porco na frigideira, abaixe o fogo, tampe e cozinhe por 30 minutos. Vire as bistecas e cozinhe por mais 30 minutos, com a frigideira ainda tampada. Adicione as alcaparras e cozinhe por 10 minutos até que a carne esteja macia.

3 Enquanto isso, prepare o purê. Coloque o aipo-rábano e as batatas em panelas separadas com água fria e deixe em fogo alto até ferver. Reduza o fogo para médio e cozinhe, com as panelas tampadas, o aipo por 15-20 minutos e as batatas por 10-12 minutos, ou até que ambos estejam macios. Escorra bem e transfira o aipo e as batatas para uma panela. Amasse bem o aipo-rábano e as batatas, em seguida misture a manteiga, o azeite e a mostarda. Acrescente caldo de legumes suficiente para deixar o purê cremoso e liso, depois tempere com pimenta a gosto. Polvilhe a carne de porco com a salsinha e sirva quente sobre o purê de aipo-rábano com os legumes cozidos no vapor.

(6-9) PURÊ DE CARNE DE PORCO E AIPO-RÁBANO
Corte 50 g de carne de porco em pedaços pequenos. Coloque a carne de porco, 4 colheres (sopa) de aipo-rábano cozido (sem os outros ingredientes) e 240 ml/1 xícara rasa de água fervente em uma panela. Cozinhe em fogo baixo por 20 minutos, com a panela tampada, até que a carne de porco esteja completamente cozida. Bata no liquidificador por 30 segundos, adicionando algumas colheres (chá) de água, uma por vez, até formar um purê homogêneo. Sirva morno.

(9-12) CARNE DE PORCO, ANCHOVAS E AIPO-RÁBANO
Corte 50 g de carne de porco em pedaços pequenos. Coloque a carne de porco, 4 colheres (sopa) de aipo-rábano cozido (sem os outros ingredientes), um filé de anchova e 240 ml/1 xícara rasa de água fervente em uma panela. Tampe e cozinhe em fogo baixo por 20 minutos, até que a carne de porco esteja completamente cozida. Bata por 15 segundos, adicionando algumas colheres (chá) de água, uma por vez, até formar um purê pedaçudo. Sirva morno.

em volta da mesa

Cordeiro Biryani

SERVE: 2 adultos, 1 criança e 1 bebê
TEMPO DE PREPARO: 30 minutos, além de pelo menos 7 horas de molho, mais pelo menos 2 horas para marinar
TEMPO DE COZIMENTO: 1h10 minutos
VALIDADE: até 1 dia na geladeira

....

300 g/1½ xícara de arroz basmati ou arroz parboilizado
1½ colher (sopa) de iogurte natural ou kefir para demolhar
500 g de pernil de cordeiro desossado, sem gordura e cortado em pedaços
¼ de colher (chá) de açafrão em pistilos
3 colheres (sopa) de azeite extravirgem ou ghee
3 cebolas cortadas ao meio e fatiadas
1½ colher (chá) de sal marinho
ervilhas-tortas cozidas no vapor para acompanhar

PARA A MARINADA
185 ml/¾ de xícara de iogurte natural
1 colher (sopa) de suco de limão ou vinagre de vinho branco
2 pimentas-malaguetas frescas, sem sementes, cortadas ao meio e finamente picadas
1 colher (sopa) de gengibre ralado
3 dentes de alho amassados
1½ colher (chá) de coentro em pó
1 colher (chá) de páprica
¼ de colher (chá) de cúrcuma
½ colher (chá) de cominho em pó
½ colher (chá) de pimenta vermelha em pó
¼ de colher (chá) de canela em pó
¼ de colher (chá) de cardamomo em pó
¼ de colher (chá) de cravo em pó
1 colher (chá) de sal marinho

1 (6-9) (9-12) Coloque o arroz, o iogurte e 800 ml/3½ xícaras rasas de água em uma panela grande. Tampe e deixe de molho por 7 horas ou durante a noite em temperatura ambiente.

2 Para fazer a marinada, coloque todos os ingredientes em uma tigela de vidro ou cerâmica e misture bem. Acrescente o cordeiro e garanta que ele fique totalmente coberto pelo tempero. Tampe e deixe marinar na geladeira por 2 horas ou durante a noite.

3 Coloque o açafrão numa tigela pequena, cubra com 1 colher (sopa) de água quente e deixe de molho. Aqueça o azeite em fogo médio em uma panela grande de fundo grosso ou caçarola. Adicione a cebola, frite por 5 minutos até começar a dourar e aumente o fogo para médio-alto. Coloque o arroz e a água do molho, o sal e o açafrão. Deixe em fogo alto até ferver, depois abaixe o fogo.

4 Acrescente o cordeiro e a marinada ao arroz. Cozinhe por 1 hora, tampado, até que o cordeiro e o arroz estejam macios. Misture delicadamente o arroz e o cordeiro. Sirva quente, acompanhado das ervilhas-tortas cozidas no vapor.

(6-9) PURÊ DE ARROZ INTEGRAL, CORDEIRO E ERVILHA-TORTA

Coloque 4 colheres (sopa) de arroz integral, 1 colher (chá) de iogurte e 240 ml/1 xícara rasa de água em uma panela de fundo grosso. Tampe e deixe de molho por 7 horas ou durante a noite em temperatura ambiente. Adicione 50 g de cordeiro e deixe em fogo médio-alto até ferver. Abaixe o fogo, tampe e cozinhe por 50 minutos. Junte quatro ervilhas-tortas cozidas no vapor e cozinhe por mais 10 minutos, até que o cordeiro esteja completamente cozido, e o arroz, macio. Bata no liquidificador por 30 segundos, adicionando algumas colheres (chá) de água, uma por vez, até ficar homogêneo. Misture 1 colher (chá) de azeite e sirva morno.

(9-12) GUISADO DE CORDEIRO

Coloque 4 colheres (sopa) de arroz integral, 1 colher (chá) de iogurte e 240 ml/1 xícara rasa de água em uma panela de fundo grosso. Tampe e deixe de molho por 7 horas ou durante a noite em temperatura ambiente. Adicione 50 g de cordeiro, 1 colher (chá) de cebola e uma pitada de alho e deixe em fogo médio-alto até ferver. Abaixe o fogo, tampe e cozinhe por 50 minutos. Junte quatro ervilhas-tortas cozidas no vapor e cozinhe durante mais 10 minutos, até que o cordeiro esteja completamente cozido, e o arroz, macio. Bata no liquidificador por 15 segundos, adicionando algumas colheres (chá) de água, uma por vez, até formar um purê pedaçudo. Misture 1 colher (chá) de azeite e sirva quente.

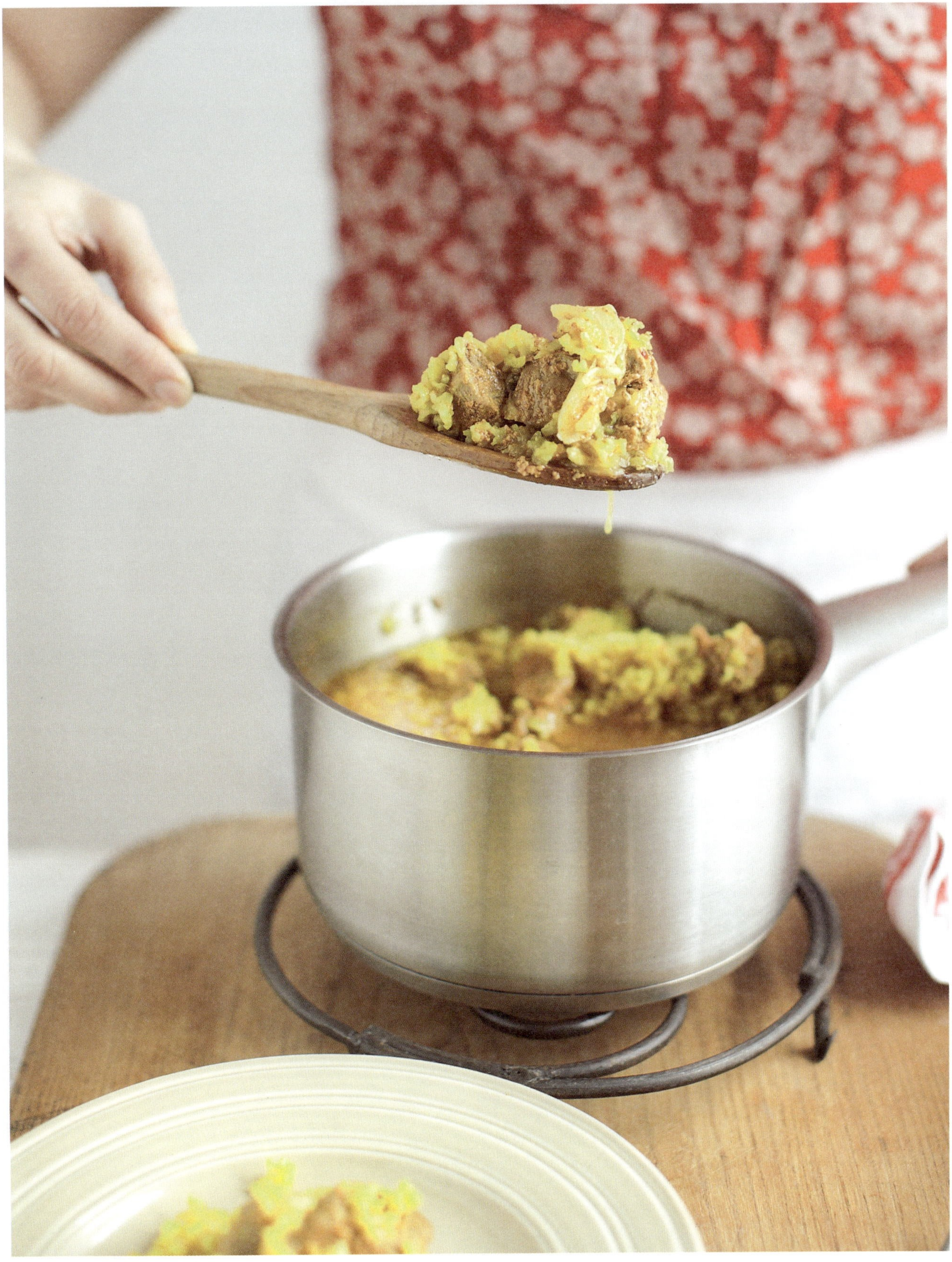

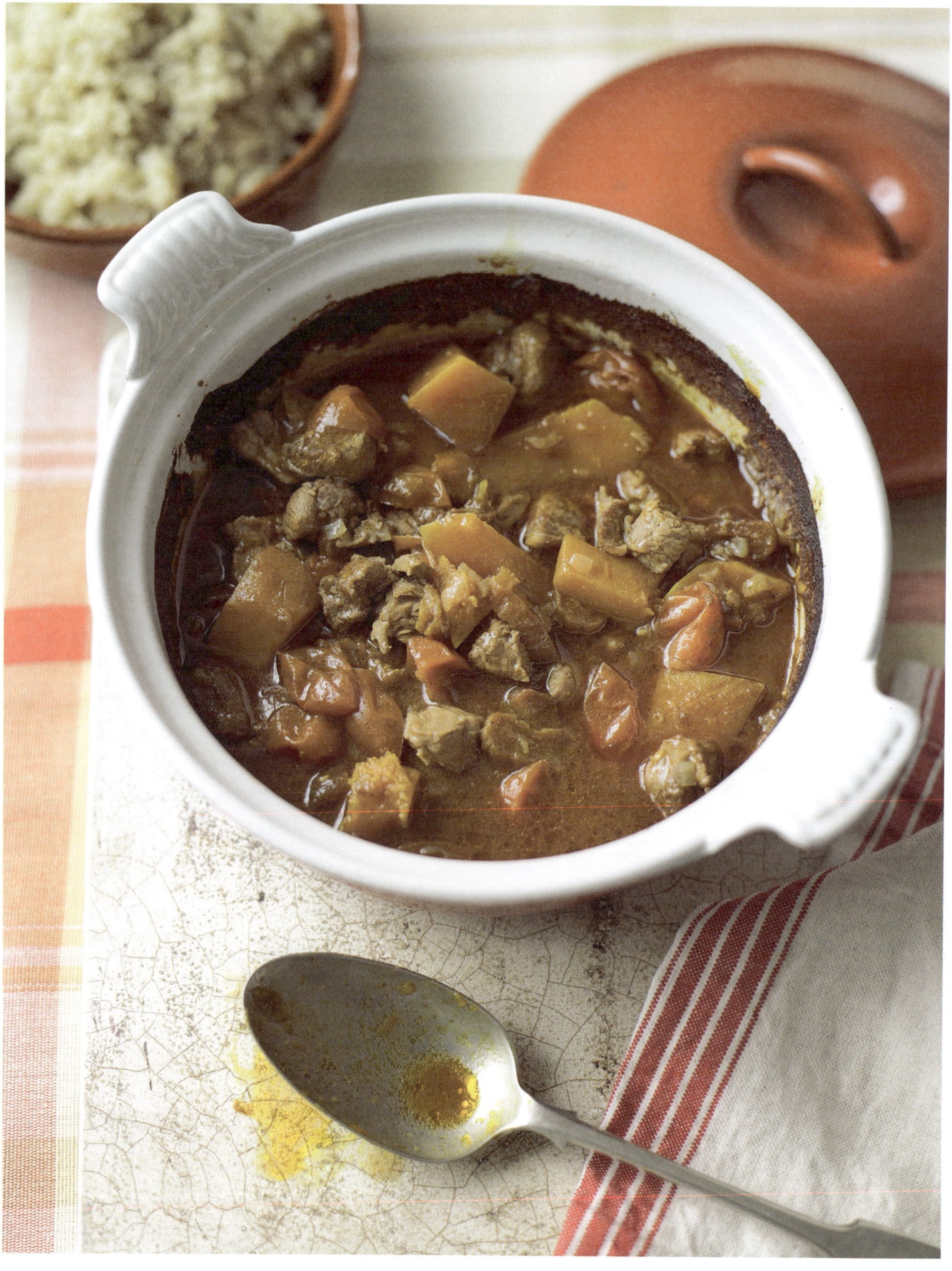

O cordeiro neste tagine é cozido lentamente com especiarias, suco de laranja, damascos e gengibre. Deixe no forno até que todos os sabores se combinem e tudo fique macio – e absolutamente delicioso.

Tagine de cordeiro

SERVE: 2 adultos, 1 criança e 1 bebê
TEMPO DE PREPARO: 45 minutos, além de pelo menos 7 horas de molho e 20 minutos para cozinhar a quinoa
TEMPO DE COZIMENTO: 2h30-3h
VALIDADE: até 1 dia na geladeira.

....

2 colheres (sopa) de azeite extravirgem e um pouco mais para fritar, se necessário
450 g de paleta de cordeiro desossada, sem gordura e cortada em pedaços
1 cebola pequena picada
80 ml/⅓ de xícara de suco de laranja espremido na hora
200 g de abóbora-manteiga sem casca e sem sementes, em pedaços
12-15 tomates-cereja cortados ao meio
110 g/⅔ de xícara de damascos secos finamente picados
2 colheres (chá) de gengibre ralado
1 dente de alho finamente picado
1 colher (chá) de canela em pó
¾ de colher (chá) de coentro em pó
¼ de colher (chá) de cravo em pó
½ colher (chá) de páprica
½ colher (chá) de cúrcuma
½ colher (chá) de cominho em pó
1 colher (sopa) de farinha de trigo integral
1 colher (chá) de sal marinho
1 receita de quinoa cozida (p. 22) para acompanhar

1 Preaqueça o forno a 150°C. Aqueça o azeite em uma caçarola grande, que possa ser levada ao forno, em fogo médio-alto. (6-9) (9-12) Coloque parte do cordeiro e frite por 5 minutos, mexendo frequentemente até dourar bem de todos os lados. Retire-o da panela com uma escumadeira e reserve. Repita o procedimento com o cordeiro restante, colocando mais azeite sempre que necessário.

2 Torne a pôr o cordeiro na caçarola. Adicione os ingredientes restantes e 240 ml/1 xícara rasa de água fervente e misture bem.

3 Tampe, leve ao forno e asse por 2h-2h30, ou até o cordeiro ficar completamente macio. Sirva quente sobre a quinoa cozida.

(6-9) PURÊ DE CORDEIRO, ABÓBORA, DAMASCO E QUINOA
Coloque 50 g de cordeiro, seis pedaços de abóbora, 1 colher (chá) de damascos e 240 ml/1 xícara rasa de água em uma caçarola. Tampe, leve ao forno e asse como descrito acima, durante 20 minutos. Adicione 2 colheres (sopa) de quinoa cozida e asse por mais 20 minutos, ainda tampado, até que a quinoa esteja macia, e o cordeiro, completamente cozido. Bata no liquidificador por 30 segundos, adicionando mais algumas colheres (chá) de água, uma por vez, até ficar homogêneo. Sirva morno.

(9-12) GUISADO DE CORDEIRO E QUINOA
Coloque 50 g de cordeiro, seis pedaços de abóbora, 1 colher (chá) de damascos, ½ colher (chá) de cebola e 240 ml/1 xícara rasa de água em uma caçarola. Tampe, leve ao forno e asse como descrito acima, durante 20 minutos. Adicione 2 colheres (sopa) de quinoa cozida e leve ao forno por mais 20 minutos, ainda tampado, até que a quinoa esteja macia, e o cordeiro, completamente cozido. Bata no liquidificador por 15 segundos, adicionando mais algumas colheres (chá) de água, uma por vez, até formar um purê pedaçudo. Sirva morno.

em volta da mesa

Guisado de carne e cebola cozido lentamente

SERVE: 2 adultos, 1 criança e 1 bebê
TEMPO DE PREPARO: 30 minutos
TEMPO DE COZIMENTO: 2h30
VALIDADE: até 1 dia na geladeira ou 1 mês no congelador.

....

½ colher (sopa) de farinha de espelta integral ou farinha de trigo integral
1 colher (chá) de sal marinho
¼ de colher (chá) de pimenta-do-reino moída na hora
450 g de lagarto ou patinho sem gordura, cortados em cubos grandes
1½ colher (sopa) de azeite extravirgem
2 cebolas grandes cortadas ao meio e fatiadas
1 dente de alho picado
½ colher (chá) de folhas de tomilho fresco picado
1 folha de louro
1 colher (chá) de gengibre picado
90 ml/⅓ de xícara de cerveja escura
1½ colher (sopa) de vinagre
1½ colher (sopa) de salsinha picada
batata-doce cozida no vapor cortada em fatias grossas para acompanhar
couve-flor cozida no vapor para acompanhar

1 Em uma tigela grande, misture a farinha, ½ colher (chá) de sal e a pimenta. (6-9) (9-12) Junte a carne e mexa até que ela esteja coberta pela farinha. Aqueça ½ colher (sopa) de azeite em uma panela grande de fundo grosso em fogo médio-alto. Coloque parte da carne e frite-a por 3-4 minutos de cada lado até dourar bem. Retire a carne da panela com uma escumadeira, passe para uma tigela grande e reserve. Repita o procedimento com a carne restante, colocando 1 colher (chá) de azeite para fritar cada lote.

2 Reduza o fogo para médio e adicione ½ colher (sopa) de azeite, as cebolas e o sal restante. Deixe refogar por 5 minutos, mexendo ocasionalmente, até que a cebola comece a dourar. Junte o alho, o tomilho, o louro, o gengibre e 30 ml/2 colheres (sopa) de água. Com uma colher de pau, raspe o fundo da panela para desprender toda a crosta que se formar. Deixe refogar por mais 2 minutos, até que a crosta esteja dissolvida. Lentamente, adicione a cerveja e o vinagre. Torne a pôr a carne e seus sucos na panela.

3 Tampe e deixe em fogo médio-alto até ferver, em seguida abaixe o fogo e cozinhe por 2 horas, mexendo ocasionalmente, até que a carne esteja macia e cozida. Retire a folha de louro e misture a salsinha. Sirva quente, com as batatas e a couve-flor cozidas no vapor.

(6-9)

PURÊ DE CARNE E COUVE-FLOR COM BATATA-DOCE AMASSADA
Aqueça uma frigideira de fundo grosso em fogo médio até ficar bem quente. Adicione 50 g de carne e três buquês de couve-flor cozida no vapor. Tampe e grelhe por 10 minutos, até a carne dourar levemente e ficar completamente cozida. Bata no liquidificador com 3 colheres (sopa) de água por 30 segundos, adicionando mais algumas colheres (chá) de água, uma por vez, até ficar homogêneo. Sirva morno, com a batata-doce cozida no vapor amassada.

(9-12)

CARNE E LEGUMES COM BATATA-DOCE AMASSADA
Aqueça uma frigideira de fundo grosso em fogo médio. Adicione 50 g de carne, meia fatia de cebola, três buquês de couve-flor cozida no vapor e um pouquinho de alho. Tampe e grelhe a seco por 10 minutos, até que a carne esteja levemente dourada e completamente cozida. Bata no liquidificador com 3 colheres (sopa) de água por 15 segundos, adicionando mais algumas colheres (chá) de água, uma por vez, até formar um purê irregular. Sirva morno, com a batata-doce cozida no vapor amassada.

Grillade de carne à moda da Louisiana

SERVE: 2 adultos, 1 criança e 1 bebê
TEMPO DE PREPARO: 40 minutos
TEMPO DE COZIMENTO: 1h10 minutos
VALIDADE: até 1 dia na geladeira.

....

4 colheres (sopa) de farinha de trigo integral
pimenta-do-reino moída na hora
1½ colher (chá) de sal marinho
4 bifes cortados em tiras
3 colheres (sopa) de azeite extravirgem
1 cebola cortada ao meio e fatiada
2 talos de aipo cortados em quatro no comprimento e picados
1 pimentão vermelho sem sementes cortado em cubos
2 dentes de alho picados
240 ml/1 xícara rasa de caldo de carne
300 g de tomates pelados de lata picados
½ colher (sopa) de folhas de tomilho fresco picado ou ½ colher (chá) de tomilho seco
½ colher (sopa) de folhas de manjericão fresco picado ou ½ colher (chá) de manjericão seco
½ colher (chá) de pimenta dedo-de-moça esmagada
4 colheres (sopa) de salsinha picada
150 g/1 xícara de canjiquinha ou farinha de milho para polenta
115 g de manteiga sem sal
favas cozidas no vapor para acompanhar

1 Em uma tigela misture 2 colheres (sopa) da farinha, ½ colher (chá) do sal e pimenta-do-reino a gosto. ⓺⁻⁹ ⓽⁻¹² Coloque as tiras de carne e misture bem para que todos os pedaços fiquem cobertos de farinha.

2 Aqueça 2 colheres (sopa) do azeite em uma frigideira grande de fundo grosso em fogo médio-alto. Frite a carne por 6 minutos, mexendo sempre, até dourar. Retire a carne da panela com uma escumadeira e reserve.

3 Coloque na frigideira o azeite restante, a cebola, o aipo e o pimentão. Deixe refogar por 5 minutos, mexendo ocasionalmente, até que fiquem macios. Acrescente o alho e a farinha restante e refogue por mais 5 minutos. Adicione o caldo e 240 ml/1 xícara rasa de água e misture.

4 Torne a pôr a carne na panela e acrescente os tomates, o tomilho, o manjericão, a pimenta dedo-de-moça e a salsinha. Tampe, abaixe o fogo e cozinhe por 45-50 minutos, até que a carne esteja completamente macia.

5 Enquanto isso, coloque 950 ml/4 xícaras rasas de água em uma panela grande e deixe ferver em fogo alto. Adicione a canjiquinha ou a farinha para polenta, mexendo com um batedor manual até ficar homogêneo. Reduza o fogo para médio-baixo e cozinhe durante 20 minutos, mexendo com uma colher de pau, até engrossar. Retire do fogo, adicione a manteiga e o sal restante e misture bem. Sirva quente, com a grillade de carne e as favas cozidas no vapor.

6-9 PURÊ DE CARNE E FAVAS
Aqueça uma frigideira de fundo grosso em fogo médio-alto até ficar bem quente. Adicione 50 g de carne e 2 colheres (sopa) de favas cozidas. Tampe e grelhe a seco por 10 minutos, até que a carne esteja completamente cozida. Bata no liquidificador com 4 colheres (sopa) de água por 30 segundos, adicionando mais algumas colheres (chá) de água, uma por vez, até ficar homogêneo. Sirva morno.

9-12 CARNE, FAVAS, CEBOLA E CANJIQUINHA
Aqueça uma frigideira de fundo grosso em fogo médio-alto até ficar bem quente. Adicione 50 g de carne, 2 colheres (sopa) de favas cozidas, 1 colher (chá) de cebola e um pouquinho de salsinha. Grelhe a seco por 10 minutos, até que a carne esteja completamente cozida. Transfira para o liquidificador e adicione 4 colheres (sopa) de canjiquinha cozida (sem manteiga ou sal) e 4 colheres (sopa) de água. Bata durante 15 segundos, acrescentando mais algumas colheres (chá) de água, uma por vez, até formar um purê irregular. Sirva morno.

em volta da mesa

O marido de minha irmã, Jan, é egípcio, e a sogra dela a ensinou a fazer este prato muito apreciado no velho mundo. É a versão egípcia do guisado de carne, que cozinha lentamente até a carne e o aipo praticamente desmancharem. Com batatas, vagens e cebolas que aquecem a alma, é o prato perfeito para as noites frias do inverno.

Ensopado egípcio de carne

SERVE: 2 adultos, 1 criança e 1 bebê
TEMPO DE PREPARO: 30 minutos, além de pelo menos 7 horas de molho e 20 minutos para cozinhar o trigo-sarraceno
TEMPO DE COZIMENTO: 2h-2h30
VALIDADE: até 1 dia na geladeira.

....

450 g de contrafilé, patinho ou fraldinha sem gordura, cortados em pedaços
½ colher (chá) de sal marinho
¼ colher (chá) de pimenta-do-reino moída na hora
1 cebola picada
2 talos de aipo grandes, cortados em quatro no comprimento e picados
455 ml/2 xícaras rasas de caldo de galinha
1 batata grande cortada em quatro e fatiada
225 g de vagens
3½ colheres (sopa) de purê de tomate
2 receitas de trigo-sarraceno cozido (p. 22)

1 Aqueça uma panela grande de fundo grosso em fogo médio-alto até ficar bem quente. (6-9) (9-12) Acrescente a carne e doure por 6 minutos, mexendo ocasionalmente. Adicione o sal e a pimenta e misture bem.

2 Junte a cebola, o aipo e o caldo. Tampe e deixe em fogo médio-alto até ferver, depois abaixe o fogo e cozinhe por 1h30-2h, até que o aipo e a carne estejam quase desmanchando.

3 Adicione a batata, as vagens e o purê de tomate e cozinhe por mais 15 minutos ou até a batatas e as vagens ficarem macias. Sirva quente sobre o trigo-sarraceno cozido.

(6-9) PURÊ DE CARNE, VAGEM E TRIGO-SARRACENO
Corte 50 g de carne em pedaços pequenos e 2 vagens em quatro. Coloque a carne e as vagens em uma panela, adicione 4 colheres (sopa) de trigo-sarraceno cozido e 135 ml/½ xícara de água. Deixe em fogo médio-alto até ferver, depois abaixe o fogo e cozinhe por 20 minutos, com a panela tampada, até que a carne esteja completamente cozida, e os grãos, macios. Bata no liquidificador com 3 colheres (sopa) de água por 30 segundos, adicionando mais algumas colheres (chá) de água, uma por vez, até ficar homogêneo. Sirva morno.

(9-12) CARNE, VAGEM, CEBOLA E TRIGO-SARRACENO
Corte 50 g de carne em pedaços pequenos e 2 vagens em quatro. Coloque a carne e as vagens em uma panela, adicione 4 colheres (sopa) de trigo-sarraceno cozido, 1 colher (chá) de cebola picada e 135 ml/½ xícara de água. Deixe em fogo médio-alto até ferver, depois abaixe o fogo e cozinhe por 20 minutos, com a panela tampada, até que a carne esteja completamente cozida, e os grãos, macios. Bata no liquidificador com 3 colheres (sopa) de água por 15 segundos, adicionando mais algumas colheres (chá) de água, uma por vez, até formar um purê pedaçudo. Sirva morno.

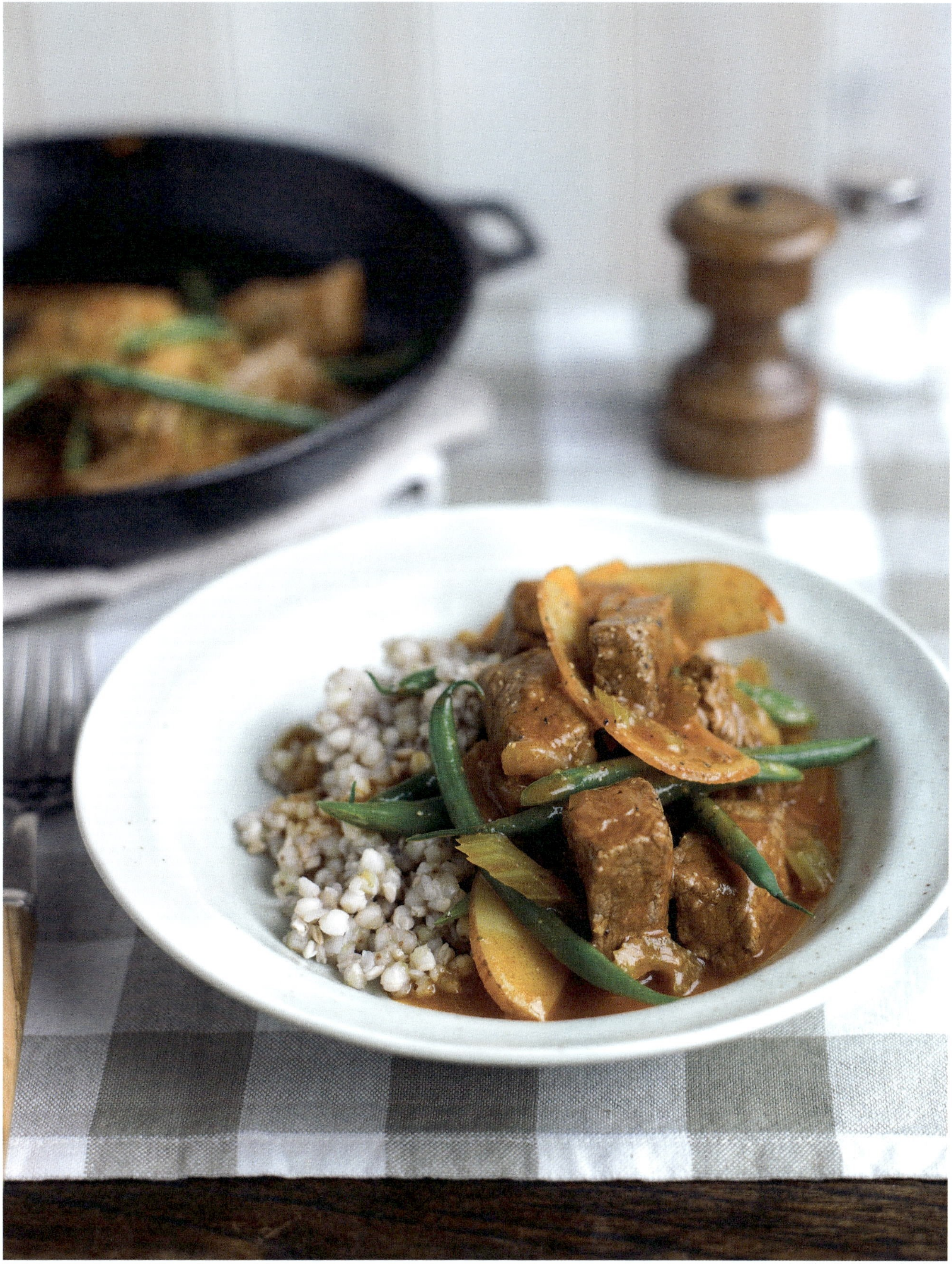

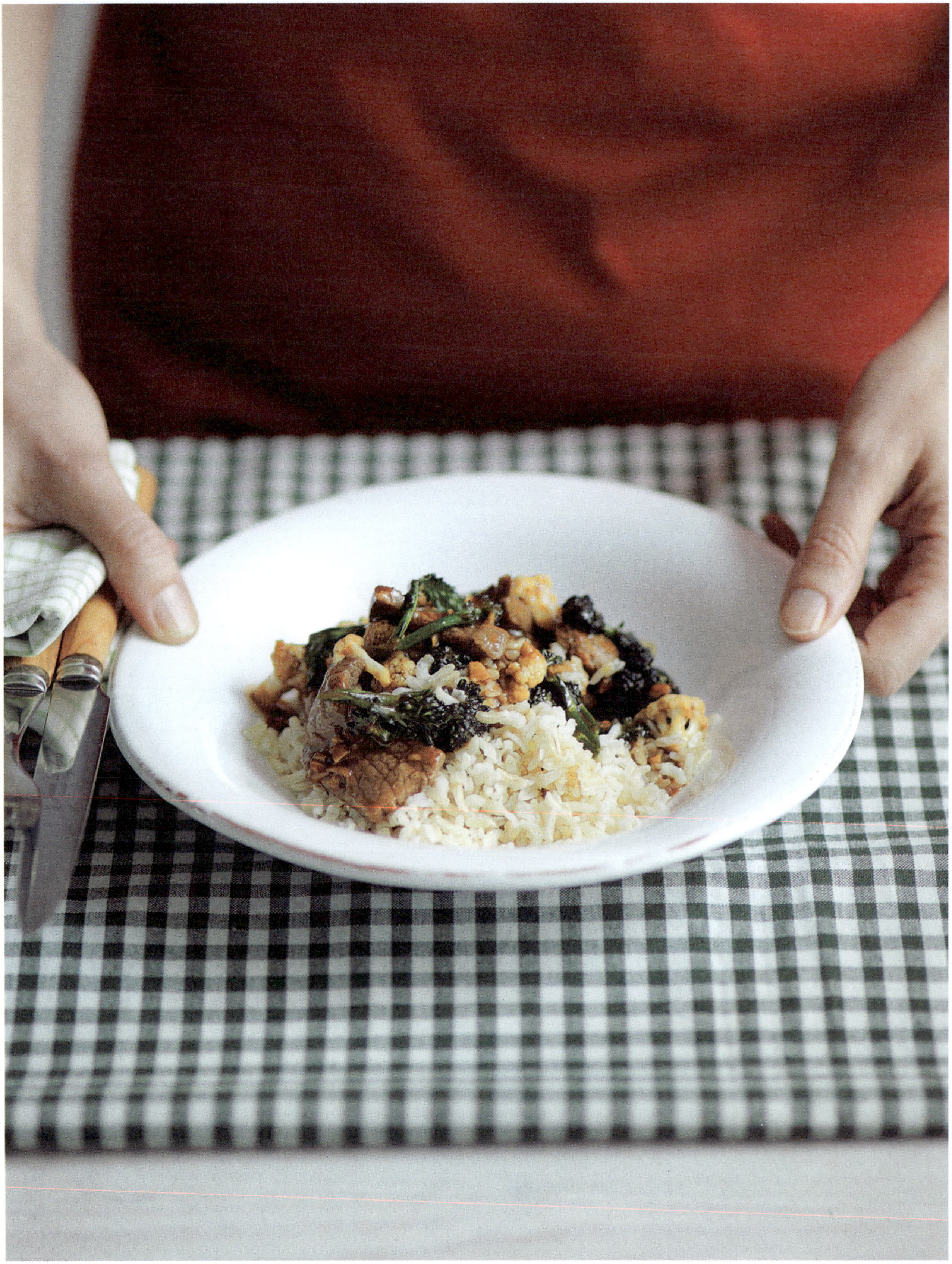

Salteado chinês de carne

SERVE: 2 adultos, 1 criança e 1 bebê
TEMPO DE PREPARO: 35 minutos, mais 1h30 para marinar, além de pelo menos 7 horas de molho e 40 minutos para cozinhar o arroz integral
TEMPO DE COZIMENTO: 20 minutos
VALIDADE: até 1 dia na geladeira.

....

3 bifes de contrafilé cortados em pedaços
2 colheres (sopa) de óleo de gergelim
225 g de brócolis em buquês pequenos
225 g de couve-flor em buquês pequenos
1 receita de arroz integral cozido (p. 23) para acompanhar

PARA A MARINADA
3 colheres (sopa) de molho tamari ou shoyu
2 colheres (sopa) de mirin ou saquê
6 dentes de alho picados

PARA O MOLHO
1 colher (sopa) de amido de milho ou araruta
125 ml/½ xícara de caldo de legumes
1½ colher (sopa) de mirin ou saquê
1 colher (chá) de molho tamari ou shoyu
1 colher (sopa) de óleo de gergelim
1½ colher (chá) de gengibre fresco picado

1 (9-12) Para fazer a marinada, coloque todos os ingredientes em uma tigela grande de vidro ou cerâmica e misture bem. (6-9) Acrescente a carne e misture até que ela fique coberta pela marinada. Cubra e deixe marinar na geladeira por 1h30.

2 Para fazer o molho, misture o amido de milho e 1 colher (sopa) de água fria até formar uma pasta lisa. Adicione os ingredientes restantes e misture bem.

3 Aqueça 1 colher (sopa) do óleo de gergelim em uma wok ou frigideira grande, em fogo médio-alto. Com uma escumadeira, coloque a carne na panela e reserve a marinada. Frite em fogo médio-alto por 6 minutos, até dourar. Retire a carne da frigideira e reserve.

4 Reduza o fogo para médio e adicione o óleo de gergelim restante. Junte a marinada e deixe ferver por 1 minuto; em seguida, adicione os brócolis e a couve-flor e cozinhe por 5 minutos, mexendo ocasionalmente. Ponha a carne de volta na wok e junte o molho. Cozinhe por mais 3 minutos, mexendo sempre, até o molho engrossar, a carne ficar quente e os legumes, macios. Sirva quente sobre o arroz integral cozido.

(6-9) **PURÊ DE CARNE, COUVE-FLOR, BRÓCOLIS E ARROZ**
Coloque 4 colheres (sopa) de arroz integral cozido em uma panela e adicione 135 ml/½ xícara de água fervente. Tampe e cozinhe em fogo baixo durante 20 minutos, até ficar totalmente macio. Aqueça 1 colher (chá) de óleo de gergelim em uma wok. Adicione 50 g de carne, três buquês de brócolis e três de couve-flor e cozinhe por 15 minutos, até que a carne esteja completamente cozida, e os legumes, macios. Bata no liquidificador com 3 colheres (sopa) de água e o arroz por 30 segundos, adicionando mais algumas colheres (chá) de água, uma por vez, até ficar homogêneo. Sirva morno.

(9-12) **CARNE COM ALHO, COUVE-FLOR, BRÓCOLIS E ARROZ INTEGRAL**
Coloque 4 colheres (sopa) de arroz integral cozido em uma panela e adicione 135 ml/½ xícara de água fervente. Tampe e cozinhe em fogo baixo durante 20 minutos, até ficar totalmente macio. Aqueça 1 colher (chá) de óleo de gergelim em uma wok. Adicione 50 g de carne, ½ colher (chá) de alho, três buquês de brócolis e três de couve-flor e cozinhe por 15 minutos, até que a carne esteja completamente cozida, e os legumes, macios. Bata no liquidificador com 3 colheres (sopa) de água e o arroz por 15 segundos, adicionando mais algumas colheres (chá) de água, uma por vez, até formar um purê pedaçudo. Sirva morno.

O sabor deste prato é simples, mas excelente. Este peixe com batata-doce é uma excelente fonte de betacaroteno para aumentar o nível de vitamina A no sangue, importante para o crescimento das crianças.

Peixe com crosta de ervas

SERVE: 2 adultos, 1 criança e 1 bebê
TEMPO DE PREPARO: 15 minutos
TEMPO DE COZIMENTO: 13 minutos
VALIDADE: até 1 dia na geladeira.

....

150 g de filé de salmão sem espinhas
150 g de filé de pargo sem espinhas
1 colher (sopa) de farinha de trigo integral para polvilhar
1½ colher (sopa) de azeite extravirgem e um pouco mais para untar
3 colheres (sopa) de suco de limão ou limão-siciliano
2 colheres (sopa) de pão integral ralado ou moído
½ cebolinha picada
1 dente de alho picado
1 colher (sopa) de salsinha picada
1 colher (sopa) de folhas de tomilho fresco picadas ou 1 colher (chá) de tomilho seco
¼ de colher (chá) de sal marinho
4 batatas-doces grandes assadas para acompanhar
300 g de favas cozidas no vapor para acompanhar
limão cortado em quatro para acompanhar

1 (6-9) (9-12) Preaqueça o forno a 200°C e unte uma assadeira com azeite. Passe os filés de peixe na farinha (apenas o lado da carne, não a pele) para formar uma superfície seca à qual a mistura de ervas vai aderir. Elimine o excesso de farinha e transfira os peixes para a assadeira, com a pele voltada para baixo.

2 Misture bem o azeite, o suco de limão, o pão ralado, a cebolinha, o alho, a salsinha, o tomilho e o sal. Espalhe a mistura de ervas uniformemente sobre os filés de peixe.

3 Asse por cerca de 10 minutos até que o salmão esteja opaco e totalmente cozido, e o pargo, branco. Aumente a temperatura do forno para alta e asse o peixe por mais 3 minutos, até a crosta dourar. Sirva quente, acompanhado das batatas-doces, das favas e do limão cortado em gomos.

(6-9) PURÊ DE SALMÃO, FAVAS E BATATA-DOCE

Retire a pele de 50 g de filé de salmão e esfregue-o com azeite. Transfira para uma assadeira e adicione 2 colheres (sopa) de favas cozidas e 2 colheres (sopa) de água. Asse como descrito acima durante 10 minutos, até que o salmão esteja opaco e completamente cozido. Transfira para o liquidificador e adicione 2 colheres (sopa) de batata-doce cozida e 3 colheres (sopa) de água. Bata por 30 segundos, adicionando mais algumas colheres (chá) de água, uma por vez, até ficar homogêneo. Sirva morno.

(9-12) SALMÃO COM ERVAS, FAVAS E BATATA-DOCE

Retire a pele de 50 g de filé de salmão e esfregue-o com azeite. Transfira para uma assadeira e adicione 2 colheres (sopa) de favas cozidas e 2 colheres (sopa) de água. Polvilhe com 1 colher (chá) de cebolinha, uma pitada de alho e uma de salsinha e asse como descrito acima por 10 minutos, até que o salmão esteja opaco e completamente cozido. Transfira para o liquidificador e adicione 2 colheres (sopa) de batata-doce cozida e 3 colheres (sopa) de água. Bata por 15 segundos, adicionando mais algumas colheres (chá) de água, uma por vez, até formar um purê pedaçudo. Sirva morno.

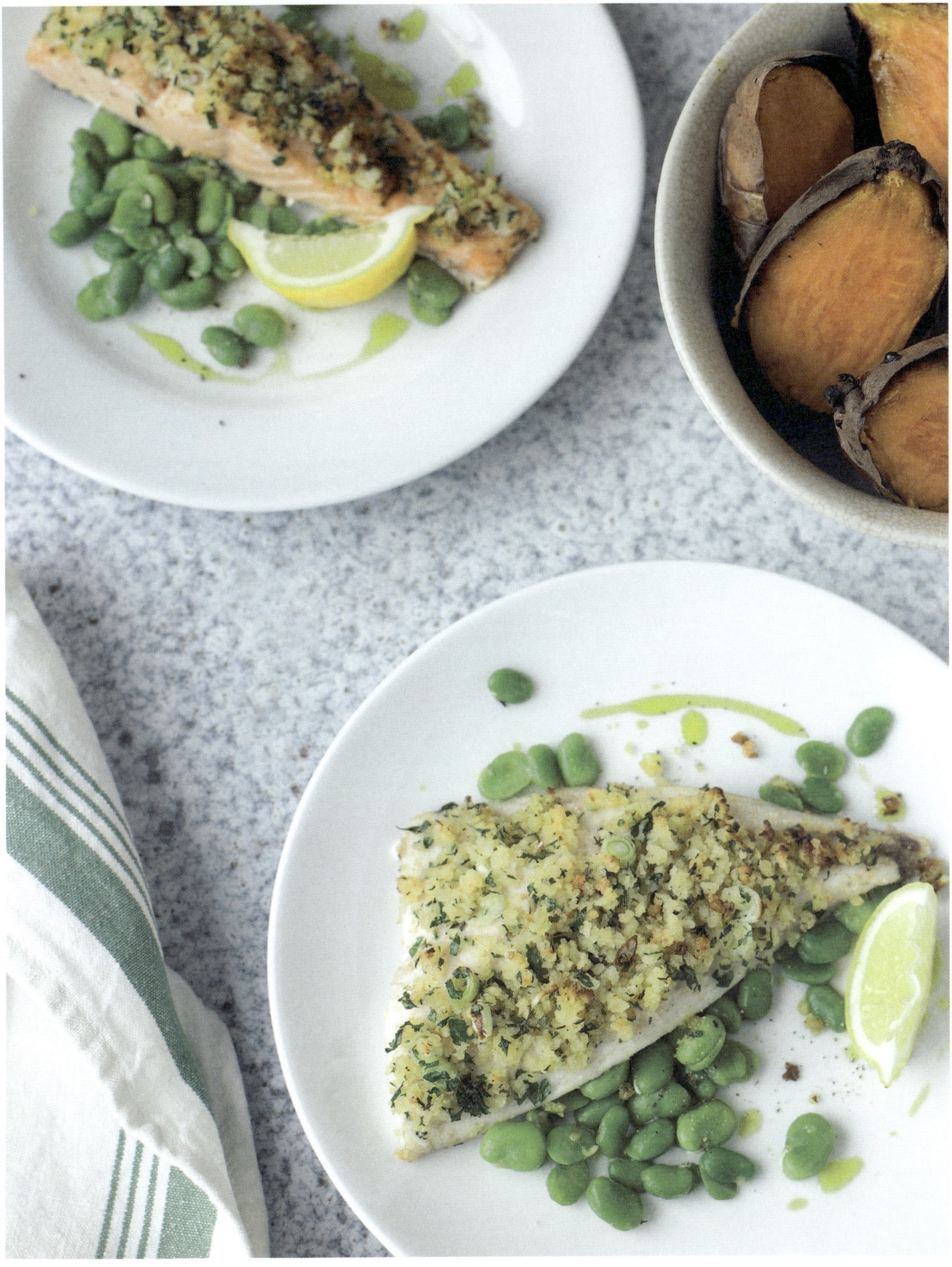

Perfumada e suculenta, esta receita combina os belos sabores do peixe, dos legumes e das especiarias. Você pode retirar a comida da panela com cuidado para manter as batatas intactas ou desmanchá-las, formando um ensopado denso e substancioso. É uma refeição completa, mas também é uma delícia raspar o molho com pão sírio.

Peixe marroquino

SERVE: 2 adultos, 1 criança e 1 bebê
TEMPO DE PREPARO: 35 minutos, além de pelo menos 7 horas de molho e 40 minutos para cozinhar o arroz integral
TEMPO DE COZIMENTO: 30 minutos
VALIDADE: até 1 dia na geladeira.

....

4 colheres (sopa) de azeite extravirgem e um pouco mais para servir
2 cebolas em rodelas finas
4 batatas em fatias finas
4 cenouras fatiadas
6 tomates em rodelas
8 dentes de alho fatiados
150 g de filés de namorado ou badejo ou cação sem pele e sem espinhas
150 g de filés de salmão sem pele e sem espinhas
2 colheres (sopa) de coentro picado
1 colher (chá) de cominho em pó
1 colher (chá) de páprica
1½ colher (chá) de sal marinho
1 receita de arroz integral cozido (p. 23) para acompanhar

1 Coloque 2 colheres (sopa) de azeite em uma frigideira grande de fundo grosso com tampa. (9-12) Cubra o fundo da frigideira com uma camada de cebolas. (6-9) Adicione duas camadas de batatas, seguidas por cenouras, tomates e alho. Coloque o peixe em cima dos legumes e regue com o azeite restante. Polvilhe o peixe com coentro, cominho, páprica e sal.

2 Cozinhe em fogo médio por 20-30 minutos, com a panela tampada, até que o namorado esteja branco e macio, o salmão, opaco e cozido, e as batatas, macias. O suco do peixe e dos legumes deve se combinar para formar um molho. Sirva com arroz integral cozido.

(6-9) PURÊ DE SALMÃO, CENOURA E ARROZ INTEGRAL
Coloque 4 colheres (sopa) de arroz integral cozido, 2 colheres (sopa) de cenoura e 135 ml/½ xícara de água fervente em uma panela, tampe e cozinhe durante 10 minutos. Adicione 50 g de salmão e cozinhe por mais 10 minutos, até que o peixe esteja opaco e totalmente cozido, e as cenouras, macias. Bata no liquidificador com 4 colheres (sopa) de água por 30 segundos, adicionando mais algumas colheres (chá) de água, uma por vez, até ficar homogêneo. Misture 1 colher (chá) de azeite e sirva morno.

(9-12) SALMÃO COM LEGUMES E ARROZ INTEGRAL
Coloque 4 colheres (sopa) de arroz integral cozido, 2 colheres (sopa) de cenoura e 135 ml/½ xícara de água fervente em uma panela, tampe e cozinhe durante 10 minutos. Adicione 50 g de salmão e 1 colher (chá) de cebola e cozinhe por mais 10 minutos, até o peixe ficar opaco e totalmente cozido, e os legumes, macios. Bata no liquidificador com 4 colheres (sopa) de água por 15 segundos, adicionando mais algumas colheres (chá) de água, uma por vez, até formar um purê pedaçudo. Misture 1 colher (chá) de azeite e sirva morno.

Torta de peixe

SERVE: 2 adultos, 1 criança e 1 bebê
TEMPO DE PREPARO: 40 minutos, mais 30 minutos para esfriar
TEMPO DE COZIMENTO: 1h
VALIDADE: até 1 dia na geladeira.

....

manteiga sem sal para untar
1 batata-doce grande em cubos
1 batata grande em cubos
1 cenoura cortada em quatro e fatiada
200 g de filés de cação ou pescada sem pele e sem espinhas cortados em cubos
200 g de filés de salmão sem pele e sem espinhas cortados em cubos
2 cebolas roxas picadas
salada para acompanhar

PARA A MASSA
120 g/1 xícara de farinha de trigo integral e um pouco mais para polvilhar
¼ de colher (chá) de sal marinho
60 g de manteiga sem sal gelada cortada em cubos

PARA O MOLHO
3 colheres (sopa) de azeite extravirgem
3 colheres (sopa) de farinha de trigo integral
250 ml/1 xícara de caldo de legumes
2 colheres (chá) de alecrim fresco picado
½ colher (chá) de sal marinho

1 Para fazer a massa, misture a farinha e o sal em uma tigela grande e adicione a manteiga, mexendo com a ponta dos dedos até obter uma farofa. Acrescente 3-4 colheres (sopa) de água fria, uma por vez, e misture com um garfo até a massa começar a ficar homogênea. Forme uma bola com a massa, embrulhe-a em filme plástico e deixe na geladeira por 30 minutos.

2 Preaqueça o forno a 200°C e unte uma assadeira redonda, de 25 cm de diâmetro, com manteiga. (6-9) (9-12) Enquanto isso, coloque os dois tipos de batata e a cenoura em uma panela a vapor. Tampe e cozinhe por 10 minutos, até que estejam macias. Coloque as batatas, a cenoura, o peixe e as cebolas em uma tigela grande e misture bem.

3 Para fazer o molho, misture o azeite e a farinha em uma panela de fundo grosso. Leve ao fogo médio e cozinhe por 1 minuto, mexendo sempre. Retire a panela do fogo e gradualmente adicione o caldo, o alecrim e o sal. Leve a panela de volta ao fogo médio-baixo e cozinhe durante 5 minutos, mexendo sempre, até engrossar.

4 Misture o peixe com o molho e os legumes. Despeje a mistura na assadeira untada e espalhe-a bem com as costas de uma colher de pau. Polvilhe com farinha um pedaço de papel-vegetal. Abra a massa sobre o papel, formando um círculo de cerca de 25 cm de diâmetro e acerte as bordas com uma faca afiada. Leve o círculo da massa à assadeira e cubra o recheio, pressionando as bordas com os dedos para selar. Com uma faca afiada, faça uma pequena cruz no centro da massa para deixar sair o vapor. Leve ao forno e asse por 40 minutos ou até a massa dourar. Sirva quente, com salada.

(6-9) PURÊ DE SALMÃO, BATATA-DOCE E CENOURA
Pique 2 colheres (sopa) de cenoura e 2 de batata-doce. Coloque em um ramequin e adicione 50 g de salmão e 2 colheres (sopa) de água. Asse no forno como descrito acima durante 15 minutos, até que o salmão esteja opaco e totalmente cozido. Bata no liquidificador com 3 colheres (sopa) de água por 30 segundos, adicionando mais algumas colheres (chá) de água, uma por vez, até ficar homogêneo. Sirva morno.

(9-12) CAÇÃO COM BATATA-DOCE, CEBOLA ROXA E CENOURA
Pique 1 colher (sopa) de cenoura e 2 colheres (sopa) de batata-doce. Coloque em um ramequim e adicione 50 g de cação, dois pedaços de cebola roxa e 2 colheres (sopa) de água. Asse no forno como descrito acima durante 15 minutos, até que o cação esteja completamente cozido. Bata no liquidificador com 3 colheres (sopa) de água por 15 segundos, adicionando mais algumas colheres (chá) de água, uma por vez, até formar um purê pedaçudo. Sirva morno.

em volta da mesa

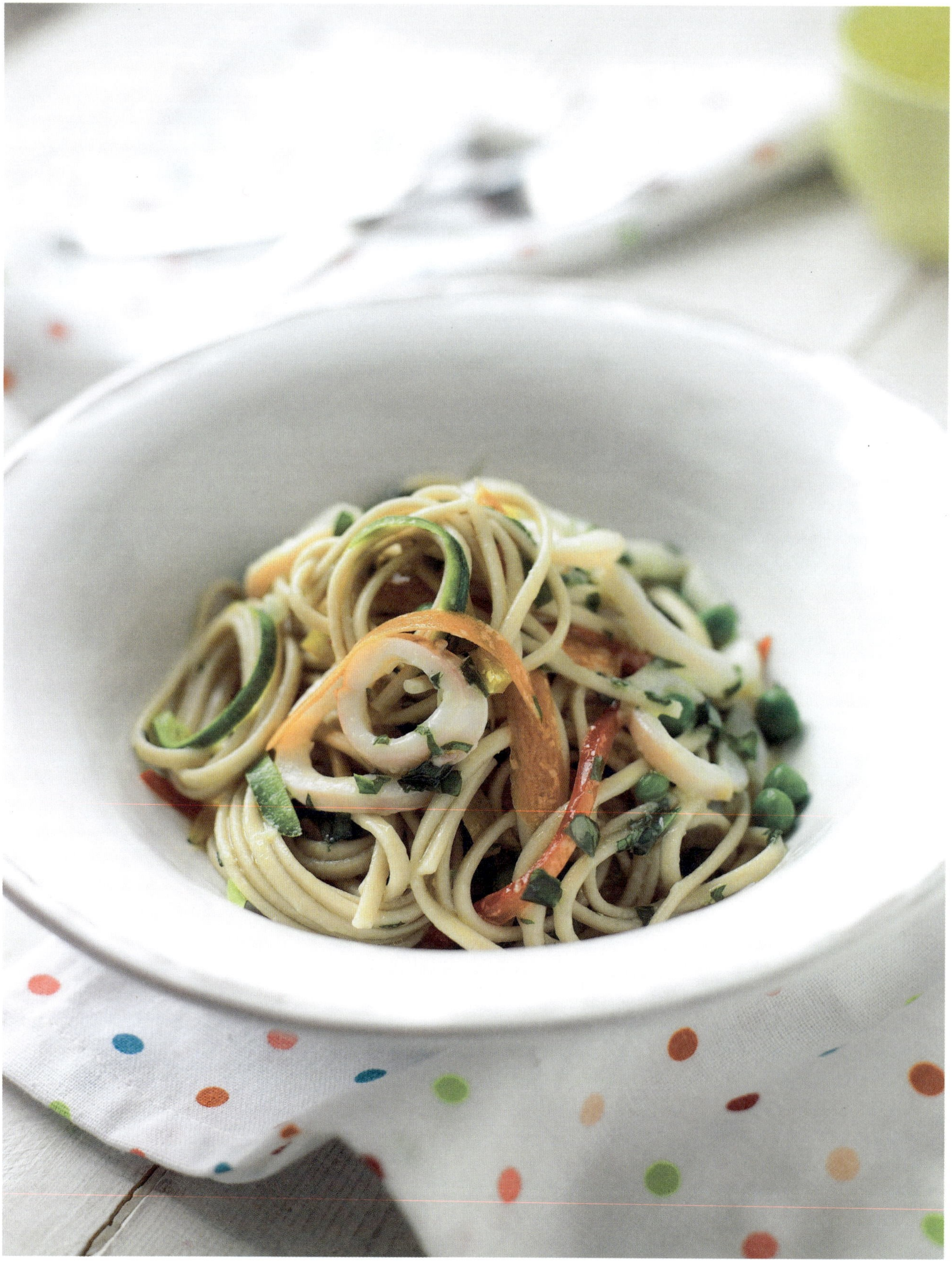

Saborosíssimo e repleto de legumes frescos, este é um belo prato para ver e para comer. Sempre que faço, meus amigos pedem a receita – é um verdadeiro sucesso de público.

Macarrão oriental com molho de lula

SERVE: 2 adultos, 1 criança e 1 bebê
TEMPO DE PREPARO: 35 minutos
TEMPO DE COZIMENTO: 10 minutos
VALIDADE: até 1 dia na geladeira.

....

2 colheres (sopa) de azeite extravirgem
1 cenoura cortada em palitos
1 pimentão amarelo pequeno cortado em palitos
1 pimentão vermelho pequeno cortado em palitos
1 abobrinha cortada em palitos
70 g/½ xícara rasa de ervilhas congeladas ou frescas
4 colheres (sopa) de suco de limão
80 ml/⅓ xícara de vinho branco seco
300 g de lulas cortadas em anéis
300 g de macarrão tipo soba de trigo-
-sarraceno ou de arroz integral

PARA O MOLHO
3 dentes de alho picados
2 colheres (sopa) de azeite extravirgem
4 colheres (sopa) de folhas de manjericão picadas
4 colheres (sopa) de queijo parmesão ralado e ¼ de colher (chá) de sal marinho ou 8 colheres (sopa) de coco ralado desidratado sem açúcar e 1 colher (chá) de sal marinho

1 (6-9) (9-12) Para fazer o molho, misture todos os ingredientes em uma tigela pequena. Cubra e reserve.

2 Aqueça o azeite em uma wok ou frigideira grande em fogo médio-alto. Acrescente a cenoura e refogue por 3 minutos. Em seguida, adicione os pimentões e a abobrinha e refogue por mais 2 minutos. Adicione as ervilhas e refogue por 1 minuto, até que a cenoura e os pimentões estejam macios, mas ainda crocantes. Retire os legumes da wok e transfira para uma tigela grande. Regue com o suco de limão e misture bem.

3 Despeje o vinho na wok e deixe em fogo alto até ferver. Abaixe o fogo para médio e adicione as lulas. Cozinhe por 3 minutos, até que as lulas fiquem cozidas e macias. Adicione o molho e misture bem.

4 Enquanto isso, cozinhe o macarrão em bastante água fervente, seguindo as instruções da embalagem. Escorra bem. Sirva quente, com a lula e os legumes.

(6-9) **PURÊ DE CENOURA, ABOBRINHA, ERVILHA E MACARRÃO ORIENTAL**
Coloque 1½ colher (sopa) de cenoura, 1½ de abobrinha e 1½ de ervilhas em uma panela a vapor. Tampe e cozinhe durante 10 minutos, até que os legumes estejam completamente macios. Transfira para o liquidificador e acrescente 2 colheres (sopa) de macarrão cozido picado (sem o molho de lula), 1 colher (sopa) de coco ralado e 3 colheres (sopa) de água. Bata por 30 segundos, adicionando mais algumas colheres (chá) de água, uma por vez, até ficar homogêneo. Misture 1 colher (chá) de azeite e sirva morno.

(9-12) **MACARRÃO ORIENTAL COM LEGUMES E COCO**
Coloque 1 colher (sopa) de cenoura, 1 de abobrinha e 1 de ervilhas em uma panela a vapor. Tampe e cozinhe durante 10 minutos, até que os legumes estejam completamente macios. Transfira para o liquidificador e adicione 2 colheres (sopa) de macarrão cozido picado (sem o molho de lula), 1 colher (sopa) de coco ralado e 3 colheres (sopa) de água. Bata por 15 segundos, adicionando mais algumas colheres (chá) de água, uma por vez, até formar um purê pedaçudo. Misture 1 colher (chá) de azeite e sirva morno.

em volta da mesa

Meu irmão aperfeiçoou esta receita e prepara este prato para mim quando o visitamos nas férias. Ele o serve como entrada, mas eu também o adoro como prato principal, com arroz. Temperado com pimenta jalapeña e dedo-de-moça, além de limão e cominho, é uma mistura celestial.

Camarão picante com abacate

SERVE: 2 adultos, 1 criança e 1 bebê
TEMPO DE PREPARO: 20 minutos
TEMPO DE COZIMENTO: 10 minutos
VALIDADE: consuma no dia.

....

300 g de macarrão oriental de arroz
1 colher (chá) de sal marinho
6 colheres (sopa) de azeite extravirgem
225 g de camarões grandes sem casca
3-4 colheres (sopa) de suco de limão
1 colher (chá) de raspas de casca de limão
2 abacates pequenos picados
3-4 tomates picados
1 cebola roxa pequena picada
1 pimenta jalapeña ou dedo-de-moça pequena sem sementes picada
4 colheres (sopa) de coentro fresco picado
1 colher (sopa) de cominho em pó
½ colher (chá) de pimenta vermelha em pó

1 Cozinhe o macarrão em bastante água fervente, seguindo as instruções do pacote. (6-9) (9-12) Escorra, adicione o sal e misture bem.

2 Enquanto isso, aqueça 2 colheres (sopa) do azeite em uma frigideira grande em fogo médio. Adicione os camarões e frite-os por 3 minutos, virando ocasionalmente, até que estejam opacos e rosados. Transfira para uma tigela grande, junte os ingredientes restantes e misture bem. Acrescente o macarrão e misture novamente. Sirva quente.

(6-9)

PURÊ DE MACARRÃO DE ARROZ E ABACATE
Coloque 4 colheres (sopa) de macarrão cozido picado (escorrido e sem sal), seis pedaços de abacate e 3 colheres (sopa) de água no liquidificador. Bata por 30 segundos, acrescentando mais algumas colheres (chá) de água, uma por vez, até ficar homogêneo. Sirva morno.

(9-12)

MACARRÃO DE ARROZ COM ABACATE E COENTRO
Coloque 4 colheres (sopa) de macarrão cozido picado (escorrido e sem sal), seis pedaços de abacate, uma pitada de coentro e 3 colheres (sopa) de água no liquidificador. Bata por 15 segundos, acrescentando mais algumas colheres (chá) de água, uma por vez, até formar um purê pedaçudo. Sirva morno.

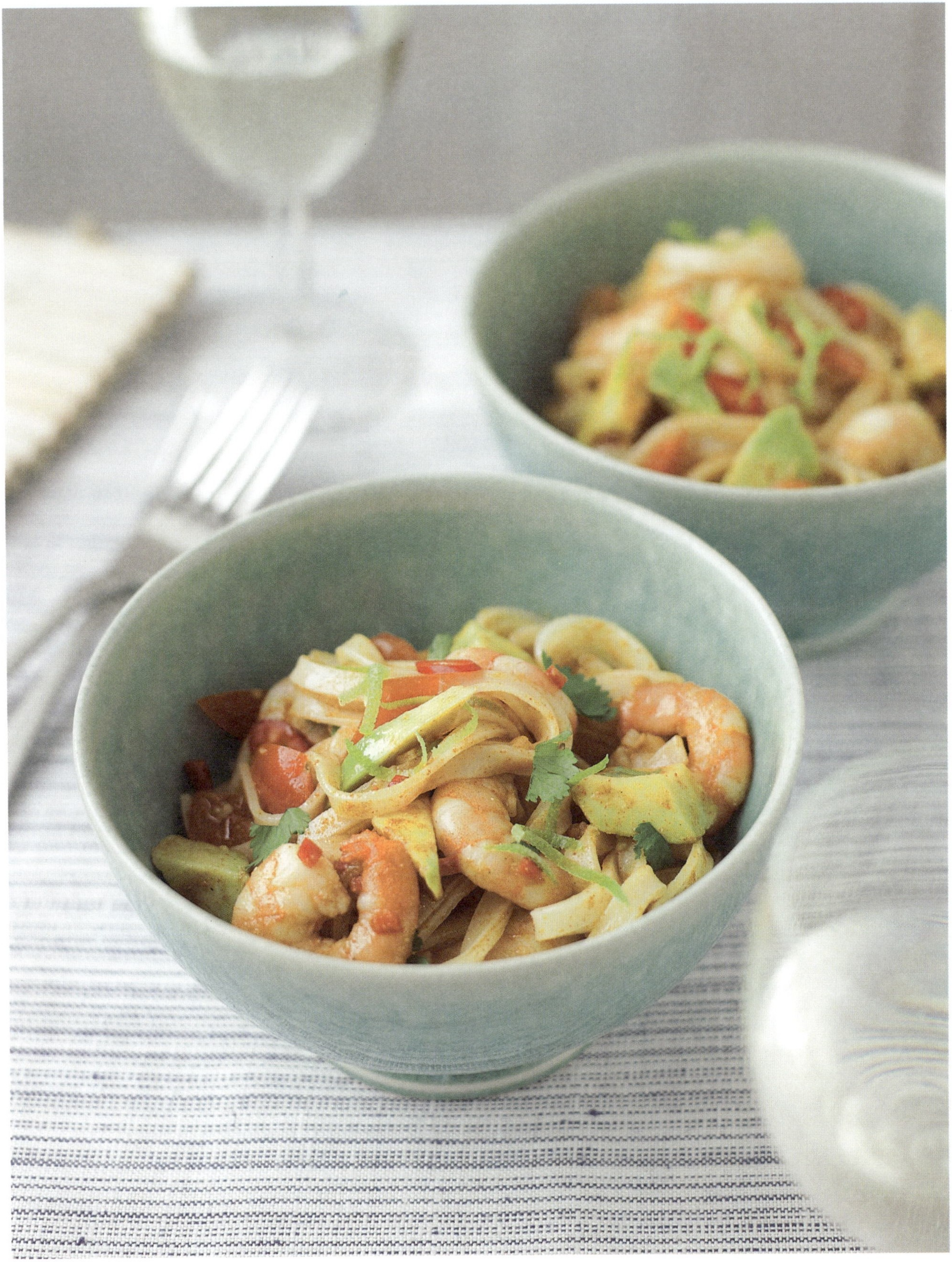

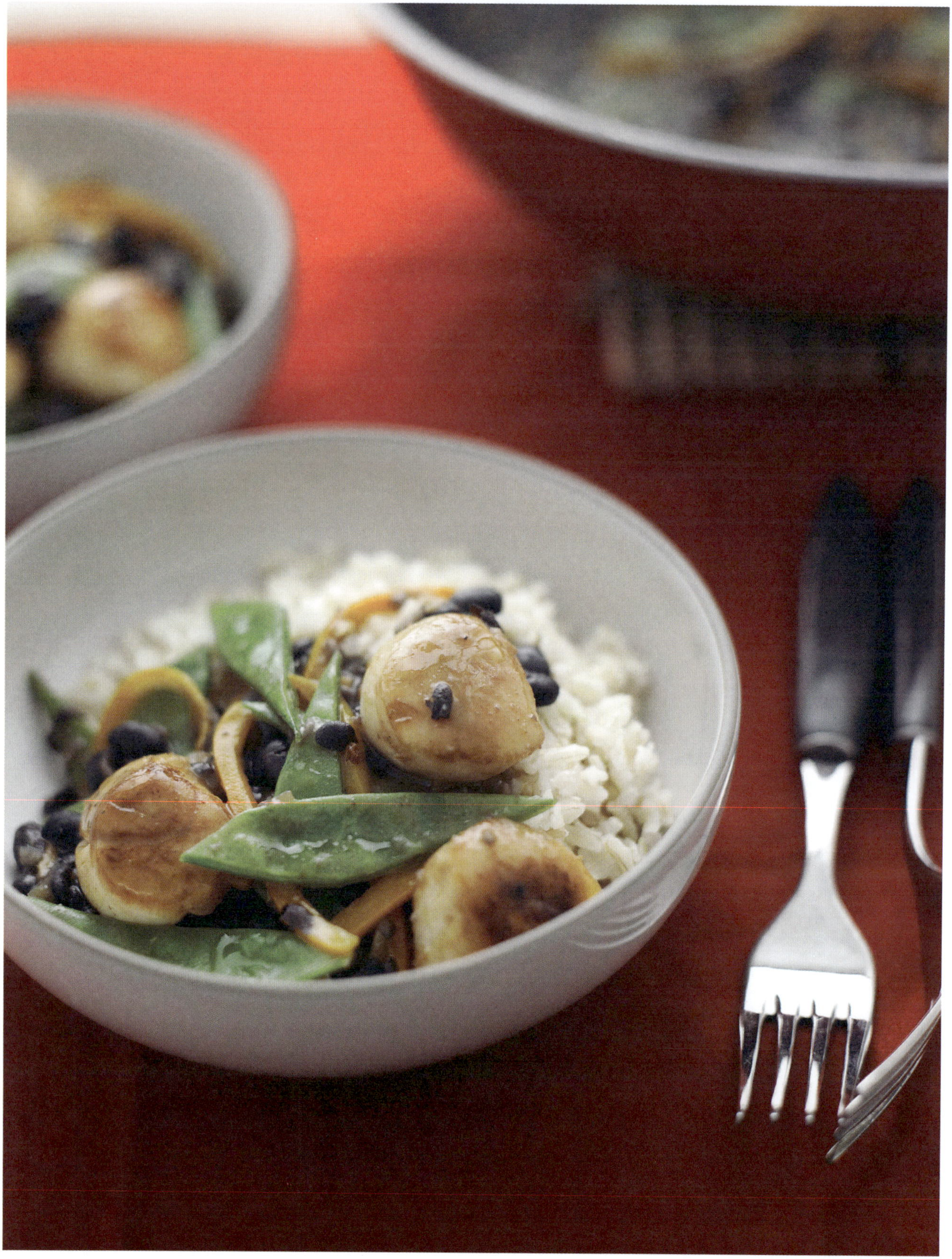

Vieiras com molho picante de feijão-preto

SERVE: 2 adultos, 1 criança e 1 bebê
TEMPO DE PREPARO: 35 minutos, mais 30 minutos para marinar, além de pelo menos 12 horas de molho e 1h40 para cozinhar o feijão-preto (opcional), e pelo menos 7 horas de molho e 40 minutos para cozinhar o arroz integral
TEMPO DE COZIMENTO: 25 minutos
VALIDADE: vieiras, até 1 dia na geladeira; molho e arroz integral, até 3 dias na geladeira.

....

2 colheres (sopa) de óleo de gergelim
350 g de vieiras
1 cebola picada
1 pimentão amarelo cortado ao meio e fatiado
1 receita de feijão-preto cozido (p. 23) ou 135 g/1⅓ de xícara de feijão em conserva escorrido e lavado
½ colher (chá) de sal marinho
225 g de ervilhas-tortas limpas
1 receita de arroz integral cozido ou arroz selvagem cozido (p. 23) para acompanhar

PARA A MARINADA
2 colheres (sopa) de gengibre picado
3 dentes de alho picados
2 colheres (sopa) de molho tamari ou shoyu
1 colher (chá) de óleo de gergelim

PARA O MOLHO
240 ml/1 xícara rasa de caldo de legumes
3 colheres (sopa) de mirin ou saquê

1 Para fazer a marinada, misture todos os ingredientes em uma tigela grande de vidro ou cerâmica. Lave as vieiras e seque-as cuidadosamente com papel toalha. Coloque as vieiras na marinada e mexa até que fiquem totalmente imersas. Cubra e deixe marinar na geladeira por 30 minutos.

2 Para fazer o molho, misture os ingredientes em uma tigela e reserve.

3 Aqueça 1 colher (sopa) do óleo de gergelim em uma frigideira grande, em fogo médio-alto, até ficar quente, mas sem levantar fumaça. Com uma escumadeira, coloque as vieiras na frigideira e reserve a marinada. Frite as vieiras por 4-5 minutos de cada lado até que estejam opacas e firmes. Retire-as da frigideira e transfira para um prato. (6-9) (9-12) Reduza o fogo para médio e aqueça o óleo restante na frigideira. Adicione a cebola e o pimentão e refogue por 5 minutos, mexendo ocasionalmente, até amolecer.

4 Coloque o feijão-preto cozido em uma tigela com o sal. (Adicione a alga, se a utilizar no cozimento.) Amasse grosseiramente o feijão e acrescente-o à frigideira. Em seguida, adicione as ervilhas-tortas, o molho reservado e a marinada. Cozinhe por 5 minutos, até que a ervilha-torta esteja macia. Torne a pôr as vieiras na frigideira e cozinhe por 2 minutos até aquecê-las completamente. Sirva quente, sobre arroz integral cozido.

(6-9) PURÊ DE ARROZ INTEGRAL, FEIJÃO-PRETO E ERVILHA-TORTA
Coloque 4 colheres (sopa) de arroz integral cozido e 135 ml/½ xícara de água fervente em uma panela. Tampe e cozinhe durante 10 minutos em fogo baixo. Adicione 4 ervilhas-tortas e cozinhe por mais 10 minutos, até que estejam totalmente macias. Transfira para o liquidificador e acrescente 2 colheres (sopa) de feijão-preto cozido e 4 colheres (sopa) de água. Bata por 30 segundos, adicionando mais algumas colheres (chá) de água, uma por vez, até ficar homogêneo. Misture 1 colher (chá) de azeite e sirva morno.

(9-12) ARROZ INTEGRAL, FEIJÃO-PRETO, ERVILHA-TORTA E CEBOLA
Coloque 4 colheres (sopa) de arroz integral cozido e 135 ml/½ xícara de água fervente em uma panela. Tampe e cozinhe durante 10 minutos em fogo baixo. Adicione 4 ervilhas-tortas e 1 colher (chá) de cebola e cozinhe por mais 10 minutos, até que estejam completamente macias. Transfira para o liquidificador e adicione 2 colheres (sopa) de feijão-preto cozido e 4 colheres (sopa) de água. Bata durante 15 segundos, adicionando mais algumas colheres (chá) de água, uma por vez, até formar um purê pedaçudo. Misture 1 colher (chá) de azeite e sirva morno.

em volta da mesa

Quiches são ótimas, especialmente quando você não precisa se preocupar com a massa. Nós adoramos o toque de mostarda nesta receita, e trocar o leite ou o creme por iogurte é um hábito excelente. Minha irmã Jan me deu uma versão desta receita quando saí de casa e comecei a cozinhar.

Quiche de brócolis e pecorino

SERVE: 2 adultos, 1 criança e 1 bebê
TEMPO DE PREPARO: 30 minutos
TEMPO DE COZIMENTO: 40 minutos
VALIDADE: até 1 dia na geladeira.

....

manteiga sem sal para untar
6 ovos grandes
350 ml/1½ xícara rasa de iogurte natural
150 g de queijo pecorino ralado
1½ colher (sopa) de mostarda de Dijon
5 colheres (sopa) de farinha de trigo integral
1½ colher (chá) de folhas de tomilho fresco picadas
½ colher (chá) de sal marinho
175 g de brócolis com talos descascados e fatiados, picados em pedaços pequenos
1 cebola picada
salada para acompanhar
macarrão integral de arroz, de quinoa ou de trigo-sarraceno cozido para acompanhar
azeite extravirgem para acompanhar

1 Preaqueça o forno a 180°C e unte uma assadeira de 25 cm com manteiga. Bata ligeiramente os ovos com um batedor manual. (9-12) Adicione o iogurte, o queijo pecorino, a mostarda, a farinha, o tomilho e o sal e bata bem. (6-9) Disponha os brócolis e a cebola no fundo da assadeira e despeje a mistura de ovos por cima.

2 Leve ao forno e asse por 35-40 minutos, até que a quiche esteja cozida, com as bordas douradas. Sirva com salada e macarrão ao azeite.

(6-9) **PURÊ DE MACARRÃO E BRÓCOLIS**
Coloque nove buquês de brócolis em uma panela a vapor. Tampe e cozinhe por 10 minutos, até que fiquem completamente macios. Transfira para o liquidificador e adicione 4 colheres (sopa) de macarrão cozido picado e 3 colheres (sopa) de água. Bata por 30 segundos, adicionando mais algumas colheres (chá) de água, uma por vez, até ficar homogêneo. Sirva morno.

(9-12) **MACARRÃO, BRÓCOLIS E CEBOLA COM IOGURTE**
Coloque seis pedaços de brócolis e 1 colher (chá) de cebola em uma panela a vapor e cozinhe durante 10 minutos, tampada, até que fiquem completamente macios. Transfira para o liquidificador e adicione 4 colheres (sopa) de macarrão cozido picado e 3 colheres (sopa) de água. Bata durante 15 segundos, adicionando mais algumas colheres (chá) de água, uma por vez, até formar um purê pedaçudo. Misture 2 colheres (sopa) de iogurte e sirva morno.

Batata-doce amassada com missô é um dos meus jeitos preferidos de comer batata-doce e outra ótima maneira de usar missô. Esta torta camponesa combina a batata-doce amassada com lentilhas cremosas delicadamente adoçadas com mirin.

Torta camponesa vegetariana

SERVE: 2 adultos, 1 criança e 1 bebê
TEMPO DE PREPARO: 30 minutos, além de pelo menos 7 horas de molho para as lentilhas
TEMPO DE COZIMENTO: 1h30
VALIDADE: até 3 dias na geladeira.

....

1 receita de lentilhas hidratadas (p. 25)
1 tira de alga kombu de 16 x 10 cm picada com tesoura (opcional)
1 tomate picado
1 mandioquinha cortada em quatro e fatiada
1 cenoura cortada em quatro e fatiada
1 alho-poró pequeno cortado em quatro no comprimento e fatiado
6 dentes de alho picados
2 colheres (sopa) de salsinha picada
1 colher (chá) de folhas de tomilho fresco picadas
2 colheres (sopa) de mirin
1 colher (chá) de sal marinho
2 colheres (sopa) de azeite extravirgem e um pouco mais para untar
salada para acompanhar

PARA O PURÊ DE BATATAS COM MISSÔ
2 batatas grandes cortadas em pedaços
1 batata-doce cortada em pedaços
2 colheres (sopa) de missô de qualquer variedade
6 colheres (sopa) de azeite extravirgem

1 (6-9) (9-12) Coloque as lentilhas hidratadas em uma panela grande, adicione 625 ml/2½ xícaras de água e leve ao fogo alto. Ferva por 10 minutos, retirando qualquer espuma da superfície. Abaixe o fogo e adicione a alga, se a estiver usando. Deixe cozinhar por 25 minutos, com a panela tampada. Adicione o tomate, a mandioquinha, a cenoura, o alho-poró, o alho, a salsinha e o tomilho e cozinhe por mais 10 minutos, com a panela ainda tampada. Adicione o mirin, o sal e o azeite e misture bem. Retire do fogo.

2 Preaqueça o forno a 180°C e unte uma assadeira de 20 x 30 cm com azeite. Para fazer o purê, coloque as batatas em uma panela a vapor. Tampe e cozinhe por 20-25 minutos, até ficarem macias. Retire as batatas do vapor e reserve 120 ml/½ xícara da água do cozimento. Dissolva o missô nessa água, adicione as batatas e o azeite e amasse até ficar homogêneo.

3 Despeje a mistura de lentilha na assadeira. Cubra com o purê e alise a superfície com uma espátula. Leve ao forno e asse por 25 minutos ou até borbulhar e dourar. Sirva quente, com salada.

(6-9) PURÊ DE BATATA-DOCE, MANDIOQUINHA E LENTILHA
Coloque seis pedaços de batata-doce, 1 colher (sopa) de mandioquinha, 2 colheres (sopa) de lentilhas hidratadas e 185 ml/¾ de xícara de água em uma panela. Tampe e cozinhe em fogo baixo por 45 minutos até que tudo fique completamente macio. Bata no liquidificador por 30 segundos, adicionando mais algumas colheres (chá) de água, uma por vez, até ficar homogêneo. Misture 1 colher (chá) de azeite e sirva morno.

(9-12) BATATA-DOCE, MANDIOQUINHA, LENTILHA, ALHO-PORÓ, ALHO E SALSINHA
Coloque seis pedaços de batata-doce, 1 colher (sopa) de mandioquinha, 2 colheres (sopa) de lentilhas hidratadas, 1 colher (chá) de alho-poró, um pedaço de alho, uma pitada de salsinha e 185 ml/¾ de xícara de água em uma panela. Tampe e cozinhe em fogo baixo por 45 minutos até que tudo fique completamente macio. Bata no liquidificador por 15 segundos, adicionando mais algumas colheres (chá) de água, uma por vez, até formar um purê pedaçudo. Misture 1 colher (chá) de azeite e sirva morno.

Torta gratinada de polenta com queijo e legumes

SERVE: 2 adultos, 1 criança e 1 bebê
TEMPO DE PREPARO: 30 minutos, mais 10 minutos de descanso
TEMPO DE COZIMENTO: 50 minutos
VALIDADE: até 3 dias na geladeira.

....

- 2 colheres (sopa) de azeite extravirgem e um pouco mais para untar
- 1 batata cortada em cubos
- 2 cebolas picadas
- 5 colheres (sopa) de farinha de trigo integral
- 375 ml/1½ xícara de caldo de legumes
- 125 ml/½ xícara de iogurte natural
- 2 dentes de alho amassados
- 2 colheres (sopa) de salsinha picada
- 1 colher (chá) de folhas de sálvia fresca picadas
- ½ colher (chá) de folhas de tomilho fresco picadas
- 1 pitada de pimenta-de-caiena
- 150 g de aspargos frescos picados
- 2 cenouras cortadas ao meio e fatiadas
- 100 g/⅔ de xícara de ervilhas frescas ou descongeladas
- 90 g/⅔ de xícara de fubá pré-cozido ou farinha de milho para polenta
- 75 g de queijo parmesão ou gruyère ralado
- ½ colher (chá) de sal marinho
- salada para acompanhar

1 Preaqueça o forno a 200°C e unte uma assadeira de 25 cm com azeite. Aqueça o azeite em uma panela grande em fogo médio. **(9-12)** Adicione a batata e as cebolas e polvilhe-as com a farinha. Refogue por 5 minutos, mexendo sempre, até a farinha dourar. Despeje o caldo, em seguida adicione o iogurte, o alho, a salsinha, a sálvia, o tomilho e a pimenta-de-caiena. Cozinhe por 5 minutos, mexendo até o molho engrossar.

2 **(6-9)** Acrescente os aspargos, as cenouras e as ervilhas e misture bem. Despeje a mistura de legumes na assadeira e nivele a superfície com as costas de uma colher de pau.

3 Em outra panela grande de fundo grosso, ferva 435 ml/1¾ xícara de água em fogo alto. Despeje o fubá ou a farinha de milho para polenta, mexendo continuamente com um batedor até ficar homogêneo. Abaixe o fogo e cozinhe por 5 minutos, mexendo com uma colher de pau até a polenta engrossar e ficar viscosa, mas em ponto de creme. Retire do fogo, adicione o queijo e o sal e misture bem.

4 Espalhe a polenta com queijo sobre os legumes na assadeira e nivele a superfície com uma espátula. Faça alguns furinhos com uma faca afiada e leve ao forno por 30-35 minutos, até borbulhar e dourar. Retire do forno e deixe descansar 10 minutos. Sirva quente, com salada.

(6-9) PURÊ DE CENOURA E ERVILHA
Coloque 2½ colheres (sopa) de cenoura em uma panela a vapor, tampe e cozinhe por 10 minutos. Adicione 2½ colheres (sopa) de ervilhas, torne a tampar e cozinhe por mais 10 minutos, até ficarem completamente macias. Bata no liquidificador com 3 colheres (sopa) de água por 30 segundos, adicionando mais algumas colheres (chá) de água, uma por vez, até ficar homogêneo. Sirva morno.

(9-12) POLENTA COM LEGUMES E IOGURTE
Coloque 1 colher (sopa) de cenoura em uma panela a vapor, tampe e cozinhe por 10 minutos. Adicione 1 colher (sopa) de aspargos, 1 de cebola e 1 de ervilhas e cozinhe durante mais 10 minutos até tudo ficar completamente macio. Bata no liquidificador com 2 colheres (sopa) de água por 15 segundos, adicionando mais algumas colheres (chá) de água, uma por vez, até formar um purê pedaçudo. Misture 2 colheres (sopa) de iogurte e sirva morno, com 2 colheres (sopa) de polenta cozida (sem queijo ou sal).

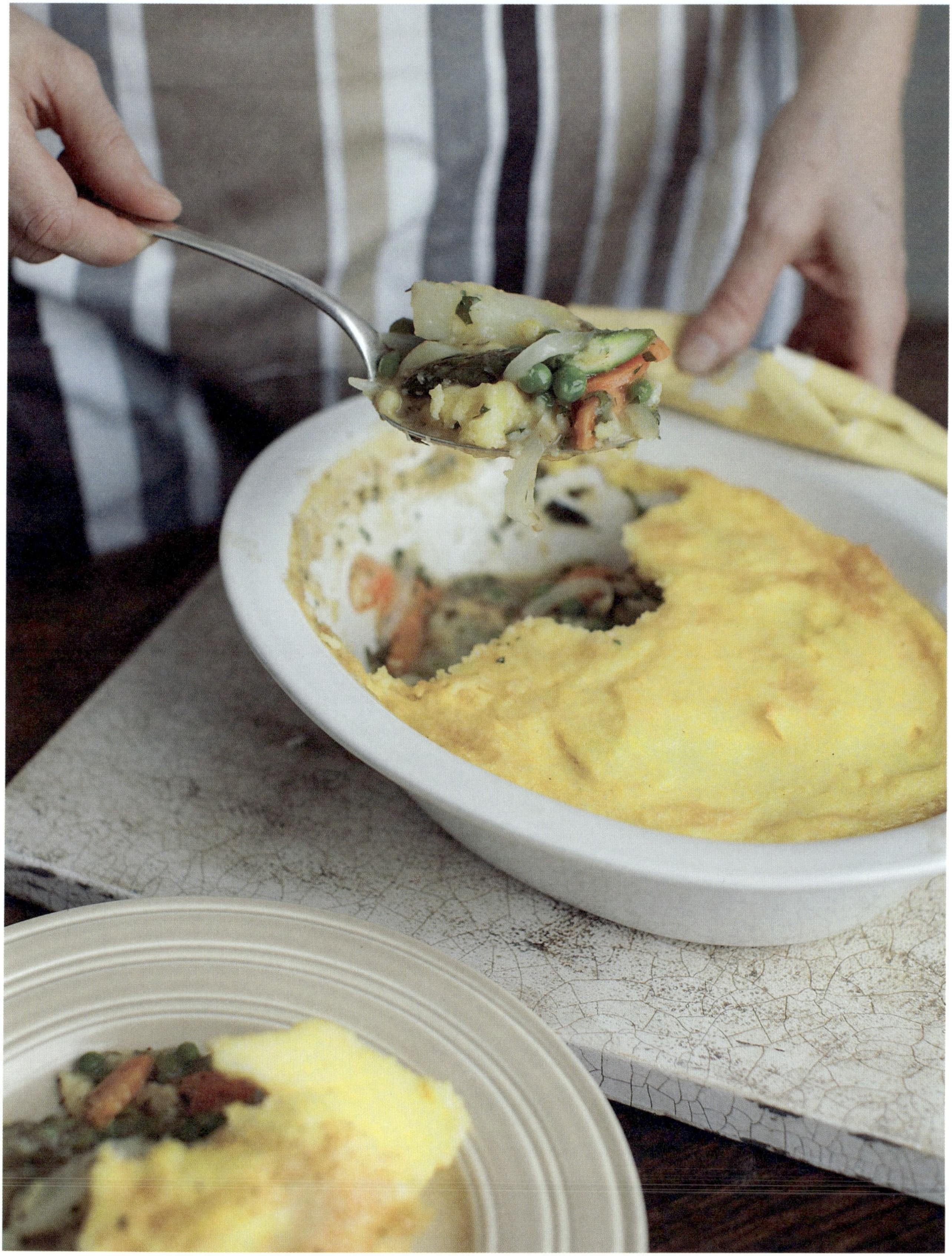

Nós amamos quesadilla, e esta é uma versão diferente. Não é fechada com uma tortilha, então você pode empilhar coberturas deliciosas na tortilha aberta. Fica gostosa fresca ou quente – ou no dia seguinte, sem os recheios, na lancheira do seu filho.

Quesadilla aberta com vinagrete

SERVE: 2 adultos, 1 criança e 1 bebê
TEMPO DE PREPARO: 25 minutos, mais pelo menos 12 horas de molho e 1h40 para cozinhar o feijão (opcional)
TEMPO DE COZIMENTO: 30 minutos
VALIDADE: até 3 dias na geladeira.

....

1 receita de feijão-rajado cozido (p. 25) ou 600 g/3 xícaras de feijão em conserva escorrido e lavado
1 colher (chá) de sal marinho
200 g/1⅓ de xícara de milho descongelado
6 tortilhas integrais
180 g de queijo parmesão ralado
1 abacate pequeno picado

PARA O VINAGRETE
3 tomates picados
1 cebola roxa pequena picada
1-1½ pimenta jalapeña ou dedo-de-moça cortada ao meio, sem sementes, picada
1 colher (sopa) de suco de limão
1 dente de alho amassado
¼ de colher (chá) de sal marinho

1 (6-9) (9-12) Misture o feijão cozido e o sal e reserve.

2 Coloque o milho em uma panela a vapor, tampe e cozinhe por 3-4 minutos, até ficar macio.

3 Para fazer o vinagrete, misture bem todos os ingredientes.

4 Aqueça uma frigideira grande de fundo grosso em fogo médio-baixo até ficar bem quente. Coloque uma tortilha na frigideira e polvilhe com 30 g de parmesão. Adicione 100 g/½ xícara de feijão cozido. Cozinhe por 3-4 minutos até o fundo da tortilha dourar e o queijo derreter. Com uma espátula grande, transfira a tortilha para um prato. Acrescente o milho, o abacate e o vinagrete e corte em fatias. Repita com as tortilhas restantes e sirva ainda morno.

(6-9) PURÊ DE FEIJÃO-RAJADO E ABACATE
Coloque 2 colheres (sopa) de feijão cozido e seis pedaços de abacate no liquidificador. Bata por 30 segundos, acrescentando mais algumas colheres (chá) de água, uma por vez, até ficar homogêneo. Sirva morno.

(9-12) FEIJÃO-RAJADO, ABACATE, CEBOLA E ALHO
Coloque 1 colher (chá) de cebola, uma pitada de alho e 1 colher (sopa) de água fervente em uma frigideira e cozinhe em fogo médio-alto por 3-4 minutos, até que estejam completamente macios. Transfira para o liquidificador e acrescente 2 colheres (sopa) de feijão cozido e seis pedaços de abacate. Bata durante 15 segundos, adicionando mais algumas colheres (chá) de água, uma por vez, até formar um purê pedaçudo. Sirva morno.

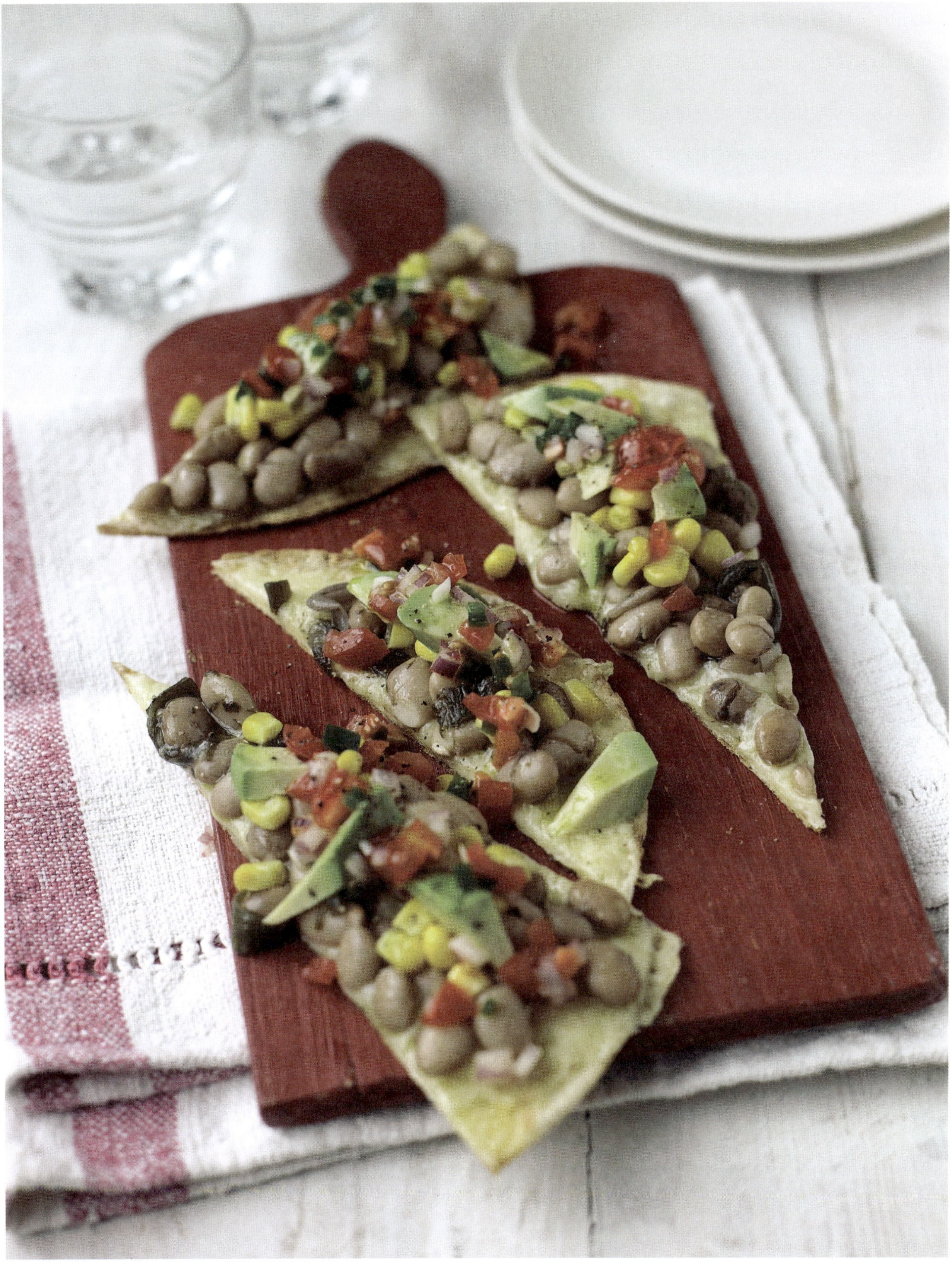

Esta receita é simplesmente um sonho. É uma bela refeição de inverno, quente e substanciosa, com as lentilhas cremosas e macias em cima das batatas temperadas com molho e azeite extravirgem.

Lentilha cremosa com purê de batata

SERVE: 2 adultos, 1 criança e 1 bebê
TEMPO DE PREPARO: 25 minutos, além de pelo menos 7 horas de molho para as lentilhas
TEMPO DE COZIMENTO: 1 hora
VALIDADE: até 3 dias na geladeira

....

- 1 receita de lentilhas puy ou comuns hidratadas (p. 25)
- 2 cenouras fatiadas
- 1 tira de alga kombu de cerca de 16 x 10 cm (opcional)
- 120 ml/½ xícara de azeite extravirgem e um pouco mais para servir
- 1 cebola picada
- 6 dentes de alho picados
- 100 g de espinafre fresco ou descongelado picado
- 2 colheres (chá) de sal marinho
- 500 g de batatas cortadas em cubos
- 500 g de batatas-doces cortadas em cubos
- 3 colheres (sopa) de molho inglês

1 Coloque as lentilhas, as cenouras e 800 ml/3½ xícaras de água em uma panela grande. Leve ao fogo alto até ferver, retirando qualquer espuma da superfície. Abaixe o fogo e adicione a alga kombu, se a estiver usando. Cozinhe por 45 minutos, com a panela tampada. Retire a alga da panela, pique e reserve. (6-9) (9-12)

2 Aqueça 2 colheres (sopa) do azeite em uma frigideira grande de fundo grosso em fogo médio. Adicione a cebola e o alho e refogue por 5 minutos, até começar a dourar. Junte a cebola, o alho e o espinafre às lentilhas e cozinhe por mais 10 minutos, com a panela tampada. Acrescente a alga picada, 1½ colher (chá) de sal e misture bem.

3 Enquanto isso, coloque as batatas em uma panela a vapor. Tampe e cozinhe por 15 minutos, até que estejam completamente macias. Retire do fogo, transfira para uma tigela grande e amasse até ficar homogêneo. Adicione o molho inglês, o restante do azeite e do sal e misture bem. Sirva as lentilhas quentes sobre o purê de batatas com um fio de azeite.

(6-9)

PURÊ DE LENTILHA, CENOURA E BATATA-DOCE
Coloque 3 colheres (sopa) de lentilhas e cenouras cozidas, 2 colheres (sopa) de batata-doce cozida no vapor e 3 colheres (sopa) de água no liquidificador. Bata por 30 segundos, adicionando mais algumas colheres (chá) de água, uma por vez, até ficar homogêneo. Misture 1 colher (chá) de azeite e sirva morno.

(9-12)

GUISADO DE LENTILHA, CENOURA, BATATA-DOCE, CEBOLA E ALHO
Coloque 5 colheres (sopa) de lentilhas puy e cenouras cozidas, 2 colheres (sopa) de batata-doce cozida no vapor, 1 colher (chá) da mistura de cebola e alho cozida e 3 colheres (sopa) de água no liquidificador. Bata por 15 segundos, adicionando mais algumas colheres (chá) de água, uma por vez, até formar um purê pedaçudo. Misture 1 colher (chá) de azeite e sirva morno.

Quando minha irmã e meus sobrinhos chegaram em julho passado para uma visita de um mês, eu os recebi com esta receita. Todos comeram tão rápido que eu mal dei conta de fazer mais na cozinha. Os bolinhos são crocantes e ficam deliciosos com o molho de iogurte.

Bolinho de lentilha com molho de iogurte

RENDIMENTO: 12 unidades
TEMPO DE PREPARO: 35 minutos, além de pelo menos 12 horas de molho e 30 minutos para cozinhar a lentilha
TEMPO DE COZIMENTO: 30 minutos
VALIDADE: até 3 dias na geladeira.

....

2 ovos grandes
2 colheres (chá) de sal marinho
1 pitada de pimenta-de-caiena
3 colheres (sopa) de salsinha picada
3 colheres (sopa) de suco de limão
3 dentes de alho amassados
1 mandioquinha ou cenoura pequena ralada
1 cebola pequena picada
70-75 g de espinafre congelado picado
2-3 colheres (sopa) de farinha de trigo integral e um pouco mais para polvilhar
50 g/½ xícara de aveia em flocos
1 receita de lentilhas cozidas (p. 25)
4 colheres (sopa) de azeite extravirgem e um pouco mais para servir
macarrão cozido de qualquer tipo e qualquer formato para acompanhar

PARA O MOLHO DE IOGURTE
240 ml/1 xícara rasa de iogurte natural
2 colheres (sopa) de molho inglês
2 colheres (sopa) de suco de limão

1 Bata ligeiramente os ovos com um batedor manual. **(6-9) (9-12)** Adicione o sal, a pimenta-de-caiena, a salsinha, o suco de limão, o alho, a mandioquinha, a cebola, o espinafre, a farinha de trigo e a aveia e misture bem. Junte as lentilhas cozidas e mexa.

2 Para fazer o molho, misture bem todos os ingredientes.

3 Aqueça 2 colheres (sopa) do azeite em uma frigideira grande de fundo grosso em fogo médio-baixo. Coloque uma colher da massa de vegetais na mão e molde em forma de bolinho. Eles devem ser tratados com delicadeza; não vão ficar muito firmes na mão, mas adquirem consistência na frigideira. Coloque alguns bolinhos na frigideira e deixe que fritem por 5 minutos de cada lado, até que fiquem crocantes e dourados. Repita com a massa restante, colocando azeite na frigideira conforme necessário. Sirva quente, com o molho de iogurte e macarrão temperado com azeite.

(6-9) PURÊ DE LENTILHA E MANDIOQUINHA
Coloque 4 colheres (sopa) de lentilhas cozidas, 1 colher (sopa) de mandioquinha e 3 colheres (sopa) de água no liquidificador. Bata por 30 segundos, adicionando mais algumas colheres (chá) de água, uma por vez, até ficar homogêneo. Misture 1 colher (chá) de azeite e sirva morno.

(9-12) IOGURTE, LENTILHA, MANDIOQUINHA E SALSINHA
Coloque 2 colheres (sopa) de iogurte, 2 colheres (sopa) de lentilhas cozidas, 1 colher (sopa) de mandioquinha, uma pitada de salsinha e 2 colheres (sopa) de água no liquidificador. Bata durante 15 segundos, acrescentando mais algumas colheres (chá) de água, uma por vez, até formar um purê pedaçudo. Misture 1 colher (chá) de azeite e sirva morno.

em volta da mesa

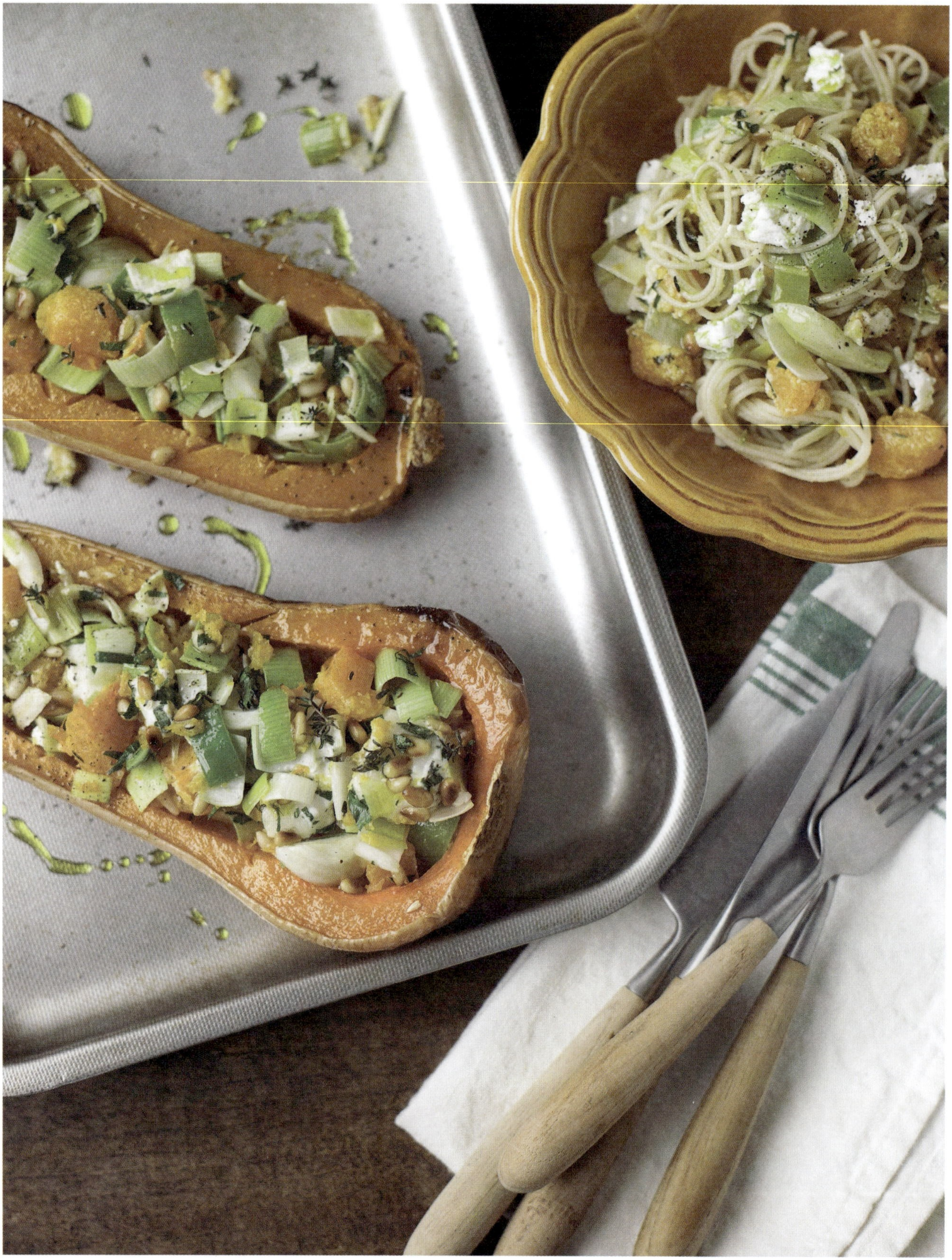

Esta foi a primeira receita de abóbora recheada que eu fiz, e é um enorme sucesso. Os sabores são perfeitamente equilibrados e o prato é saudável e bonito. Saboreie no fim de semana ou sirva em ocasiões festivas.

Abóbora recheada assada

SERVE: 2 adultos, 1 criança e 1 bebê
TEMPO DE PREPARO: 30 minutos
TEMPO DE COZIMENTO: 1h10
VALIDADE: até 3 dias na geladeira.

....

50 g/⅓ xícara de pinholes ou nozes picadas
1 abóbora-paulista cortada ao meio, sem sementes
120 g de queijo de cabra em pedacinhos
1 bulbo de erva-doce em cubos
1 alho-poró cortado em quatro no comprimento e fatiado
1 dente de alho amassado
2 colheres (sopa) de salsinha picada
½ colher (chá) de folhas de tomilho fresco picadas
120 ml/½ xícara de azeite extravirgem
1 colher (chá) de sal marinho
300 g de macarrão integral de arroz, quinoa ou trigo-sarraceno, de qualquer formato
salada de abacate para acompanhar

1 Preaqueça o forno em temperatura alta. Ponha os pinholes em uma assadeira e toste-os por 3-4 minutos, até que dourem. Ou leve-os ao fogo em uma frigideira de fundo grosso, mexendo por 2-3 minutos, até que dourem.

2 Preaqueça o forno a 200°C. Coloque a abóbora em uma assadeira e leve ao forno por 30 minutos, até que o miolo esteja macio o suficiente para escavar. **(9-12)** Enquanto isso, misture os pinholes torrados, o queijo de cabra, a erva-doce, o alho-poró, o alho, a salsinha, o tomilho, 2 colheres (sopa) do azeite e ½ colher (chá) de sal em uma tigela grande. **(6-9)** Retire a abóbora do forno e extraia o miolo com uma colher, deixando 1 cm junto à casca. Pique o miolo da abóbora grosseiramente, junte à mistura de pinholes e mexa bem.

3 Recheie as metades da abóbora com a mistura e coloque-as novamente na assadeira. Ponha as sobras do recheio numa assadeira pequena. Leve ao forno e asse por 30-35 minutos, até que a superfície da abóbora comece a dourar e os legumes estejam macios.

4 Enquanto isso, cozinhe o macarrão em bastante água fervente, seguindo as instruções do pacote. Escorra o macarrão e tempere-o com azeite e sal. Junte as sobras do recheio ao macarrão cozido e misture bem. Sirva quente, com a abóbora recheada e a salada de abacate.

(6-9)

PURÊ DE ABÓBORA ASSADA, ABACATE E MACARRÃO
Coloque 2 colheres (sopa) de miolo de abóbora e 1 colher (sopa) de água em um ramequim e asse como descrito acima por 30 minutos, até ficar totalmente macio. Transfira para o liquidificador e acrescente 2 colheres (sopa) de macarrão cozido picado (sem sal e óleo), 2 colheres (sopa) de abacate e 3 colheres (sopa) de água. Bata durante 30 segundos, adicionando mais algumas colheres (chá) de água, uma por vez, até ficar homogêneo. Sirva morno.

(9-12)

MACARRÃO COM ABÓBORA ASSADA, ABACATE E LEGUMES
Coloque 1 colher (sopa) de miolo de abóbora, dois pedaços de erva-doce, 1 colher (sopa) de alho-poró e 1 colher (sopa) de água em um ramequim e asse por 30 minutos, até que amacie. Leve ao liquidificador e junte 2 colheres (sopa) de macarrão cozido picado (sem sal e óleo), 2 colheres (sopa) de abacate e 3 colheres (sopa) de água. Bata por 15 segundos, acrescentando mais algumas colheres (chá) de água, uma por vez, até formar um purê pedaçudo. Sirva morno.

Esta é uma ótima receita para quando você está sem pique, e pode ser feita com couve em vez de espinafre. Prepare rapidamente e se aconchegue no sofá com sua família, enquanto o macarrão assa brandamente no forno.

Macarrão de forno com espinafre e ricota

SERVE: 2 adultos, 1 criança e 1 bebê
TEMPO DE PREPARO: 15 minutos
TEMPO DE COZIMENTO: 35 minutos
VALIDADE: até 3 dias na geladeira.

....

300 g de macarrão integral de arroz, quinoa ou trigo-sarraceno de qualquer formato

30 g de manteiga sem sal, mais manteiga para untar

1 cebola picada

250 g de espinafre fresco ou descongelado picado

225 g de ricota cremosa

1 colher (chá) de folhas de alecrim fresco picado

½ colher (chá) de folhas de tomilho fresco picadas

4 colheres (sopa) de azeite extravirgem

1¾ colher (chá) de sal marinho

300 g de coração de alcachofra em conserva (em água ou óleo) escorrido e picado

1 Preaqueça o forno a 180°C e unte uma assadeira grande com manteiga. Cozinhe o macarrão em bastante água fervente por metade do tempo informado nas instruções da embalagem. (6-9) (9-12) Escorra bem e reserve.

2 Enquanto isso, derreta a manteiga em uma frigideira grande, de fundo grosso, em fogo médio. Adicione a cebola e cozinhe por 5 minutos, mexendo ocasionalmente, até começar a dourar. Retire do fogo e misture o macarrão, o espinafre, a ricota, o alecrim, o tomilho, o azeite, o sal e 290 ml/1 xícara + 2 colheres (sopa) de água. Misture até a ricota se incorporar aos ingredientes.

3 Espalhe as alcachofras no fundo da assadeira, cubra com a mistura de espinafre e macarrão e alise a superfície com uma espátula. Leve ao forno e asse por 30 minutos, até borbulhar e começar a dourar. Sirva quente.

(6-9) PURÊ DE ALCACHOFRA E MACARRÃO
Deixe 3 colheres (sopa) de macarrão cozinhando pelo tempo informado na embalagem. Escorra bem e pique. Transfira para o liquidificador e adicione seis pedaços de alcachofra e 3 colheres (sopa) de água. Bata por 30 segundos, acrescentando mais algumas colheres (chá) de água, uma por vez, até ficar homogêneo. Misture 1 colher (chá) de azeite e sirva morno.

(9-12) MACARRÃO COM ALCACHOFRA FRITO NA MANTEIGA
Deixe 3 colheres (sopa) de macarrão cozinhando pelo tempo informado na embalagem. Escorra bem e pique. Derreta 1 colher (chá) de manteiga em uma frigideira de fundo grosso. Junte o macarrão, seis pedaços de alcachofra e 1 colher (chá) de cebola e cozinhe por 10 minutos, até que a cebola esteja macia. Bata no liquidificador com 3 colheres (sopa) de água por 15 segundos, adicionando mais algumas colheres (chá) de água, uma por vez, até formar um purê pedaçudo. Sirva morno.

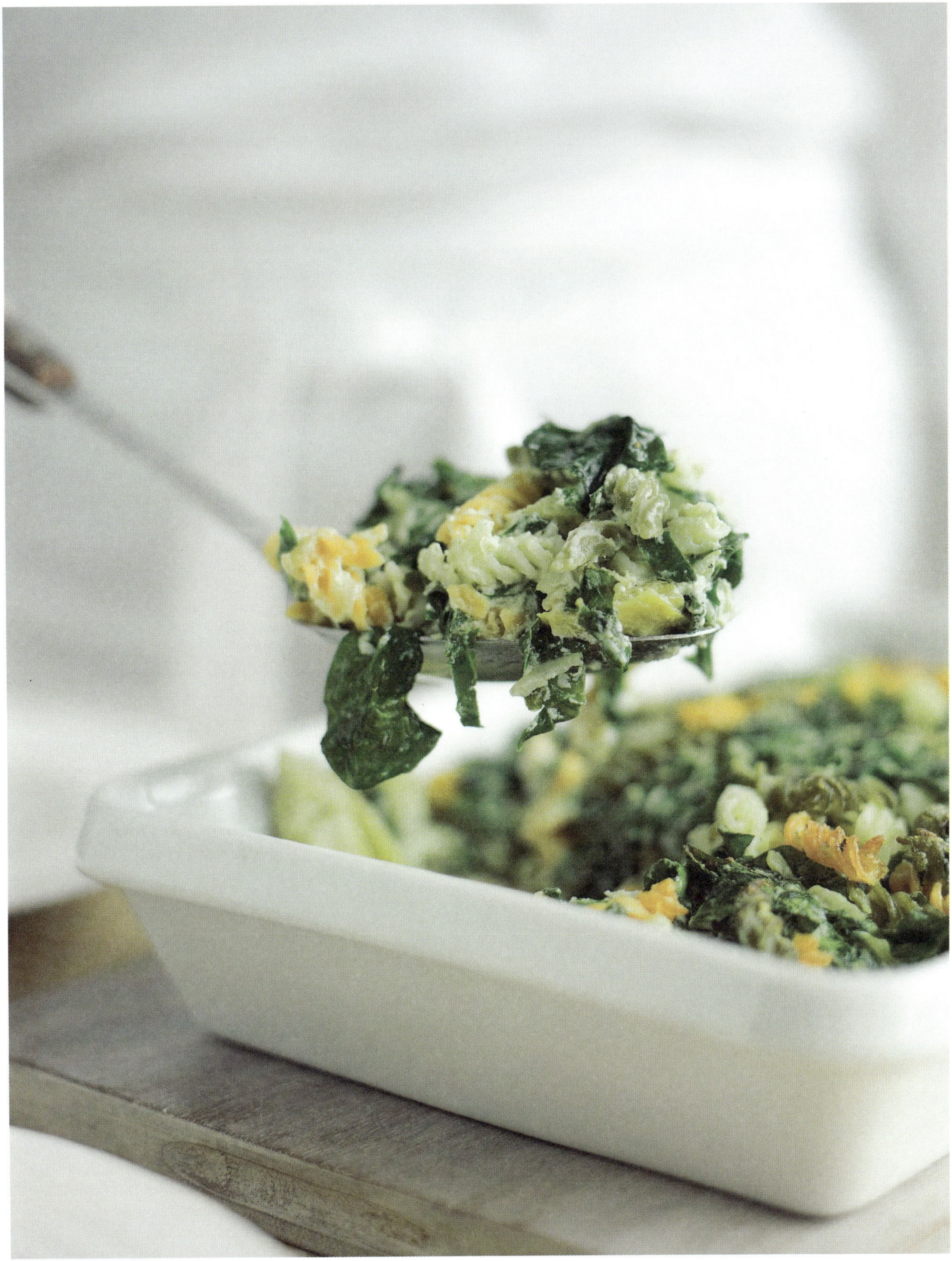

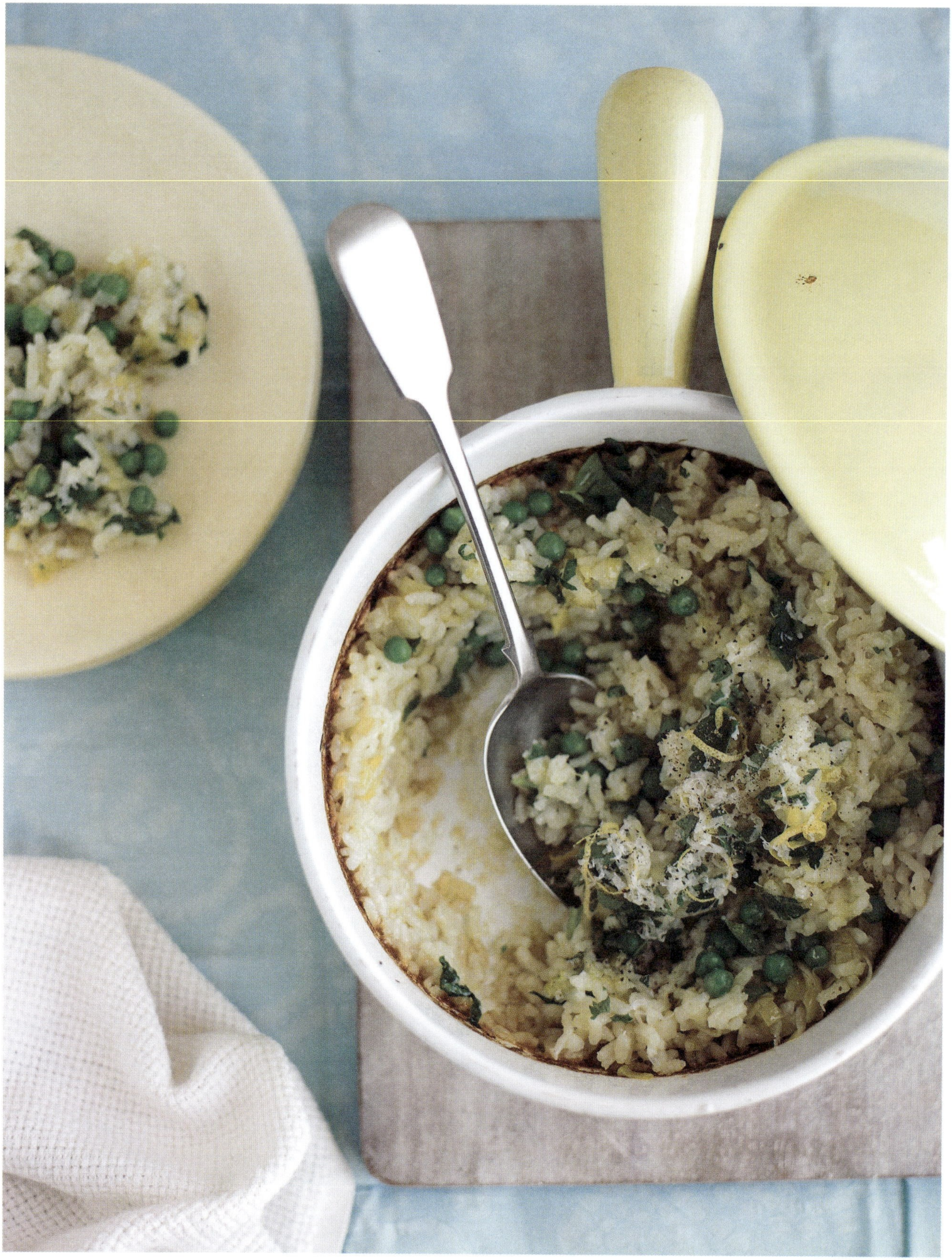

Este é meu novo amor em vez do risoto. O sabor é absolutamente maravilhoso e eu não tenho que ficar no fogão. As ervilhas, que as crianças costumam adorar porque são uma delícia para comer com as mãos, são doces e cheias de nutrientes, como antioxidantes.

Arroz de forno com ervilha e limão-siciliano

SERVE: 2 adultos, 1 criança e 1 bebê
TEMPO DE PREPARO: 20 minutos, além de pelo menos 7 horas de molho
TEMPO DE COZIMENTO: 45 minutos
VALIDADE: até 3 dias na geladeira.

....

200 g/1 xícara de arroz arbório integral
1 colher (sopa) de iogurte natural ou kefir para demolhar
4 colheres (sopa) de azeite extravirgem
1 alho-poró cortado em quatro no comprimento e fatiado
raspas da casca de 1 limão-siciliano
500 ml/2 xícaras de caldo de legumes
120 g/¾ de xícara de ervilhas frescas ou descongeladas
4 colheres (sopa) de salsinha picada
50 g de queijo parmesão ralado
2 colheres (sopa) de suco de limão-siciliano

1 Coloque o arroz e o iogurte em uma tigela grande e cubra generosamente com água morna. Tampe e deixe de molho por 7 horas ou durante a noite em temperatura ambiente. Escorra bem. (6-9) (9-12)

2 Preaqueça o forno a 200°C. Despeje o azeite em uma caçarola grande que possa ir ao forno. Aqueça outra panela em fogo médio-alto até ficar bem quente. Coloque o arroz escorrido na panela e cozinhe, mexendo continuamente, durante 5 minutos ou até secar. Transfira o arroz para a caçarola e mexa bem, para que fique completamente envolto no azeite. Misture o alho-poró e ¾ das raspas de limão, em seguida despeje o caldo e mexa bem. Leve ao forno e asse por 35-40 minutos, até que o arroz esteja ligeiramente al dente e sobre pouco caldo na caçarola.

3 Retire a caçarola do forno e misture as ervilhas, 3 colheres (sopa) da salsinha, ¾ do queijo parmesão e o suco de limão. Sirva quente, polvilhado com as raspas de limão-siciliano, a salsinha e o parmesão restantes.

(6-9) PURÊ DE ARROZ E ERVILHA
Coloque 4 colheres (sopa) de arroz escorrido em uma panela. Tampe, adicione 375 ml/1½ xícara de água fervente e cozinhe por 50 minutos em fogo baixo. Acrescente 2 colheres (sopa) de ervilhas, torne a tampar e cozinhe por mais 10 minutos, até que estejam completamente macias. Bata no liquidificador com 3 colheres (sopa) de água por 30 segundos, adicionando mais algumas colheres (chá) de água, uma por vez, até ficar homogêneo. Misture 1 colher (chá) de azeite e sirva morno.

(9-12) ARROZ ARBÓRIO COM ERVILHA, ALHO-PORÓ E SALSINHA
Coloque 4 colheres (sopa) de arroz escorrido em uma panela. Tampe, adicione 375 ml/1½ xícara de água fervente e cozinhe por 50 minutos em fogo baixo. Acrescente 2 colheres (sopa) de ervilhas, 1 colher (sopa) de alho-poró e 1 colher (chá) de salsinha, tampe e cozinhe por mais 10 minutos, até que esteja totalmente macio. Bata no liquidificador com 3 colheres (sopa) de água por 15 segundos, adicionando mais algumas colheres (chá) de água, uma por vez, até formar um purê pedaçudo. Misture 1 colher (chá) de azeite e sirva morno.

em volta da mesa

Um bom jeito de apresentar outros grãos além do arroz à sua cozinha e aos seus filhos é usá-los em recheios com eles. Basta tirar o miolo da abobrinha crua e preenchê-la com esta mistura crocante e saborosa de quinoa, parmesão e sementes torradas no molho tamari.

Abobrinha assada com sementes torradas

SERVE: 2 adultos, 1 criança e 1 bebê
TEMPO DE PREPARO: 25 minutos, além de pelo menos 7 horas de molho e 20 minutos para cozinhar a quinoa
TEMPO DE COZIMENTO: 30 minutos
VALIDADE: até 3 dias na geladeira.

....

1 colher (sopa) de azeite extravirgem e um pouco mais para untar
10 g de alga arame (opcional)
2 colheres (sopa) de sementes de girassol
2 colheres (sopa) de sementes de abóbora
1 colher (sopa) de sementes de gergelim
1 colher (chá) de molho tamari ou shoyu
1 pitada de pimenta-de-caiena
4 abobrinhas cortadas ao meio
1 ovo
½ receita de quinoa, painço ou arroz integral cozido (p. 22)
2½ colheres (sopa) de iogurte natural
30 g de queijo parmesão ralado
½ colher (chá) de sal marinho

1 Preaqueça o forno a 200°C e unte uma assadeira grande com azeite. Com a ponta dos dedos, triture a alga arame em uma tigela pequena, se a estiver usando. Adicione 4 colheres (sopa) de água fervente e deixe de molho por 10 minutos. Misture as sementes, o molho tamari e a pimenta-de-caiena em uma tigela pequena.

2 Com uma colher, retire o miolo das metades das abobrinhas, deixando 1 cm junto à casca; em seguida pique grosseiramente o miolo. Reserve-o para o purê das crianças. (6-9) (9-12) Bata ligeiramente o ovo com um batedor manual. Adicione a alga, se a estiver usando, a quinoa, o azeite, o iogurte, o parmesão e o sal e misture bem. Recheie as metades das abobrinhas com essa mistura e polvilhe-as com as sementes. Coloque as metades das abobrinhas na assadeira, leve ao forno e asse por 30 minutos, até que estejam macias e douradas. Sirva quente.

(6-9) PURÊ DE QUINOA E ABOBRINHA

Coloque 4 colheres (sopa) de quinoa cozida e 135 ml/½ xícara de água fervente em uma panela. Tampe e cozinhe por 20 minutos em fogo baixo, até que esteja totalmente macia. Coloque 3 colheres (sopa) de miolo de abobrinha em uma panela a vapor, tampe e cozinhe durante 10 minutos, até que esteja totalmente macio. Bata no liquidificador com 3 colheres (sopa) de água e a quinoa cozida por 30 segundos, adicionando mais algumas colheres (chá) de água, uma por vez, até ficar homogêneo. Misture 1 colher (chá) de azeite e sirva morno.

(9-12) QUINOA, ABOBRINHA E IOGURTE

Coloque 4 colheres (sopa) de quinoa cozida e 135 ml/½ xícara de água fervente em uma panela. Tampe e cozinhe em fogo baixo durante 20 minutos, até que esteja totalmente macia. Coloque 3 colheres (sopa) de miolo de abobrinha em uma panela a vapor, tampe e cozinhe durante 10 minutos, até que esteja macio. Transfira para o liquidificador e junte a quinoa cozida, 2 colheres (sopa) de iogurte e 2 colheres (sopa) de água. Bata por 15 segundos, acrescentando mais algumas colheres (chá) de água, uma por vez, até formar um purê pedaçudo. Sirva morno.

Esta receita fica supercremosa com o feta derretido. Tudo se harmoniza tanto que fica difícil dizer que se trata de painço. Os assados são outra maneira fácil de experimentar um grão que não seja arroz.

Assado de painço e moyashi

SERVE: 2 adultos, 1 criança e 1 bebê
TEMPO DE PREPARO: 30 minutos, mais pelo menos 12 horas de molho e 55 minutos para cozinhar o feijão moyashi (opcional), e pelo menos 7 horas de molho e 20 minutos para cozinhar o painço
TEMPO DE COZIMENTO: 30 minutos
VALIDADE: até 3 dias na geladeira.

....

4 colheres (sopa) de azeite extravirgem, mais azeite para untar
100 g de brócolis cortados em buquês pequenos
100 g/⅔ de xícara de ervilhas frescas ou descongeladas
1 alho-poró cortado em quatro no comprimento e fatiado
200 g de queijo feta cortado em cubos
2 colheres (sopa) de molho inglês
1 colher (chá) de sal marinho
1 receita de broto de feijão (moyashi) cozido (p. 24) ou 360 g/2 xícaras de feijão de lata escorrido e lavado
1 receita de painço cozido (p. 22)
40 g de manteiga sem sal
60 g/⅔ de xícara de pão integral moído
salada para acompanhar

1 Preaqueça o forno a 200°C e unte uma assadeira grande com azeite. (6-9) (9-12) Em uma tigela grande, misture o azeite, os brócolis, as ervilhas, o alho-poró, o queijo feta, o molho inglês, o sal e 125 ml/½ xícara de água. Junte o moyashi e o painço e misture bem. (Pique a alga kombu e adicione-a, se a estiver usando no cozimento.) Coloque a mistura na assadeira e alise com as costas de uma colher de pau.

2 Derreta a manteiga em uma panela em fogo baixo e retire-a do fogo. Adicione o pão moído e misture bem. Polvilhe essa mistura por cima do painço e do moyashi e leve ao forno por 25-30 minutos, até borbulhar e dourar levemente. Sirva quente, com salada.

(6-9) PURÊ DE PAINÇO, MOYASHI, BRÓCOLIS E ERVILHA
Pique três buquês de brócolis e coloque-os com 2 colheres (sopa) de painço cozido, 1 colher (sopa) de moyashi cozido, 1 colher (sopa) de ervilhas e 3 colheres (sopa) de água em um ramequim. Asse como descrito acima por 20 minutos, até que os legumes estejam completamente macios. Bata no liquidificador por 30 segundos, adicionando algumas colheres (chá) de água, uma por vez, até ficar homogêneo. Misture 1 colher (chá) de azeite e sirva morno.

(9-12) ASSADO DE PAINÇO, MOYASHI, BRÓCOLIS, ERVILHAS E ALHO-PORÓ
Pique três buquês de brócolis e 1 colher (chá) de alho-poró e coloque-os com 2 colheres (sopa) de painço cozido, 1 colher (sopa) de moyashi cozido, 1 colher (sopa) de ervilhas e 3 colheres (sopa) de água em um ramequim. Asse como descrito acima por 20 minutos, até que os legumes estejam completamente macios. Bata no liquidificador por 15 segundos, adicionando algumas colheres (chá) de água, uma por vez, até formar um purê pedaçudo. Misture 1 colher (chá) de azeite e sirva morno.

em volta da mesa

Eu amo a ideia de fazer lasanha, mas não sou muito fã de molho bechamel e prefiro não fazer molho de tomate, porque a lasanha já leva bastante tempo. Esta é a primeira receita que criei para o livro, com a ajuda de minha amiga Anita. Reunimos alguns dos meus ingredientes favoritos e montamos este prato maravilhoso.

Lasanha de legumes assados

SERVE: 4 adultos e 4 crianças
TEMPO DE PREPARO: 1 hora
TEMPO DE COZIMENTO: 1h10
VALIDADE: até 3 dias na geladeira.

....

- 135 ml/½ xícara generosa de azeite e um pouco mais para untar
- 1 kg de tomates cortados em fatias grossas
- 3 colheres (sopa) de salsinha picada
- 1 colher (sopa) de folhas de orégano picadas ou 1 colher (chá) de orégano seco
- 1 colher (chá) de folhas de tomilho fresco picadas ou 1 colher (chá) de tomilho seco
- 300 g de corações de alcachofra em conserva (em água ou óleo) escorridos e lavados, cortados em fatias finas
- 1 pimentão amarelo pequeno cortado em fatias finas
- 2 cebolas roxas cortadas ao meio e em fatias finas
- 1 abobrinha pequena cortada em fatias finas
- 1 colher (chá) de sal marinho
- 9 folhas de lasanha de trigo integral
- 500 g de muçarela de búfala em bolas escorrida e fatiada
- 115 g/¾ de xícara de alcaparras em conserva escorridas e lavadas
- 150 g de azeitonas pretas picadas
- 4 dentes de alho em fatias finas
- 55 g/1 xícara de queijo parmesão ralado
- salada de abacate para acompanhar

1 Preaqueça o forno a 250°C e unte uma assadeira grande e uma assadeira média com azeite. Coloque os tomates na assadeira média e regue com 3 colheres (sopa) do azeite. Polvilhe com a salsinha, o orégano e o tomilho e misture delicadamente. Coloque as alcachofras, o pimentão, a cebola e a abobrinha na assadeira grande, regue com 5 colheres (sopa) do azeite e misture. Coloque as duas assadeiras no forno e asse por 30 minutos, até que os legumes estejam macios e comecem a dourar. Retire do forno e deixe esfriar. (6-9) (9-12)

2 Abaixe a temperatura do forno para 200°C. Transfira os legumes assados para uma tigela grande, adicione sal e misture bem.

3 Coloque o azeite restante na assadeira grande. Cubra o fundo uniformemente com ⅓ dos tomates assados, em seguida coloque 3 folhas de lasanha, ¼ da muçarela, ⅓ dos legumes assados, ⅓ das alcaparras, ¼ das azeitonas e ⅓ do alho. Repita as camadas por duas vezes. Cubra uniformemente com o parmesão, a muçarela e as azeitonas restantes.

4 Asse por 40 minutos até borbulhar e dourar. Sirva quente, com salada de abacate.

(6-9) PURÊ DE ALCACHOFRA, ABOBRINHA E ABACATE
Coloque 3 colheres (sopa) de alcachofras assadas, 2 colheres (sopa) de abobrinha assada, 2 colheres (sopa) de abacate e 3 colheres (sopa) de água no liquidificador. Bata por 30 segundos, adicionando mais algumas colheres (chá) de água, uma por vez, até ficar homogêneo. Sirva morno.

(9-12) ALCACHOFRA, ABOBRINHA E CEBOLA ASSADAS COM ABACATE
Coloque 2 colheres (sopa) de alcachofras assadas, 2 de abobrinha assada, 2 de cebola assada e 2 de abacate e 3 colheres (sopa) de água no liquidificador. Bata durante 15 segundos, adicionando mais algumas colheres (chá) de água, uma por vez, até formar um purê pedaçudo. Sirva morno.

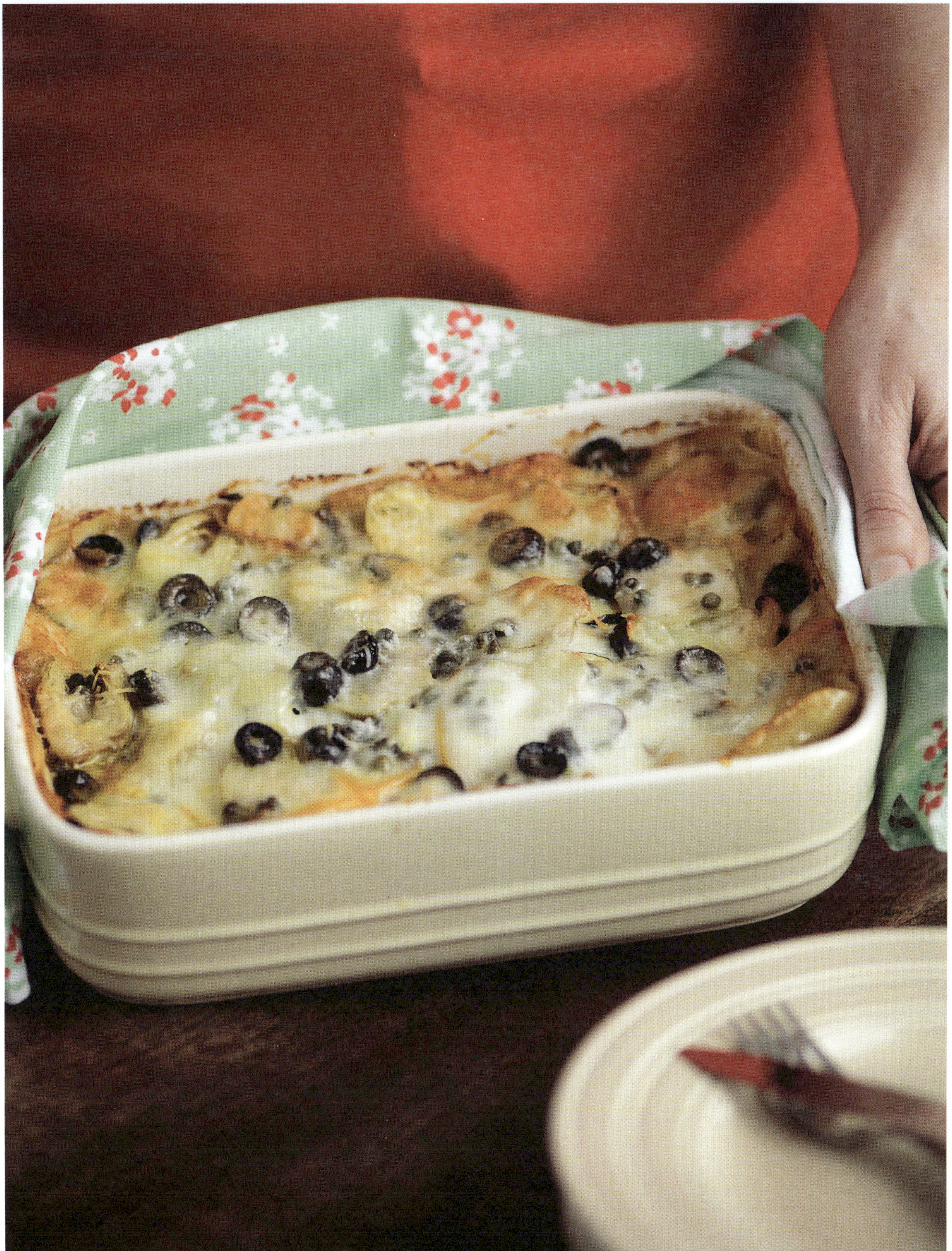

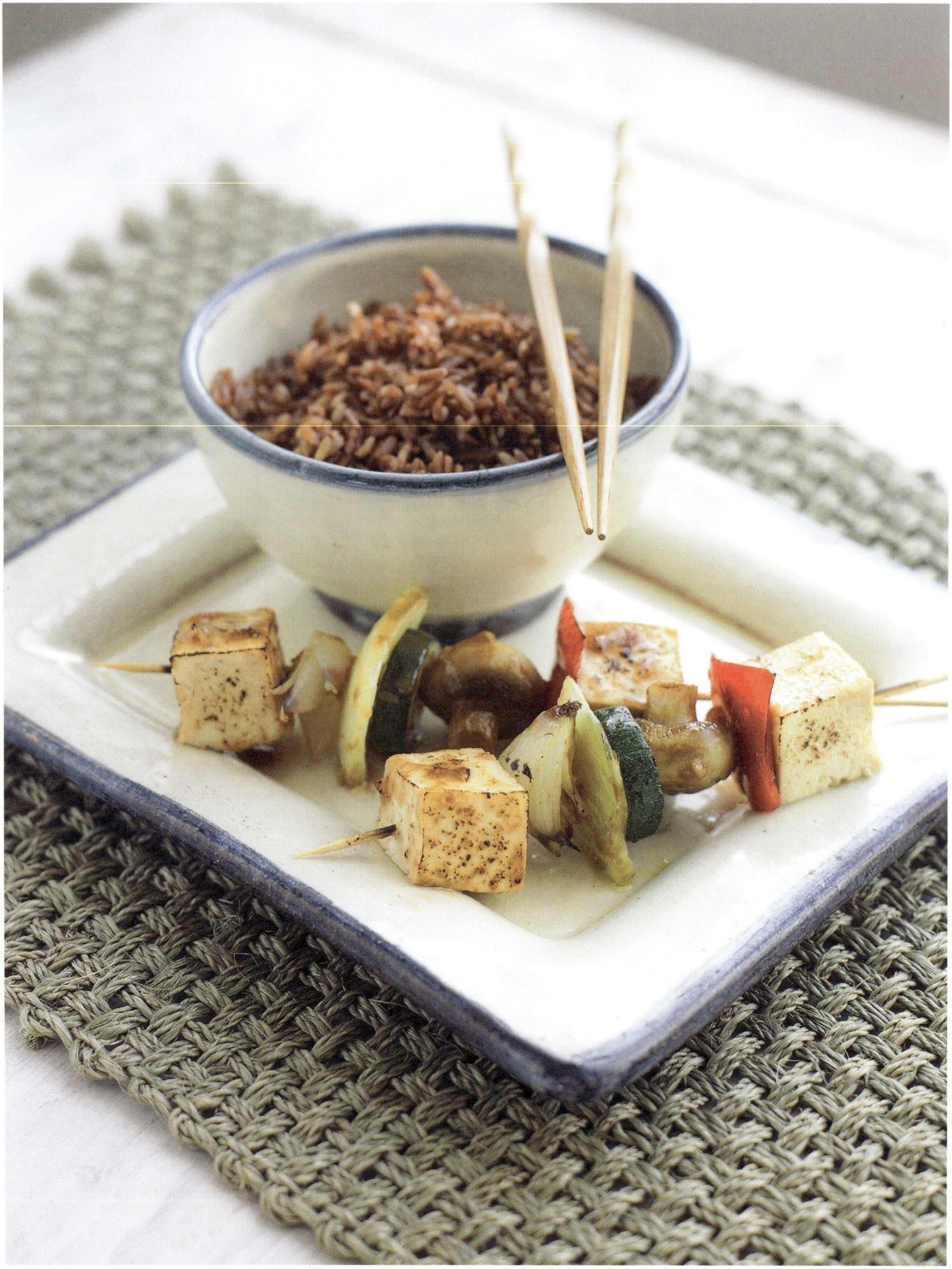

Tofu teriyaki

RENDIMENTO: 12 espetinhos
TEMPO DE PREPARO: 50 minutos, mais 1 hora para marinar, além de pelo menos 7 horas de molho e 40 minutos para cozinhar o arroz vermelho
TEMPO DE COZIMENTO: 25 minutos
VALIDADE: até 3 dias na geladeira.

....

6 colheres (sopa) de azeite extravirgem
175 g de tofu ou tempeh cortado em 24 cubos
1 pimentão vermelho pequeno cortado em 12 cubos
12 cogumelos-de-paris
1 abobrinha cortada em 12 fatias
1 bulbo pequeno de erva-doce cortado em 12 pedaços
3 cebolas roxas pequenas cortadas em quatro
1 colher (chá) de sal marinho
1 receita de arroz vermelho ou arroz integral cozido (p. 23)

PARA A MARINADA

1½ colher (sopa) de amido de milho ou araruta
1½ colher (sopa) de molho tamari ou shoyu
4 colheres (sopa) de mirin ou saquê
1 colher (sopa) de gengibre ralado

1 Unte uma assadeira rasa com 1 colher (sopa) do azeite. Para fazer a marinada, misture o amido de milho e 1½ colher (sopa) de água fria até formar uma pasta lisa. Coloque a mistura de amido de milho, 330 ml/1⅓ xícara de água e todos os ingredientes restantes da marinada em uma panela. Cozinhe em fogo médio por 3-5 minutos, mexendo sempre, até engrossar. Retire a panela do fogo e deixe esfriar por 10 minutos. Adicione um pouco de água, se a marinada ficar grossa demais.

2 (6-9) (9-12) Em um espetinho de bambu, coloque um cubo de tofu, um pedaço de pimentão, um cogumelo, um pedaço de abobrinha, um pedaço de erva-doce e um pedaço de cebola. Finalize com outro cubo de tofu e repita o procedimento com o restante dos espetos. Coloque-os na assadeira e cubra com a marinada. Cubra e deixe descansar por 1 hora em temperatura ambiente.

3 Preaqueça o forno em temperatura média-alta. Reserve a marinada e grelhe os espetos por 20 minutos. Vire os espetos uma vez e pincele-os com mais marinada, até que os legumes e o tofu comecem a dourar. Misture o sal, o azeite e a marinada restante ao arroz vermelho e sirva quente, com os espetos.

(6-9) PURÊ DE ARROZ VERMELHO E ABOBRINHA
Coloque 4 colheres (sopa) de arroz vermelho cozido e 135 ml/½ xícara de água fervente em uma panela. Tampe e cozinhe por 10 minutos em fogo baixo. Adicione seis pedaços de abobrinha e cozinhe durante mais 10 minutos, ainda com a panela tampada, até ficar totalmente macio. Bata no liquidificador com 3 colheres (sopa) de água por 30 segundos, adicionando mais algumas colheres (chá) de água, uma por vez, até formar um purê homogêneo. Misture 1 colher (chá) de azeite e sirva morno.

(9-12) ARROZ VERMELHO COM ABOBRINHA E ERVA-DOCE
Coloque 4 colheres (sopa) de arroz vermelho cozido e 135 ml/½ xícara de água fervente em uma panela. Tampe e cozinhe por 10 minutos em fogo baixo. Adicione três pedaços de abobrinha e três de erva-doce e cozinhe por mais 10 minutos, ainda com a panela tampada, até ficar completamente macio. Bata no liquidificador com 3 colheres (sopa) de água por 15 segundos, adicionando mais algumas colheres (chá) de água, uma por vez, até formar um purê pedaçudo. Misture 1 colher (chá) de azeite e sirva morno.

em volta da mesa

Temakis são o jeito mais fácil de comer sushi, porque até as crianças podem prepará-los, segurá-los e comê-los. Você pode espalhar os ingredientes na mesa e deixar todos fazerem os seus cones coloridos e deliciosos.

Temaki

RENDIMENTO: 20 unidades
TEMPO DE PREPARO: 20 minutos, além de pelo menos 7 horas de molho e 40 minutos para cozinhar o arroz integral para sushi
TEMPO DE COZIMENTO: 5 minutos
VALIDADE: até 3 dias na geladeira.

....

10 aspargos sem os talos duros, cortados ao meio
40 vagens aparadas e sem fio
1 receita de arroz de sushi integral ou arroz-cateto integral (p. 23)
1 colher (chá) de sal marinho
10 folhas de alga nori cortadas ao meio
½ colher (sopa) de wasabi (opcional)
1 beterraba ralada
50 g de brotos, como os de alfafa, brócolis ou feijão (opcional)

PARA O MOLHO
2 abacates pequenos amassados
2 colheres (sopa) de maionese

1 (6-9) (9-12) Coloque os aspargos e as vagens em uma panela a vapor. Tampe e cozinhe durante 5 minutos, até que os vegetais estejam ligeiramente crocantes. Tempere o arroz com sal.

2 Para fazer o molho, misture o abacate amassado e a maionese em uma tigela até ficar homogêneo.

3 Para montar o temaki, espalhe diagonalmente 1 colher (sopa) de molho a partir do centro da folha de nori, com uma pequena quantidade de wasabi, se usar. Coloque sobre o molho 1 colher (sopa) do arroz cozido, um pedaço de aspargo, duas vagens, 1 colher (sopa) de beterraba e 1 colher (sopa) de brotos, se usar. Pegue a folha de nori e enrole-a em forma de cone. Repita o procedimento com o restante dos temakis e sirva.

(6-9) PURÊ DE VAGEM, ABACATE E ARROZ
Coloque 4 colheres (sopa) de arroz de sushi cozido e 135 ml/½ xícara de água fervente em uma panela. Tampe e cozinhe por 10 minutos em fogo baixo. Adicione quatro vagens e cozinhe por mais 10 minutos, ainda com a panela tampada, até ficarem totalmente macias. Transfira para o liquidificador e adicione 2 colheres (sopa) de abacate e 3 colheres (sopa) de água. Bata por 30 segundos, acrescentando mais algumas colheres (chá) de água, uma por vez, até ficar homogêneo. Sirva morno.

(9-12) LEGUMES, ABACATE, BROTOS, BETERRABA E ARROZ
Coloque 4 colheres (sopa) de arroz de sushi cozido e 135 ml/½ xícara de água fervente em uma panela. Tampe e cozinhe por 10 minutos em fogo baixo. Adicione 2 vagens e um pedaço de aspargo e cozinhe por mais 10 minutos, até ficarem totalmente macios. Transfira para o liquidificador e adicione 2 colheres (sopa) de abacate, 1 colher (sopa) de beterraba, 1 de brotos, se usar, e 3 colheres (sopa) de água. Bata durante 15 segundos, adicionando mais algumas colheres (chá) de água, uma por vez, até formar um purê pedaçudo. Sirva morno.

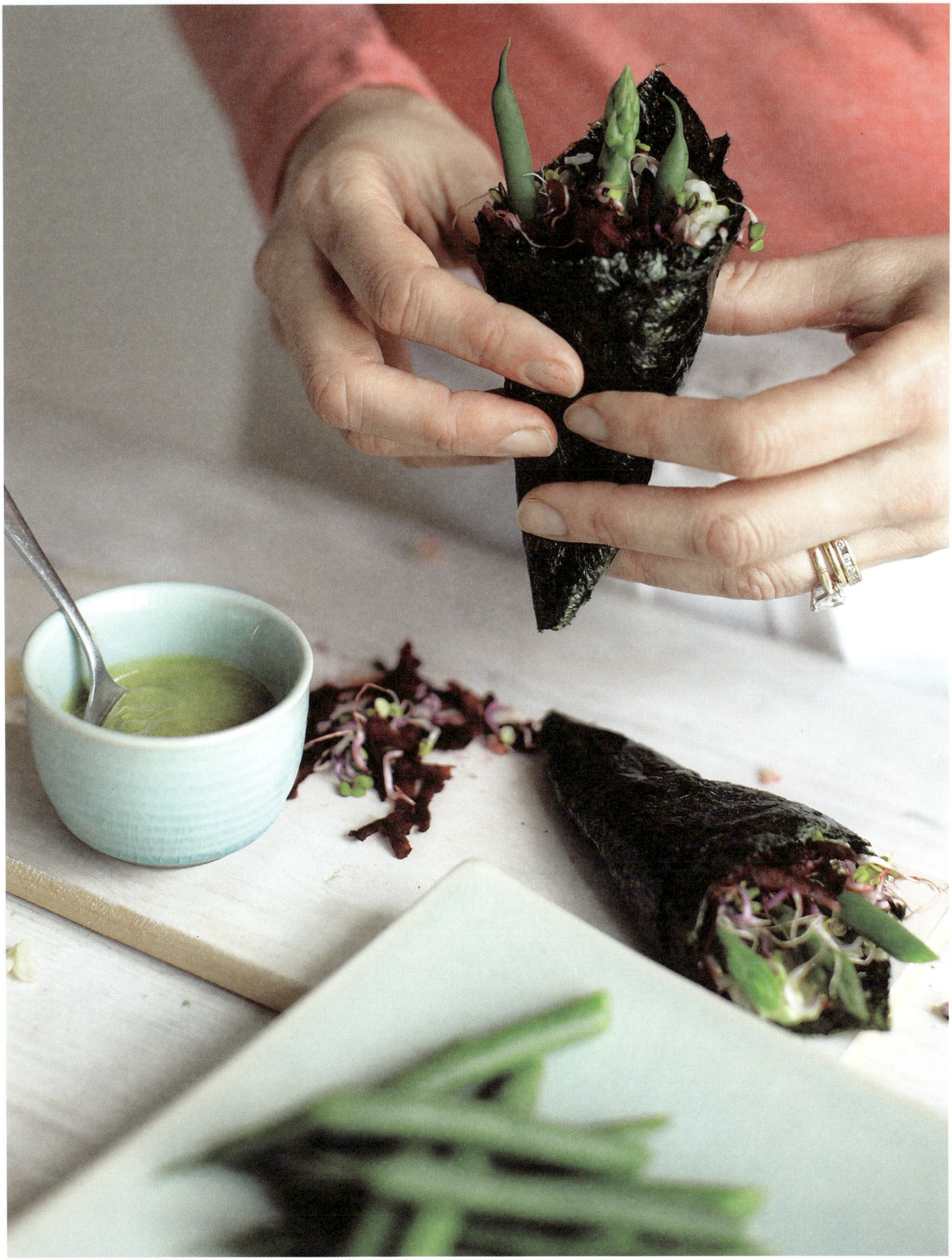

Assado com queijo e mole

SERVE: 4 adultos e 4 crianças
TEMPO DE PREPARO: 1 hora, mais pelo menos 7 horas de molho e 20 minutos para cozinhar a quinoa vermelha, além de pelo menos 7 horas de molho e 40 minutos para cozinhar o arroz vermelho
TEMPO DE COZIMENTO: 1h20
VALIDADE: até 1 dia na geladeira.

....

manteiga sem sal para untar
20 g de funghi porcini
100 g/1 xícara de nozes-pecãs
100 g/1 xícara de nozes
5 ovos grandes
1 cebola picada
2 dentes de alho amassados
4 colheres (sopa) de salsinha picada
2 colheres (chá) de folhas de tomilho fresco picadas
1 colher (chá) de folhas de sálvia fresca picadas
½ colher (chá) de sal marinho refinado
250 g de ricota amassada
250 g de queijo parmesão ralado
½ receita de quinoa vermelha ou quinoa cozida (p. 22)
½ receita de arroz vermelho ou arroz integral cozido (p. 23)
salada de abacate, pepino e tomate para acompanhar
maionese para acompanhar

PARA O MOLE
2 colheres (chá) de azeite extravirgem
1 cebola pequena picada
1 colher (sopa) de cacau em pó
1 colher (chá) de cominho em pó
1 colher (chá) de coentro em pó
1 dente de alho picado
5 pimentas-malaguetas secas finamente picadas
280 g de tomates cortados em cubos
¼ de colher (chá) de sal marinho

1 Preaqueça o forno em temperatura média e unte uma fôrma para pão de aproximadamente 25 x 15 cm com manteiga. Forre a fôrma com papel-vegetal e unte-o com manteiga. Coloque os funghi porcini de molho em 280 ml/1 xícara de água por 20 minutos, até ficarem macios. Escorra, esprema o excesso de água e pique. Coloque as nozes em uma assadeira, leve ao forno e toste por 4-5 minutos, até que dourem; pique-as grosseiramente.

2 Ajuste a temperatura do forno para 190°C. Bata ligeiramente o ovos com um batedor manual. (6-9) (9-12) Adicione a cebola, o alho, a salsinha, o tomilho, a sálvia, o sal, a ricota, o parmesão, os funghi porcini, as nozes torradas, a quinoa e o arroz cozidos e mexa bem. Coloque a mistura na fôrma, alise a superfície com as costas de uma colher e leve ao forno por 1h15, até crescer e dourar.

3 Enquanto isso, prepare o mole. Aqueça o azeite em uma frigideira de fundo grosso em fogo médio. Junte a cebola e refogue por 5 minutos até que fique macia. Misture os ingredientes restantes e deixe em fogo alto até ferver. Abaixe o fogo e cozinhe por 15 minutos, com a panela tampada, mexendo até que os legumes estejam macios. Retire o assado do forno e deixe esfriar na fôrma por 10 minutos. Desenforme e transfira para uma travessa. Sirva quente, com o mole (para adultos), e salada de pepino, abacate e tomate com a maionese.

(6-9) PURÊ DE ARROZ VERMELHO, QUINOA VERMELHA E ABACATE
Coloque 2 colheres (sopa) de arroz vermelho cozido, 2 colheres (sopa) de quinoa vermelha cozida e 135 ml/½ xícara de água fervente em uma panela. Tampe e cozinhe por 20 minutos, até que esteja completamente macio. Transfira para o liquidificador e adicione seis pedaços de abacate e 3 colheres (sopa) de água. Bata por 30 segundos, adicionando mais algumas colheres (chá) de água, uma por vez, até ficar homogêneo. Sirva morno.

(9-12) ARROZ E QUINOA VERMELHOS COM ABACATE, CEBOLA E SALSINHA
Coloque 2 colheres (sopa) de arroz vermelho cozido, 2 colheres (sopa) de quinoa vermelha cozida, 1 colher (chá) de cebola, 1 colher (chá) de salsinha e 135 ml/½ xícara de água fervente em uma panela. Tampe e cozinhe durante 20 minutos, até ficar macio. Transfira para o liquidificador e adicione seis pedaços de abacate e 3 colheres (sopa) de água. Bata por 15 segundos, adicionando mais algumas colheres (chá) de água, uma por vez, até formar um purê pedaçudo. Sirva morno.

Comida branca geralmente é tão pouco saudável que decidi fazer um prato branco que realmente faz bem: peguei todos os ingredientes dessa cor que tinha na cozinha e elaborei esta sopa.

Sopa de legumes brancos

SERVE: 4 adultos e 4 crianças
TEMPO DE PREPARO: 25 minutos, mais pelo menos 12 horas de molho e 1h40 para cozinhar o feijão (opcional)
TEMPO DE COZIMENTO: 40 minutos
VALIDADE: até 3 dias na geladeira ou até 3 meses no congelador.

....

2 colheres (sopa) de azeite extravirgem e um pouco mais para servir
1 cebola picada
5 dentes de alho cortados em quatro
500 g de batatas picadas
½ receita de feijão-bolinha seco cozido (p. 24) ou 200 g de feijão-branco em conserva escorrido e lavado
250 g de couve-flor cortada em buquês pequenos
½ colher (sopa) de sal marinho
molho de pimenta para acompanhar
salada para acompanhar
pão integral para acompanhar

1 (6-9) (9-12) Aqueça o azeite em uma panela grande de fundo grosso em fogo médio. Adicione a cebola e cozinhe por 5 minutos, mexendo ocasionalmente, até começar a dourar. Aumente o fogo, acrescente o alho, a batata e 480 ml/2 xícaras rasas de água. Cozinhe por mais 20 minutos em fogo baixo, com a panela tampada. Adicione o feijão e a couve-flor e cozinhe por mais 10 minutos, até que a couve-flor esteja macia. (Pique a alga kombu e adicione-a no cozimento, se usar.) Tempere com sal e retire a panela do fogo.

2 Transfira metade da sopa para o liquidificador e bata até formar um creme. Ponha a sopa batida de volta na panela e aqueça-a, se necessário. Sirva-a quente, com um fio de molho de pimenta, acompanhada de salada, pão integral e azeite.

(6-9) PURÊ DE FEIJÃO-BOLINHA E COUVE-FLOR
Coloque seis buquês de couve-flor em uma panela a vapor. Tampe e cozinhe por 10 minutos, até que esteja completamente macia. Transfira para o liquidificador e adicione 3 colheres (sopa) de feijão-bolinha cozido e 3 colheres (sopa) de água. Bata por 30 segundos, adicionando mais algumas colheres (chá) de água, uma por vez, até ficar homogêneo. Misture 1 colher (chá) de azeite e sirva morno.

(9-12) FEIJÃO-BOLINHA, COUVE-FLOR E ALHO
Coloque seis buquês de couve-flor e um pedaço de alho em uma panela a vapor. Tampe e cozinhe por 10 minutos, até que esteja totalmente macio. Transfira para o liquidificador e adicione 3 colheres (sopa) de feijão-bolinha cozido e 3 colheres (sopa) de água. Bata durante 15 segundos, adicionando mais algumas colheres (chá) de água, uma por vez, até formar um purê pedaçudo. Misture 1 colher (chá) de azeite e sirva morno.

em volta da mesa

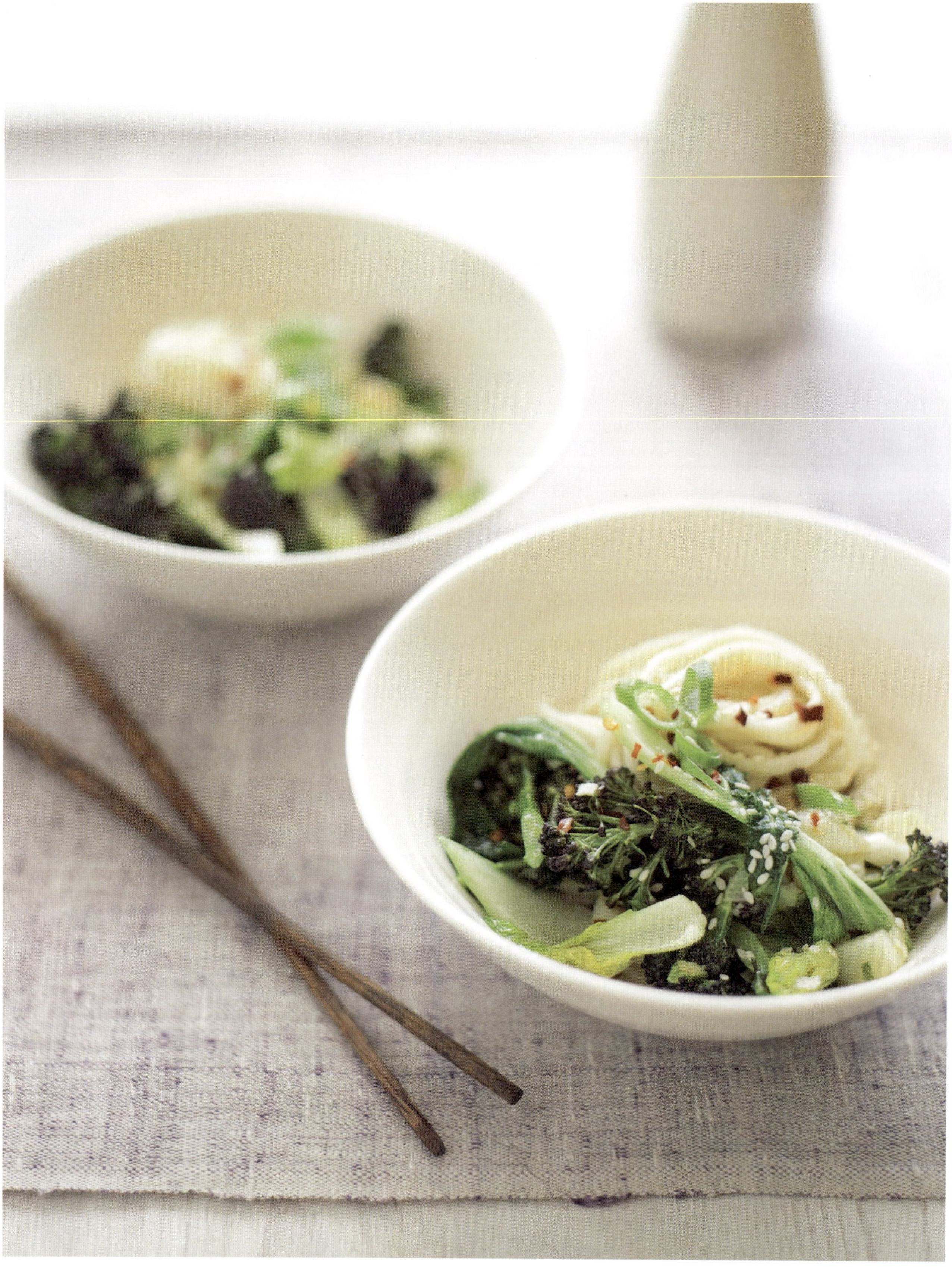

Este é um jantar simples, mas saboroso, graças à mistura de sementes de gergelim torradas, missô, gengibre e pimenta dedo-de-moça. As castanhas-d'água conferem uma textura crocante ao macarrão macio, e há muito molho para saborear.

Macarrão com couve-chinesa

SERVE: 2 adultos, 1 criança e 1 bebê
TEMPO DE PREPARO: 30 minutos
TEMPO DE COZIMENTO: 15 minutos
VALIDADE: até 3 dias na geladeira.

....

300 g de macarrão soba de trigo-sarraceno ou arroz integral
2 colheres (sopa) de gergelim
5 colheres (sopa) de missô branco
5 colheres (sopa) de mirin
1 colher (sopa) de gengibre fresco picado
4 colheres (sopa) de óleo de gergelim
3 cebolinhas, a parte branca finamente picada, a parte verde cortada em anéis
200 g de couve-chinesa picada
150 g de brócolis cortados em buquês pequenos
100 g de castanhas-d'água picadas ou amendoins graúdos sem pele picados grosseiramente
1 pitada de pimenta dedo-de-moça amassada

1 Cozinhe o macarrão em bastante água fervente, de acordo com as instruções da embalagem. Coloque-o aos poucos na panela, para manter a água sempre em ebulição, mexendo suavemente para evitar que o macarrão grude no fundo. Escorra o macarrão e lave-o em água fria para interromper o cozimento e impedir que os fios grudem. Escorra novamente.

2 Aqueça uma frigideira grande em fogo médio até ficar bem quente. Adicione o gergelim e torre-o por 3-4 minutos até que comece a dourar. Retire do fogo e reserve. Misture o missô branco, o mirin e o gengibre em uma tigela.

3 (6-9) (9-12) Aqueça o óleo de gergelim em um wok em fogo médio-alto. Adicione a parte branca das cebolinhas e refogue por 2 minutos. Acrescente a couve-chinesa, os brócolis e 185 ml/¾ de xícara de água e cozinhe por 5-7 minutos, até que estejam macios. Retire do fogo, junte as sementes de gergelim torradas, a mistura de missô, as castanhas e a pimenta amassada. Sirva quente, com o macarrão, polvilhado com a parte verde das cebolinhas.

(6-9) PURÊ DE MACARRÃO DE TRIGO-SARRACENO E BRÓCOLIS
Aqueça 1 colher (chá) de óleo e 3 colheres (sopa) de água em uma frigideira. Adicione seis buquês de brócolis, tampe e cozinhe por 10 minutos em fogo baixo, até que os brócolis estejam macios. Transfira para o liquidificador e adicione 3 colheres (sopa) de macarrão cozido picado e 3 colheres (sopa) de água. Bata por 30 segundos, acrescentando mais algumas colheres (chá) de água, uma por vez, até ficar homogêneo. Sirva morno.

(9-12) MACARRÃO DE TRIGO-SARRACENO, COUVE-CHINESA, BRÓCOLIS E CEBOLINHA
Aqueça 1 colher (chá) de óleo e 3 colheres (sopa) de água em uma frigideira. Adicione 1 colher (sopa) de couve-chinesa, seis buquês de brócolis e 1 colher (chá) da parte branca das cebolinhas. Tampe e cozinhe por 10 minutos em fogo baixo, até que os legumes estejam macios. Transfira para o liquidificador e adicione 3 colheres (sopa) de macarrão cozido picado e 3 colheres (sopa) de água. Bata durante 15 segundos, acrescentando mais algumas colheres (chá) de água, uma por vez, até formar um purê pedaçudo. Sirva morno.

em volta da mesa

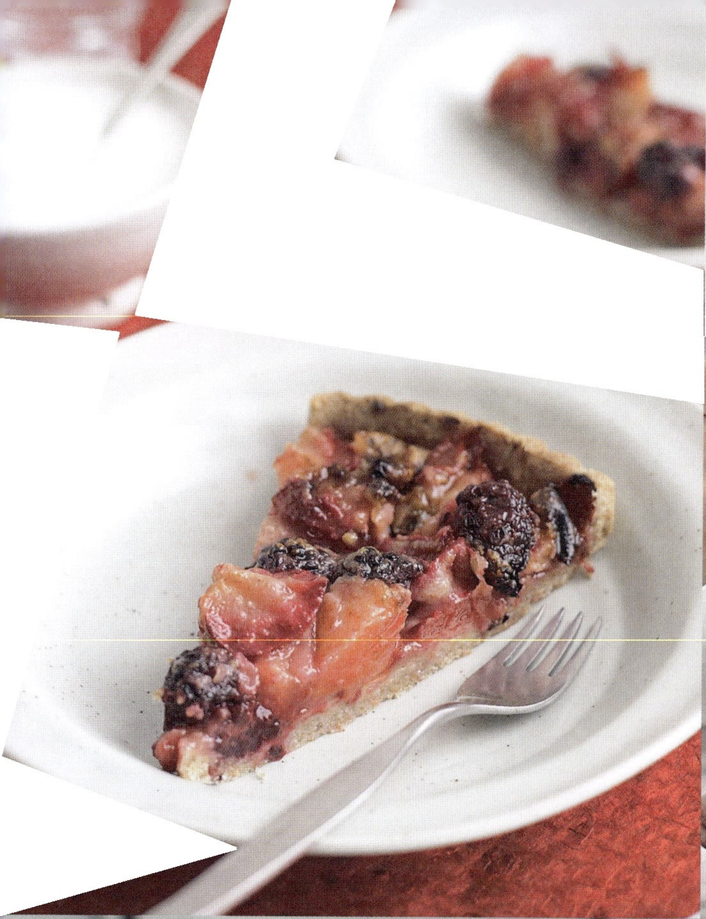
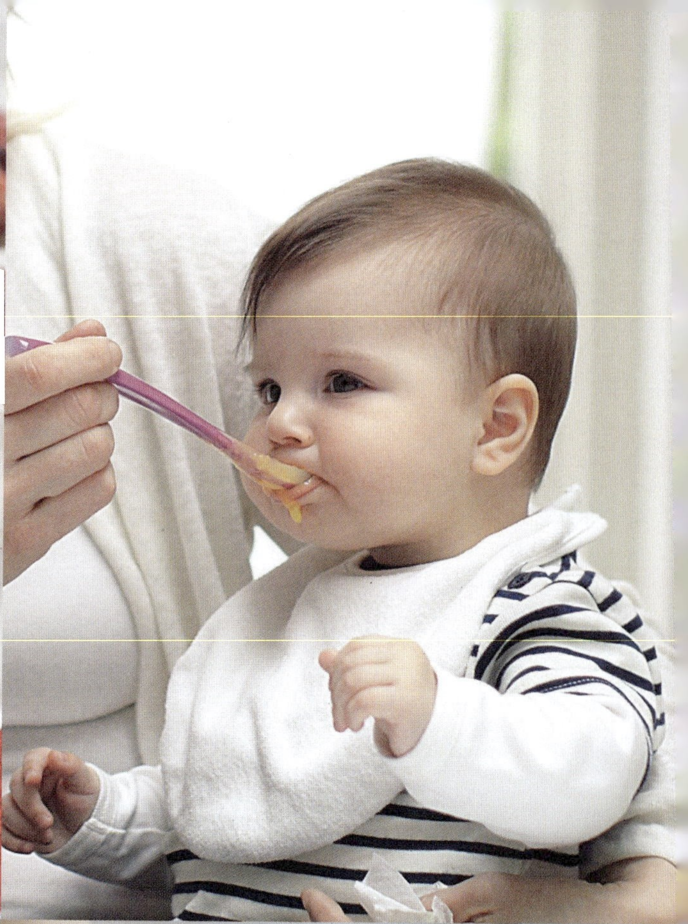
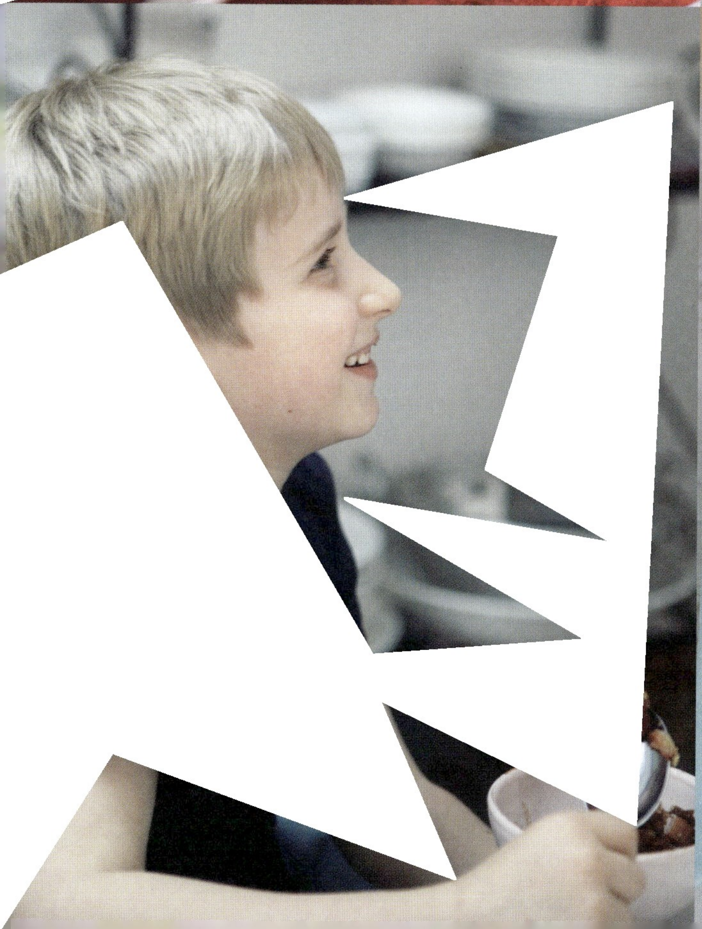
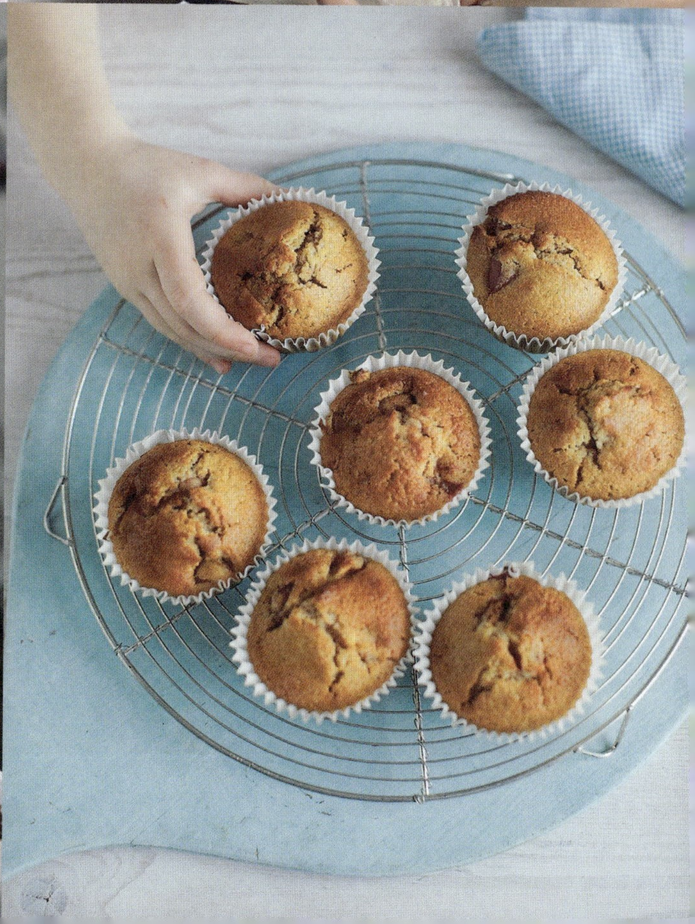

capítulo quatro
delícias assadas

Terminamos este livro com a alegria dos doces assados. Aqui estão pães, lanches saudáveis, assados e bolos, tortas e pudins, além de frutas em abundância. Como não sou grande fã de sobremesas, faço meus doces com ingredientes como farinha de trigo integral, xarope de agave, frutas e legumes. Mas você nunca vai saber – minhas visitas jamais adivinham que meus brownies têm batata-doce; e quem se importa se a torta é feita com massa integral?

A questão não é servir sobremesas para seus filhos todos os dias – muito menos para um bebê –, e sim ensinar métodos para cozinhar e assar frutas, como Maçã e mirtilo ao forno, que é ótimo para petiscar ou rechear lancheiras e ainda rende o Purê de maçã e trigo-sarraceno assados (para bebês de 6-9 meses) e a Maçã e mirtilo assados (para um bebê de 9-12 meses).

Pão para o café da manhã

RENDIMENTO: 1 pão (cerca de 16 fatias)
TEMPO DE PREPARO: 20 minutos, além de pelo menos 3 horas para crescer
TEMPO DE COZIMENTO: 35 minutos
VALIDADE: até 2 dias em um recipiente com fechamento hermético, depois até 3 dias na geladeira; ou fatie e congele por até 3 meses.

....

360 g/3 xícaras de farinha de trigo integral, mais farinha para polvilhar
100 g/1 xícara de aveia em flocos ou qualquer grão integral em flocos, tais como cevada, painço ou trigo-sarraceno
120 g/⅔ de xícara de damascos secos, ¾ cortados ao meio e ¼ picados finamente
3 colheres (sopa) de sementes de girassol
3 colheres (sopa) de sementes de linhaça
2 colheres (sopa) de sementes de gergelim
2 colheres (chá) de sal marinho
2 colheres (chá) de fermento seco ativo
4 colheres (sopa) de xarope de agave ou 3 colheres (sopa) de açúcar mascavo
2 colheres (sopa) de óleo de girassol e um pouco mais para untar
2½ colheres (sopa) de iogurte natural
manteiga sem sal para untar e para acompanhar

1 (6-9) (9-12) Misture a farinha, a aveia, os damascos, as sementes e o sal em uma tigela grande. Faça um buraco no centro da mistura e adicione o fermento e o xarope de agave ou açúcar mascavo. Despeje 200 ml/1 xícara rasa de água morna para dissolver o fermento e o xarope de agave.

2 Acrescente o óleo e o iogurte e misture a massa com uma colher de pau. Despeje sobre uma bancada enfarinhada e sove por 10 minutos, até ficar lisa e elástica, polvilhando com mais farinha se grudar nas mãos. Lave e seque a tigela e em seguida unte-a com óleo. Retorne a massa para a tigela e vire-a até que esteja toda untada de óleo. Deixe crescer por 1h30-2h, até dobrar de volume.

3 Unte uma fôrma de pão de 23 x 13 cm com manteiga. Coloque a massa em uma superfície lisa enfarinhada e trabalhe-a até se livrar de todas as bolhas de ar. Amasse por 1 minuto e depois modele-a, formando um rolo do comprimento da fôrma. Coloque a massa na fôrma e deixe crescer novamente por mais 1h30-2h, até dobrar de volume.

4 Preaqueça o forno a 220°C. Leve o pão ao forno e asse-o por 15 minutos, depois abaixe a temperatura para 190°C e asse por mais 20 minutos, até que esteja firme ao toque. Retire do forno e deixe esfriar por 15 minutos; desenforme, transfira para uma grade e deixe esfriar. Sirva quente ou torrado com manteiga.

(6-9) PURÊ DE DAMASCO
Coloque oito metades de damascos e 150 ml/⅔ de xícara de água em uma panela. Leve ao fogo alto até ferver, depois abaixe-o, tampe e cozinhe por 15 minutos até que fiquem macios. Deixe esfriar ligeiramente e bata no liquidificador, adicionando algumas colheres (chá) de água, uma por vez, até ficar homogêneo. Sirva morno.

(9-12) MIX DE DAMASCO E AVEIA
Coloque oito metades de damascos, 4 colheres (sopa) de aveia, ½ colher (sopa) de iogurte e 240 ml/1 xícara rasa de água em uma panela. Tampe e deixe de molho por 7 horas ou durante a noite em temperatura ambiente. Leve ao fogo alto até ferver; em seguida tampe, abaixe o fogo e cozinhe por 15 minutos, mexendo ocasionalmente, até que fique bem macio. Bata no liquidificador por 15 segundos, adicionando algumas colheres (chá) de água, uma por vez, até formar um purê pedaçudo. Sirva morno.

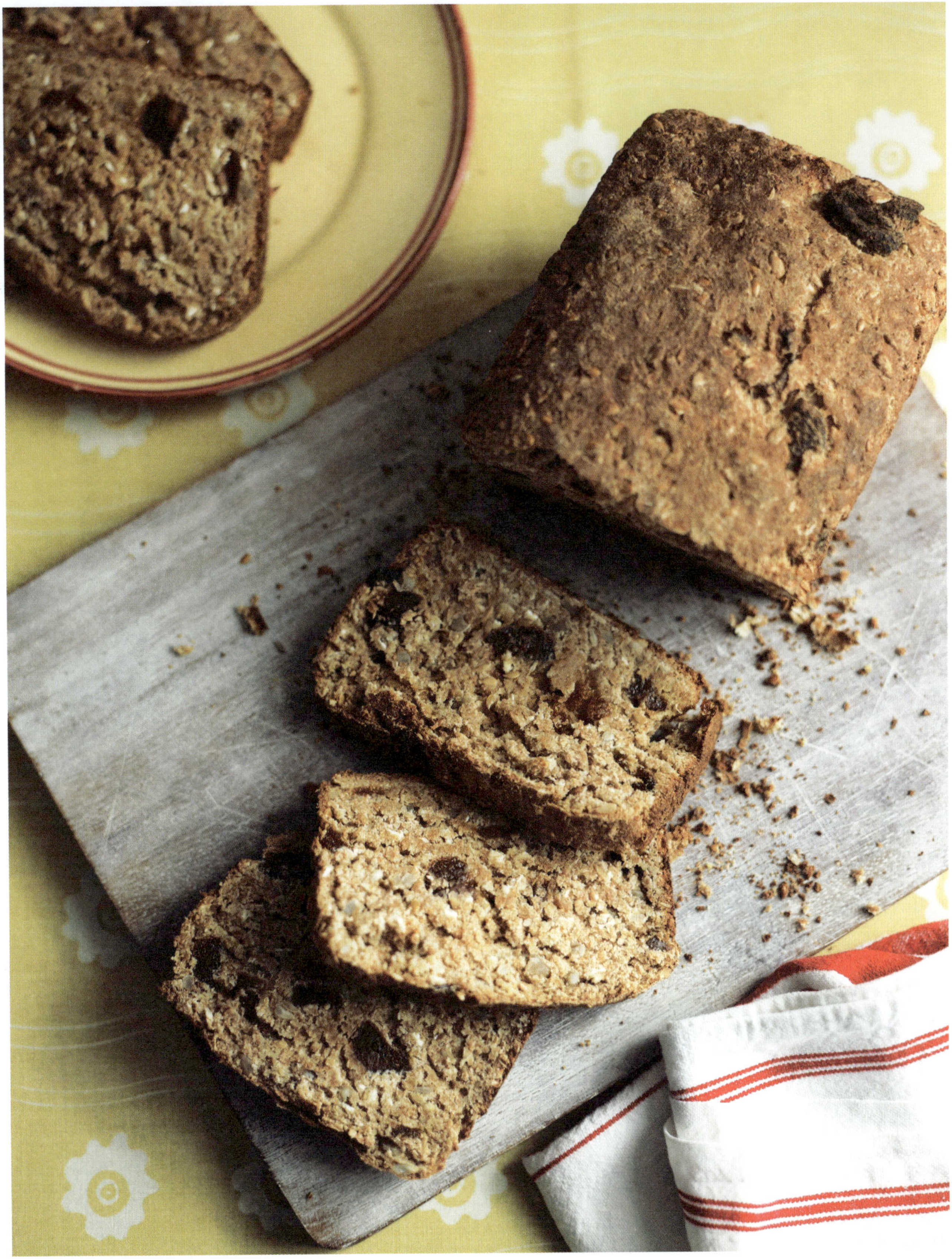

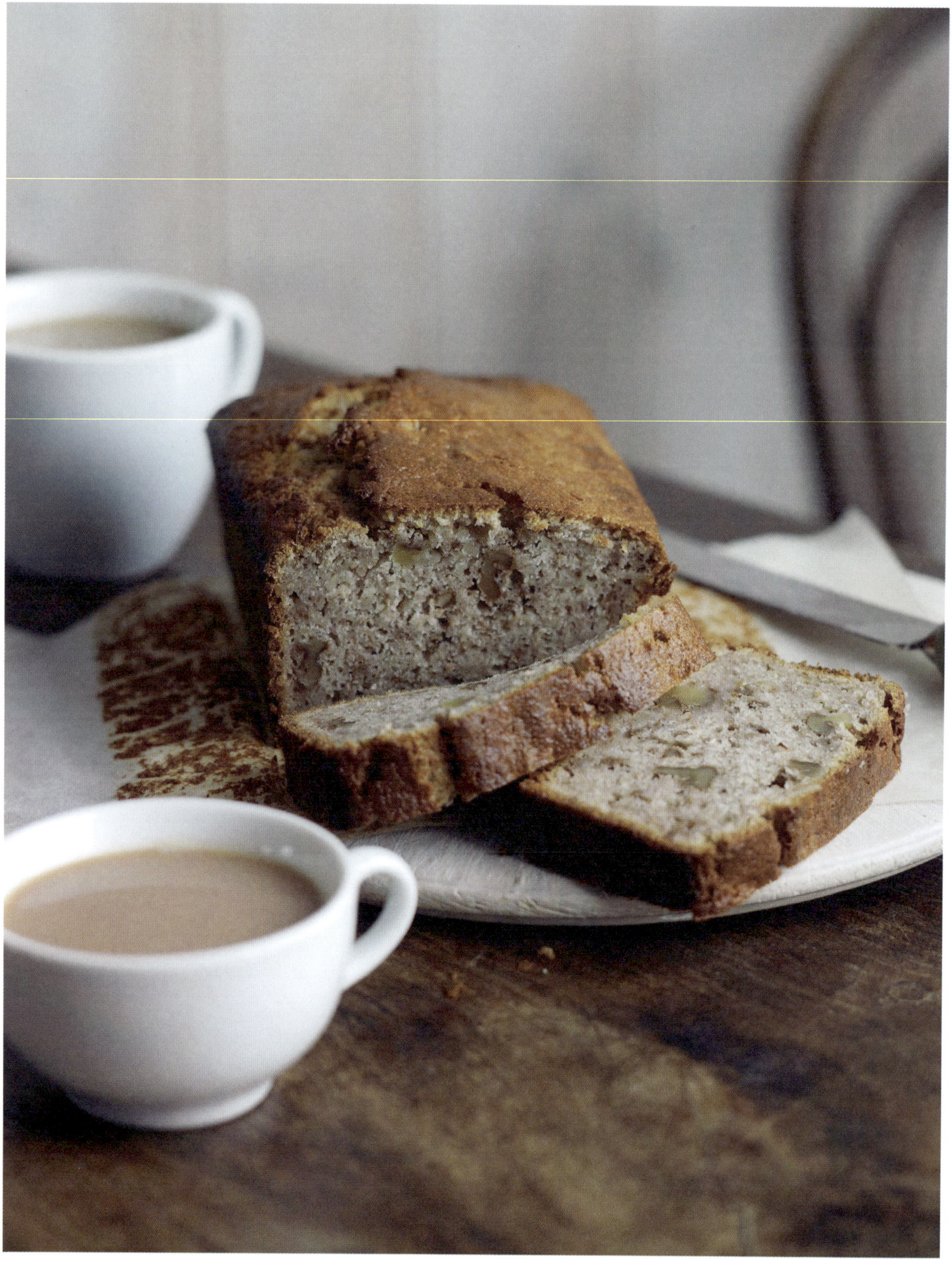

Fazer um pão de banana é uma ótima maneira de usar bananas maduras demais. Com farinha integral e nozes, esta é uma evolução da receita que minha mãe fazia quando éramos crianças. Lembro de ficar esperando com minhas irmãs e meu irmão para lamber a tigela e a espátula.

Pão de banana e nozes

RENDIMENTO: 1 pão (cerca de 16 fatias)
TEMPO DE PREPARO: 30 minutos
TEMPO DE COZIMENTO: 1 hora
VALIDADE: até 2 dias em um recipiente com fechamento hermético, depois até 3 dias na geladeira; ou fatie e congele por até 3 meses.

....

120 g/1 xícara de farinha de trigo integral
120 g/1 xícara de farinha de trigo branca e um pouco mais para polvilhar
2 colheres (chá) de fermento em pó
½ colher (chá) de sal marinho
125 g de manteiga sem sal em temperatura ambiente e um pouco mais para untar e servir
150 g/¾ de xícara de açúcar
2 ovos grandes
125 ml/½ xícara de leite de aveia, leite de arroz ou água
1 colher (chá) de extrato de baunilha
2 bananas maduras amassadas
50 g/½ xícara de nozes grosseiramente picadas

1 Preaqueça o forno a 180°C. Unte uma fôrma de pão de 13 x 23 cm com manteiga e polvilhe-a com farinha.

2 Misture as duas farinhas, o fermento e o sal em uma tigela. Bata a manteiga e o açúcar na batedeira por 5 minutos, até que fique cremosa. Adicione os ovos, um de cada vez, batendo bem após cada adição. **(6-9) (9-12)** Acrescente o leite de aveia, o extrato de baunilha, as bananas amassadas, as nozes e a mistura de farinhas e bata por 30 segundos para combinar os ingredientes, tomando cuidado para não bater demais.

3 Despeje a massa na fôrma de pão e alise a superfície com uma espátula. Leve ao forno e asse por 55 minutos-1 hora, até que a massa esteja dourada e firme ao toque ou quando, ao inserir um palito no centro, ele sair limpo. Retire do forno e deixe esfriar por 20 minutos. Passe uma faca na borda do pão, desenforme, transfira para uma grade e deixe esfriar mais um pouco. Sirva quente ou em temperatura ambiente, com ou sem manteiga.

(6-9) PURÊ DE BANANA
Coloque ¼ da banana amassada e 2 colheres (sopa) de água no liquidificador. Bata por 30 segundos, adicionando mais algumas colheres (chá) de água, uma por vez, até ficar homogêneo. Sirva morno ou em temperatura ambiente.

(9-12) MIX DE BANANA E LEITE DE AVEIA
Coloque ¼ da banana amassada e 2 colheres (sopa) de leite de aveia em uma tigela e misture bem. Sirva morno ou em temperatura ambiente.

delícias assadas

O pão de milho é uma variação saborosa dos pães à base de farinha, e é gostoso quente ou frio, puro ou torrado com manteiga. Os damascos dão um toque de doçura e nutrientes – procure sempre comprar damascos orgânicos, sem enxofre.

Pão de milho com damasco

RENDIMENTO: 1 pão (cerca de 16 fatias)
TEMPO DE PREPARO: 25 minutos
TEMPO DE COZIMENTO: 1h05
VALIDADE: até 2 dias em um recipiente com fechamento hermético, depois até 3 dias na geladeira.

....

320 g/2¼ xícaras rasas de fubá pré-cozido
120 g/1 xícara de farinha de trigo branca
60 g/½ xícara de farinha de arroz integral
200 g/1 xícara de açúcar
2 colheres (chá) de bicarbonato de sódio
1 colher (chá) de sal marinho
60 g de manteiga sem sal ou 60 ml/¼ de xícara de óleo de girassol e um pouco mais para untar
2 ovos grandes
240 ml/1 xícara rasa de iogurte natural
150 g/¾ de xícara de damascos secos picados

1 Preaqueça o forno a 170°C. Unte uma fôrma de pão de 23 x 13 cm com manteiga e forre-a com papel-vegetal. (6-9) (9-12) Em uma tigela grande, misture o fubá, as farinhas, o açúcar, o bicarbonato de sódio e o sal. Derreta a manteiga em uma panela em fogo baixo e reserve. Em outra tigela, bata ligeiramente os ovos com um batedor manual. Adicione a manteiga derretida, o iogurte, os damascos e 240 ml/1 xícara rasa de água e misture bem.

2 Adicione a mistura de ovos às farinhas e mexa lentamente com uma colher de pau somente para combinar os ingredientes, sem bater demais. Despeje a massa na fôrma e alise a superfície com uma espátula. Leve ao forno por 1 hora, até que doure ou até que, ao inserir um palito no centro, ele saia limpo. Retire do forno e deixe esfriar por 15 minutos; desenforme, transfira para uma grade e retire o papel-vegetal. Sirva quente.

(6-9) PURÊ DE DAMASCO ASSADO
Coloque 2 colheres (sopa) de damascos, 1 colher (sopa) de farinha de arroz e 5 colheres (sopa) de água em um ramequim untado e misture bem. Asse como descrito acima por 15 minutos, até que os damascos estejam bem macios e a superfície levemente dourada. Bata no liquidificador com 3 colheres (sopa) de água por 30 segundos, adicionando mais algumas colheres (chá) de água, uma por vez, até ficar homogêneo. Sirva morno.

(9-12) ASSADO DE DAMASCO E FUBÁ
Coloque 2 colheres (sopa) de damascos, 1 colher (sopa) de farinha de arroz, 1 colher (sopa) de fubá, 2 colheres (sopa) de iogurte e 3 colheres (sopa) de água em um ramequim untado e misture bem. Asse como descrito acima por 20 minutos, até que os damascos estejam bem macios e a superfície levemente dourada. Bata no liquidificador por 15 segundos, adicionando algumas colheres (chá) de água, uma por vez, até formar um purê pedaçudo. Sirva morno.

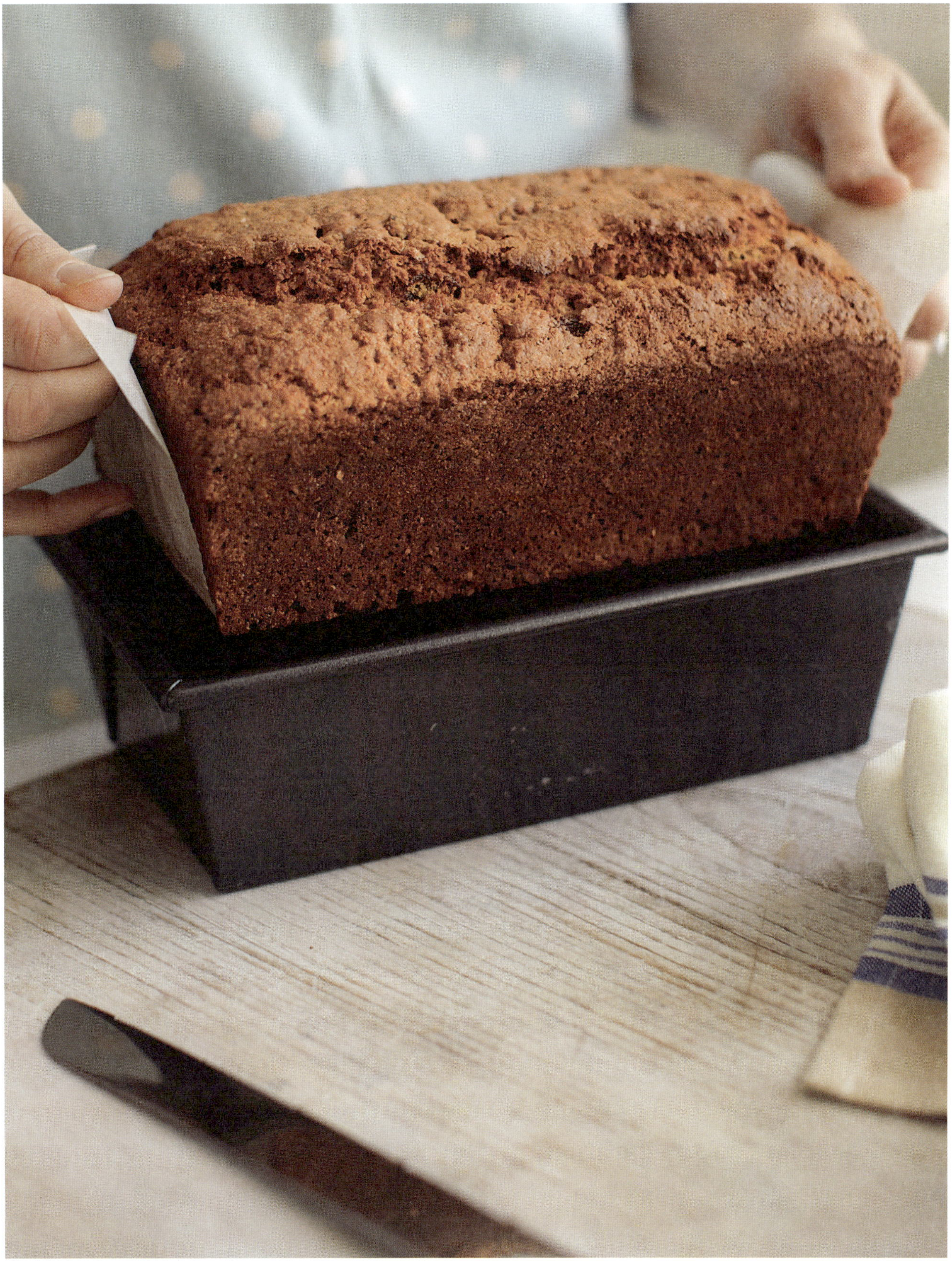

Este é um dos pães favoritos da família, que minha mãe fazia quando eu era pequena. É repleto de aveia e de ameixas e perfeito para o café da manhã ou para o lanche. Meu irmão e eu adorávamos este pão quando crianças, e hoje ele é um dos preferidos de meu filho Nicholas.

Pão de aveia e ameixa

RENDIMENTO: 1 pão (cerca de 16 fatias)
TEMPO DE PREPARO: 20 minutos
TEMPO DE COZIMENTO: 1 hora
VALIDADE: até 2 dias em um recipiente com fechamento hermético, depois até 3 dias na geladeira; ou fatie e congele por até 3 meses.

- manteiga sem sal para untar
- 120 g/1 xícara de farinha de trigo integral
- 120 g/1 xícara de farinha de trigo branca
- 100 g/1 xícara de aveia em flocos
- 140 g/¾ de xícara de açúcar
- 1 colher (sopa) de fermento em pó
- 1 colher (chá) de sal marinho
- 2 ovos grandes
- 240 ml/1 xícara rasa de leite de aveia, leite de arroz ou água
- 4 colheres (sopa) de óleo de girassol
- 2 colheres (chá) de extrato de baunilha
- 280 g de ameixas secas sem caroço picadas

1 Preaqueça o forno a 180°C. Unte uma fôrma de pão de 23 x 13 cm com manteiga, forre com papel-vegetal e unte novamente.

2 (9-12) Em uma tigela grande, misture as farinhas, a aveia, o açúcar, o fermento em pó e o sal. Em outra tigela, bata ligeiramente os ovos com um batedor manual. Junte o leite de aveia, o óleo, o extrato de baunilha e misture. Adicione a mistura de ovos à de farinhas e misture lentamente com uma colher de pau apenas para combinar os ingredientes, sem bater demais. (6-9) Usando uma colher de metal grande, incorpore as ameixas à massa. Despeje a massa na fôrma e alise a superfície com uma espátula.

3 Leve ao forno por 50 minutos-1 hora, até dourar ou até que, ao inserir um palito no centro, ele saia limpo. Retire do forno e deixe esfriar por 20 minutos. Passe uma faca na borda do pão, desenforme-o, transfira para uma grade, retire o papel-vegetal e deixe esfriar mais um pouco. Sirva morno ou em temperatura ambiente.

(6-9) PURÊ DE AMEIXA
Coloque 4 colheres (sopa) de ameixas e 2 colheres (sopa) de água no liquidificador. Bata por 30 segundos, adicionando mais algumas colheres (chá) de água, uma por vez, até ficar homogêneo. Sirva morno ou em temperatura ambiente.

(9-12) PUDIM DE AMEIXA
Coloque 4 colheres (sopa) de aveia, 2 colheres (sopa) de ameixas e 185 ml/¾ de xícara de água em uma assadeira pequena. Tampe e deixe de molho por 7 horas ou durante a noite em temperatura ambiente. Asse como descrito acima por 30 minutos, até que esteja bem macio. Bata no liquidificador com 2 colheres (sopa) de água por 15 segundos, adicionando mais algumas colheres (chá) de água, uma por vez, até formar um purê pedaçudo. Sirva morno.

Elas são mais rápidas e fáceis de preparar do que biscoitos. Sirva no meio da manhã, nos fins de semana, depois das brincadeiras ou coloque na lancheira do seu filho.

Barrinhas de canela e passas

RENDIMENTO: 12
TEMPO DE PREPARO: 15 minutos
TEMPO DE COZIMENTO: 45 minutos
VALIDADE: até 2 dias em um recipiente com fechamento hermético, depois até 3 dias na geladeira.

....

240 ml/1 xícara rasa de óleo de girassol e um pouco mais para untar
3 ovos grandes
240 ml/1 xícara rasa de xarope de agave ou 165 g/¾ de xícara + 2 colheres (sopa) de açúcar mascavo
2 colheres (chá) de extrato de baunilha
300 g/3 xícaras de aveia em flocos
180 g/1½ xícara de farinha de trigo integral
150 g/1¼ de xícaras de uvas-passas
4 colheres (chá) de canela em pó
1 colher (chá) de fermento em pó
1 colher (chá) de sal marinho

1 Preaqueça o forno a 170°C e unte uma assadeira de 23 x 33 cm com óleo. Bata ligeiramente os ovos com um batedor manual. Acrescente o óleo, o xarope de agave ou açúcar, o extrato de baunilha e 60 ml/¼ de xícara de água (ou 120 ml/½ xícara de água, se estiver usando açúcar) e misture bem.

2 (6-9) (9-12) Em outra tigela, misture a aveia, a farinha, as uvas-passas, a canela, o fermento e o sal. Adicione a mistura de ovos à de farinha e mexa bem. Despeje a massa na assadeira e alise a superfície com uma espátula.

3 Leve ao forno e asse por 45 minutos, até dourar. Retire do forno e deixe esfriar por 5 minutos. Corte em retângulos pequenos e sirva quente ou em temperatura ambiente.

(6-9)

PURÊ DE AVEIA ASSADA
Coloque 4 colheres (sopa) de aveia e 185 ml/¾ de xícara de água em uma assadeira pequena e misture. Tampe e deixe de molho por 7 horas ou durante a noite em temperatura ambiente. Leve ao forno e asse como descrito acima por 30 minutos, até que esteja bem macio. Bata no liquidificador com 2 colheres (sopa) de água por 30 segundos, adicionando mais algumas colheres (chá) de água, uma por vez, até ficar homogêneo. Sirva morno.

(9-12)

PUDIM DE PASSAS
Coloque 4 colheres (sopa) de aveia, 1 colher (sopa) de uvas-passas e 185 ml/¾ de xícara de água em uma assadeira pequena e misture. Tampe e deixe de molho por 7 horas ou durante a noite em temperatura ambiente. Leve ao forno e asse como descrito acima por 30 minutos, até que esteja bem macio. Bata no liquidificador com 2 colheres (sopa) de água por 15 segundos, adicionando mais algumas colheres (chá) de água, uma por vez, até formar um purê pedaçudo. Sirva morno.

delícias assadas

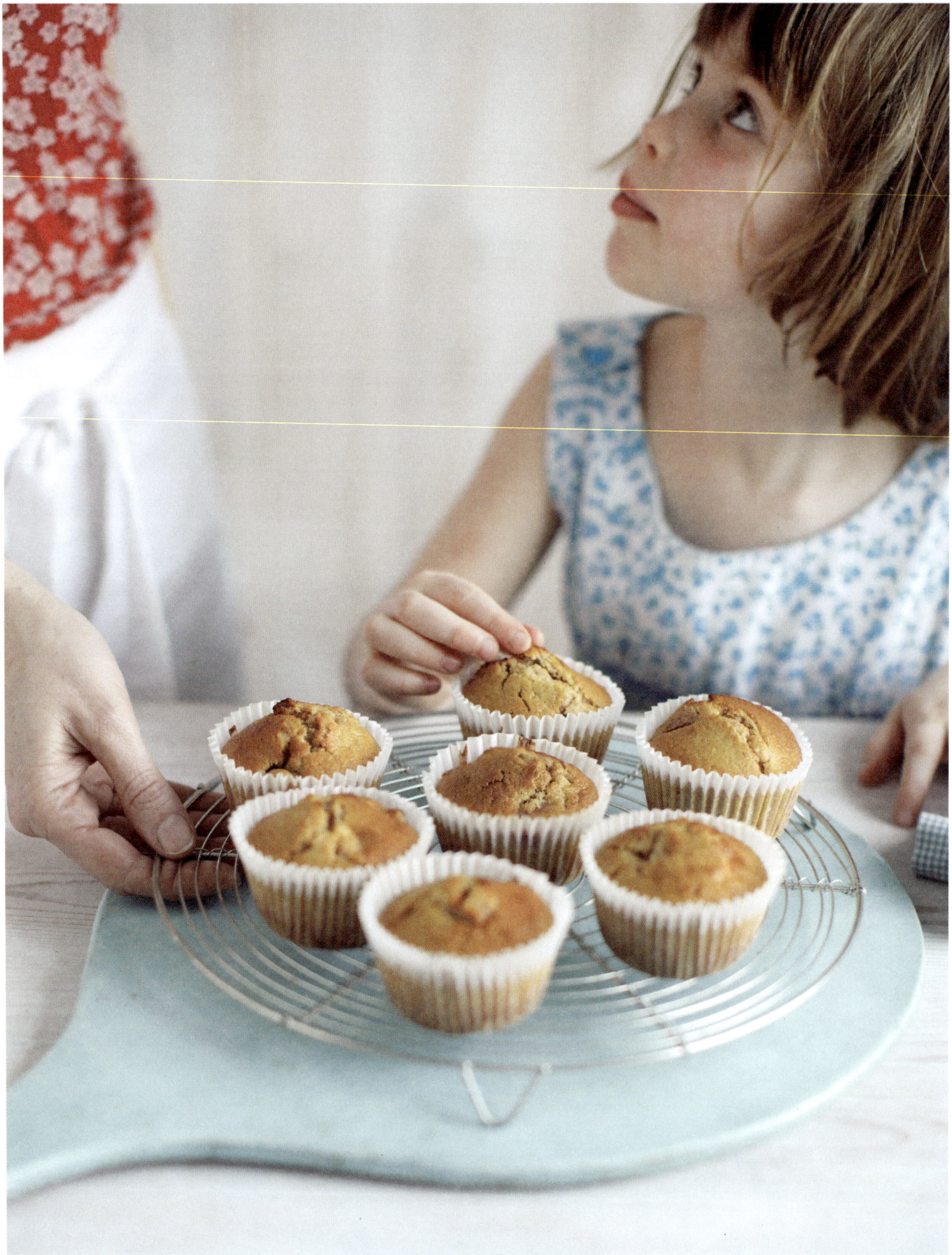

A maioria das crianças – entre elas os meus filhos – adora frutas, e elas não resistem a estes muffins de pêssego e framboesa. Perfeitos para o café da manhã ou para o lanche, são ótimos para toda a família. Josie, amiga de Jessica, estava ansiosa para experimentar um!

Muffins de pêssego e framboesa

RENDIMENTO: 12
TEMPO DE PREPARO: 25 minutos
TEMPO DE COZIMENTO: 30 minutos
VALIDADE: até 3 dias na geladeira.

....

70 g de manteiga sem sal e um pouco mais para untar
240 g/2 xícaras de farinha de trigo integral
100 g/½ xícara de açúcar
2 colheres (chá) de fermento em pó
½ colher (chá) de sal marinho
2 ovos grandes
230 ml/1 xícara rasa de leite de aveia, leite de arroz ou água
125 g de pêssegos sem caroço cortados em cubos
80 g/⅔ de xícara de framboesas frescas ou descongeladas amassadas

1 Preaqueça o forno a 190°C e unte uma assadeira para 12 muffins com manteiga, ou forre forminhas de muffin com papel-manteiga. Derreta a manteiga em uma panela em fogo baixo, retire do fogo e deixe esfriar ligeiramente. Em um tigela, misture a farinha, o açúcar, o fermento e o sal. Em outra, bata ligeiramente os ovos com um batedor manual. Adicione a manteiga derretida e o leite de aveia e misture. Junte a mistura de farinha e mexa até combinar os ingredientes, sem bater demais.

2 (6-9) (9-12) Coloque cuidadosamente os pêssegos e as framboesas na massa. Distribua-a uniformemente pelas forminhas de muffin, enchendo até quase a borda. Leve ao forno e asse por 25-30 minutos, até dourar ou até que, ao inserir um palito no centro, ele saia limpo. Retire do forno e deixe esfriar por 5 minutos, desenforme e transfira para uma grade. Sirva quente.

(6-9) **PURÊ DE PÊSSEGO**
Coloque 5 colheres (sopa) de cubos de pêssego e 2 colheres (sopa) de água no liquidificador. Bata por 30 segundos, adicionando mais algumas colheres (chá) de água, uma por vez, até ficar homogêneo. Sirva morno ou em temperatura ambiente.

(9-12) **MIX DE PÊSSEGO E FRAMBOESA**
Coloque 4 colheres (sopa) de cubos de pêssego, 1 colher (sopa) de framboesas e 2 colheres (sopa) de água no liquidificador. Bata por 15 segundos, adicionando mais algumas colheres (chá) de água, uma por vez, até formar um purê pedaçudo. Sirva morno ou em temperatura ambiente.

delícias assadas

Irresistível para crianças e adultos, esta receita com chocolate é densa e levemente doce. Estes brownies, feitos com batata-doce, são uma variação do clássico americano. Embora o xarope de agave não deixe você agitado, o chocolate dá energia, então vá com calma.

Brownies de batata-doce

RENDIMENTO: 9 porções
TEMPO DE PREPARO: 30 minutos
TEMPO DE COZIMENTO: 40 minutos
VALIDADE: até 3 dias na geladeira.

....

350 g de batata-doce descascada e cortada em cubos
90 g de manteiga sem sal e um pouco mais para untar
40 g/½ xícara de cacau em pó sem açúcar
2 colheres (chá) de extrato de baunilha
2 ovos grandes
240 ml/1 xícara rasa de xarope de agave ou 140 g/¾ de xícara de açúcar mascavo
135 g/1 xícara + 1 colher (sopa) de farinha de trigo integral
1½ colher (chá) de fermento em pó
½ colher (chá) de sal marinho

1 Preaqueça o forno a 180°C. Unte uma assadeira de 20 x 20 cm com manteiga, forre com papel-manteiga e unte novamente. Coloque as batatas-doces em uma panela a vapor, tampe e cozinhe por 8-10 minutos, até que estejam bem macias. (6-9) (9-12) Transfira para uma tigela grande e amasse até que fiquem homogêneas.

2 Derreta a manteiga em uma panela em fogo baixo. Retire-a do fogo, acrescente o cacau em pó e a baunilha e mexa até misturar bem. Bata ligeiramente os ovos com um batedor manual. Junte os ovos, a mistura de cacau e o xarope de agave à batata-doce amassada e misture bem. Em outra tigela, misture a farinha, o fermento e o sal. Incorpore a mistura de farinha à de batata-doce, mas tome cuidado para não bater demais.

3 Ponha a massa na assadeira e alise a superfície com uma espátula. Leve ao forno e asse por 35-40 minutos, até a superfície ficar quebradiça e, ao inserir um palito no centro, ele saia limpo. Retire do forno e deixe esfriar na fôrma por 5 minutos. Corte em quadrados e transfira para uma grade para esfriar mais um pouco. Sirva morno ou em temperatura ambiente.

(6-9) PURÊ DE BATATA-DOCE
Coloque 5 colheres (sopa) de batata-doce cozida no vapor e 3 colheres (sopa) de água em um liquidificador. Bata por 30 segundos, adicionando mais algumas colheres (chá) de água, uma por vez, até ficar homogêneo. Sirva morno.

(9-12) BATATA-DOCE AMASSADA COM MANTEIGA
Coloque 5 colheres (sopa) de batata-doce cozida no vapor e 3 colheres (sopa) de água no liquidificador. Bata por 15 segundos, adicionando mais algumas colheres (chá) de água, uma por vez, até formar um purê pedaçudo. Misture 1 colher (chá) de manteiga derretida e sirva morno.

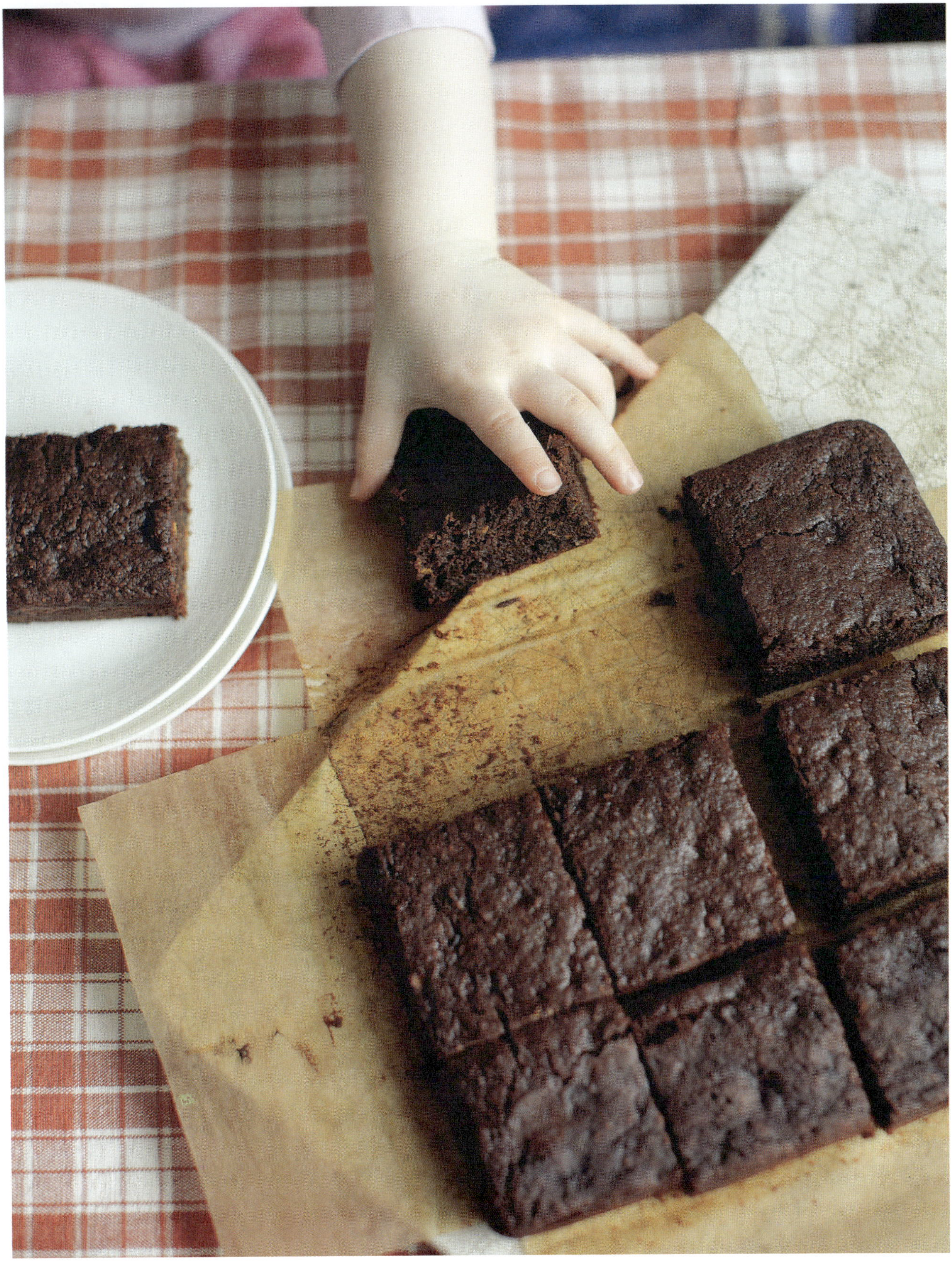

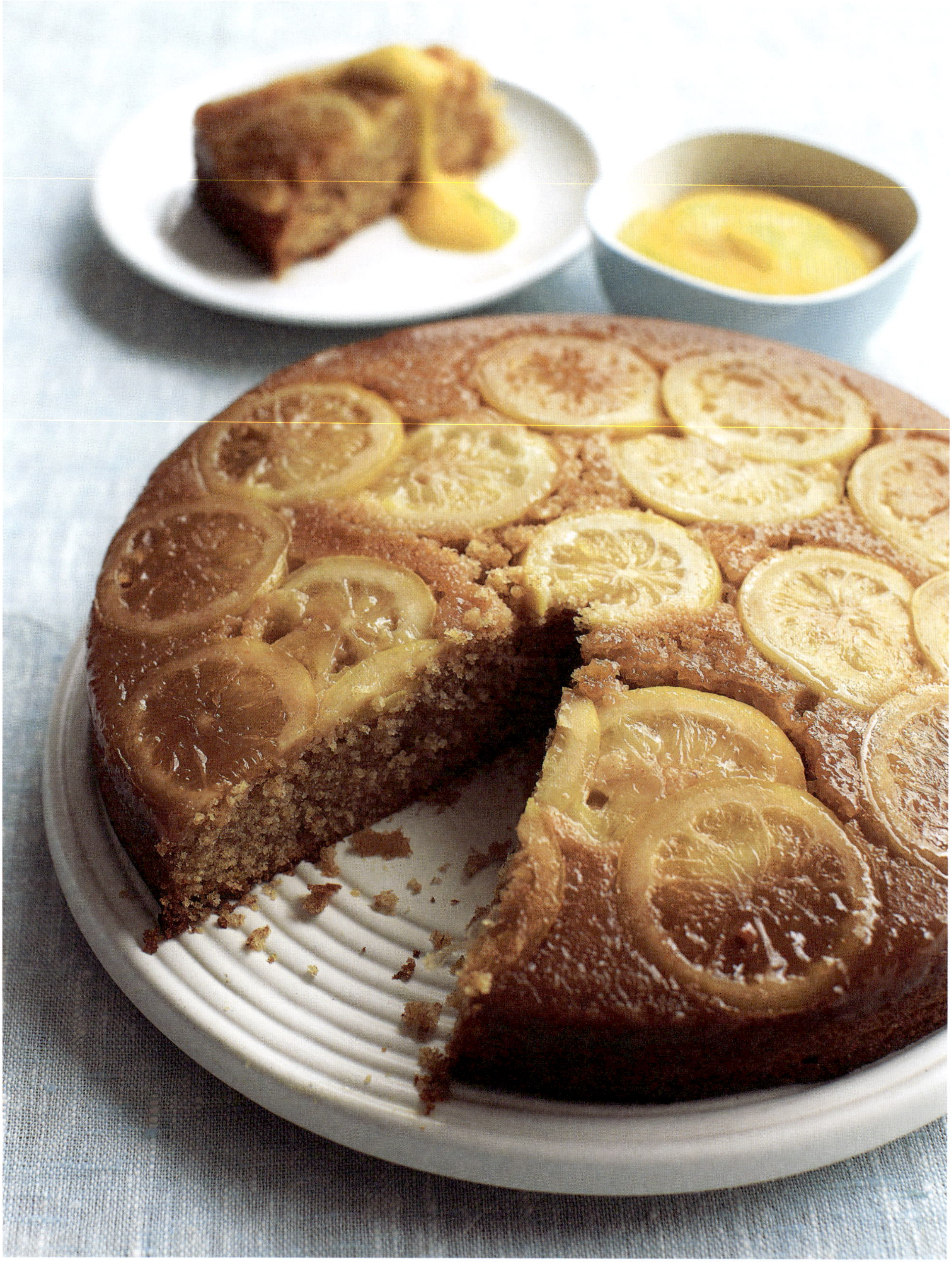

É difícil errar com sobremesas de limão. Por sua leveza e frescor, este bolo é perfeito para depois de uma boa refeição. A manga acentua o sabor e é excelente para seu bebê.

Bolo invertido de limão com purê de manga

RENDIMENTO: 10 porções
TEMPO DE PREPARO: 20 minutos
TEMPO DE COZIMENTO: 45 minutos
VALIDADE: bolo e purê de manga, até 3 dias na geladeira.

....

75 g/⅓ de xícara de açúcar mascavo
180 g de manteiga sem sal amolecida e um pouco mais para untar
2 limões-sicilianos sem sementes em fatias finas
185 g/1½ xícara de farinha de trigo integral
2 colheres (chá) de fermento em pó
55 g/⅓ de xícara de fubá pré-cozido
½ colher (chá) de sal marinho
110 g/½ xícara de açúcar refinado
2 ovos grandes
1 colher (chá) de extrato de baunilha
raspas da casca de 1 limão
125 ml/½ xícara de leite de aveia, leite de arroz ou água

PARA O PURÊ DE MANGA
2 mangas descascadas sem caroço picadas

1 Preaqueça o forno a 180°C e unte uma fôrma de bolo de 20 cm de diâmetro com manteiga. Coloque o açúcar mascavo e 60 g da manteiga em uma panela e aqueça em fogo baixo por 2-3 minutos, mexendo até a manteiga derreter e o açúcar dissolver. Espalhe a mistura na fôrma e disponha as fatias de limão por cima (o mais juntas possível). Misture a farinha, o fermento, o fubá e o sal em uma tigela grande.

2 Bata o açúcar refinado e a manteiga restante na batedeira por 3 minutos, até virar um creme. Incorpore os ovos, batendo um de cada vez por 30 segundos. Em seguida, junte o extrato de baunilha e as raspas de limão. (9-12) Aos poucos e alternadamente, junte a mistura de farinha e o leite de aveia. Bata até incorporá-los, mas tome cuidado para não bater demais.

3 Despeje a massa sobre as rodelas de limão e alise a superfície com uma espátula. Leve ao forno e asse por 35-40 minutos, até dourar e até que, ao inserir um palito no centro, ele saia limpo. Retire do forno e deixe esfriar por 20 minutos; desenforme, transfira para uma grade e deixe esfriar completamente.

4 Enquanto isso, prepare o purê. Coloque a manga no liquidificador e bata por 1 minuto, acrescentando 1 colher (sopa) de água por vez, até virar um creme homogêneo. (6-9) Sirva o bolo quente com o purê por cima.

(6-9) PURÊ DE MANGA
Coloque 5 colheres (sopa) de purê de manga em uma tigela e sirva morno ou em temperatura ambiente.

(9-12) PUDIM DE MANGA
Coloque 5 colheres (sopa) de pedaços de manga e 1 colher (sopa) de leite de aveia no liquidificador. Bata por 15 segundos, adicionando mais algumas colheres (chá) de água, uma por vez, até formar um purê pedaçudo. Sirva morno ou em temperatura ambiente.

delícias assadas

Este bolo, muito fácil de fazer, é também gorduroso e deve ser apreciado em fatias finas – se você conseguir resistir à tentação. É quase como uma mousse assada, embora a pera dê certa leveza e textura.

Bolo de chocolate e pera

RENDIMENTO: 1 bolo
TEMPO DE PREPARO: 25 minutos
TEMPO DE COZIMENTO: 20 minutos
VALIDADE: 2 dias em um recipiente com fechamento hermético, depois até 3 dias na geladeira; ou congele por até 3 meses.

....

250 g de manteiga sem sal amolecida e um pouco mais para untar
100 g de chocolate com 70% de cacau quebrado em pedaços pequenos
4 ovos grandes
125 g/⅔ de xícara de açúcar
4 colheres (sopa) de iogurte natural
50 g/½ xícara de farinha de trigo integral
1 pera sem sementes picada

1 Preaqueça o forno a 180°C e unte uma fôrma de 20 cm de diâmetro com manteiga. Derreta a manteiga e o chocolate em banho-maria. Na batedeira, bata os ovos e o açúcar por 10 minutos, até formar um creme claro e fofo. (9-12) Misture o iogurte no chocolate derretido para esfriar um pouco. Junte o chocolate ao creme de ovos e misture bem. Em seguida, incorpore bem a farinha, mas não bata demais.

2 Despeje a massa na fôrma. (6-9) Disponha as peras sobre ela, empurrando-as para dentro com as costas de uma colher. Leve ao forno e asse por 15-20 minutos, até que a massa esteja firme ao toque e até que, ao inserir um palito no centro do bolo, ele saia limpo. Retire do forno e deixe esfriar por 15 minutos; desenforme, transfira para uma grade e deixe esfriar. Sirva morno ou em temperatura ambiente.

(6-9)

PURÊ DE PERA
Coloque meia pera e 2 colheres (sopa) de água no liquidificador. Bata por 30 segundos, adicionando mais algumas colheres (chá) de água, uma por vez, até ficar homogêneo. Sirva morno ou em temperatura ambiente.

(9-12)

PERA E IOGURTE
Coloque meia pera, 2 colheres (sopa) de iogurte e 1 colher (sopa) de água no liquidificador. Bata por 15 segundos, adicionando mais algumas colheres (chá) de água, uma por vez, até formar um purê pedaçudo. Sirva morno ou em temperatura ambiente.

Repleta de especiarias, esta é uma sobremesa sem adição de açúcar. As nozes-pecãs na cobertura ficam crocantes e formam um contraste agradável com a fruta macia e quente. Fiz para um almoço de domingo entre amigas e não sobrou nada no prato.

Frutas assadas com especiarias

SERVE: 2 adultos, 1 criança e 1 bebê
TEMPO DE PREPARO: 25 minutos
TEMPO DE COZIMENTO: 45 minutos
VALIDADE: até 3 dias na geladeira.

....

225 g de pêssegos sem caroço picados
1 pera sem sementes picada
85 g/½ xícara de damascos secos picados
225 g de abacaxi descascado e picado
230 ml/1 xícara rasa de suco de pêssego, de damasco ou de abacaxi
2 colheres (sopa) de suco de limão
2 colheres (sopa) de farinha de trigo integral
1 colher (chá) de canela em pó
¼ de colher (chá) de cravo em pó
100 g/1 xícara de nozes-pecãs cortadas ao meio
iogurte natural para acompanhar

1 Preaqueça o forno a 180°C. Coloque os pêssegos, a pera e os damascos em uma assadeira de 20 x 20 cm e misture bem. (6-9) (9-12) Junte o abacaxi picado, misture e reserve.

2 Coloque o suco de pêssego e o de limão em uma panela. Adicione a farinha, a canela e o cravo e misture bem. Leve ao fogo alto e deixe ferver, mexendo continuamente. Cozinhe por 3-4 minutos, mexendo sempre, até o molho engrossar. Em seguida, despeje sobre as frutas. Polvilhe uniformemente com as nozes-pecãs e leve ao forno por 40 minutos, até que as frutas borbulhem e as nozes dourem. Retire do forno e deixe esfriar por 5 minutos. Sirva morno ou em temperatura ambiente com iogurte.

(6-9) PURÊ DE PÊSSEGO, PERA E DAMASCOS ASSADOS
Coloque 4 colheres (sopa) da mistura de pêssego, pera e damascos e 1 colher (sopa) de suco de pêssego em um ramequim. Asse como descrito acima por 15 minutos, até que as frutas estejam bem macias. Bata no liquidificador por 30 segundos, adicionando algumas colheres (chá) de água, uma por vez, até ficar homogêneo. Sirva morno.

(9-12) FRUTAS ASSADAS COM IOGURTE
Coloque 4 colheres (sopa) da mistura de pêssego, pera e damascos e 1 colher (sopa) do suco de pêssego em um ramequim. Asse como descrito acima por 15 minutos, até que as frutas estejam bem macias. Bata no liquidificador com 2 colheres (sopa) de iogurte por 15 segundos, adicionando algumas colheres (chá) de água, uma por vez, até formar um purê pedaçudo. Sirva morno.

delícias assadas

Torta de mirtilo e pêssego

RENDIMENTO: 8 porções
TEMPO DE PREPARO: 45 minutos, mais 30 minutos para esfriar
TEMPO DE COZIMENTO: 50 minutos
VALIDADE: até 3 dias na geladeira.

....

PARA A MASSA
240 g/2 xícaras de farinha de trigo integral e um pouco mais para polvilhar
½ colher (chá) de sal marinho
125 g de manteiga sem sal gelada em cubos

PARA O RECHEIO
30 g/¼ de xícara de farinha de trigo integral
1 colher (sopa) de amido de milho
80 ml/ ⅓ de xícara de xarope de agave ou 55 g/¼ de xícara de açúcar mascavo
½ colher (chá) de noz-moscada em pó
¼ de colher (chá) de sal marinho
1 colher (sopa) de suco de limão
1 colher (chá) de raspas de limão
450 g/3 xícaras de mirtilos frescos ou descongelados e escorridos
2 pêssegos cortados em cubos

1 Para fazer a massa, misture a farinha e o sal em uma tigela. Adicione a manteiga gelada e misture com a ponta dos dedos, até obter uma farofa. Adicione 4-6 colheres (sopa) de água gelada, uma por vez, e misture com um garfo até formar uma massa. Faça uma bola grande com ⅔ da massa e uma bola menor com o ⅓ restante. Envolva-as em filme plástico e coloque na geladeira por 30 minutos.

2 Polvilhe um pedaço de papel-manteiga com farinha. Pegue ⅔ da massa e abra um disco com cerca de 30 cm de diâmetro. Apare as arestas com uma faca para dar acabamento. Coloque uma fôrma de 25 cm de diâmetro com a boca para baixo sobre o disco de massa. Segurando a assadeira e o papel-manteiga, vire a massa para dentro da fôrma. Arrume a massa, pressionando-a suavemente para remover quaisquer bolhas de ar. Acerte a borda com uma faca.

3 Para fazer o recheio, coloque a farinha, o amido de milho, o xarope de agave, a noz-moscada, o sal, o suco e as raspas de limão em uma tigela e misture bem. (6-9) (9-12) Incorpore os mirtilos e os pêssegos. Despeje o recheio na fôrma, sobre a massa, e alise a superfície com uma espátula.

4 Preaqueça o forno a 230°C. Polvilhe outro pedaço de papel-manteiga com farinha. Pegue o restante da massa e abra um disco com cerca de 25 cm de diâmetro. Apare as bordas com uma faca para dar acabamento. Coloque o disco de massa sobre o recheio e pressione em volta da assadeira com os dedos para selar a borda. Com uma faca afiada, faça um pequeno corte no centro da massa.

5 Leve ao forno e asse por 10 minutos, depois abaixe a temperatura para 180°C e asse por mais 35-40 minutos, até que a crosta esteja levemente dourada e o suco borbulhe através do corte. Retire do forno e deixe esfriar por 5 minutos. Sirva morna ou em temperatura ambiente.

(6-9) PURÊ DE PÊSSEGO ASSADO
Coloque 5 colheres (sopa) de pêssego picado e 1 colher (sopa) de água em um ramequim. Leve ao forno e asse como acima durante 15 minutos, até que os pêssegos estejam macios. Bata no liquidificador por 30 segundos, adicionando algumas colheres (chá) de água, uma por vez, até ficar homogêneo. Sirva morno.

(9-12) PÊSSEGO E MIRTILO ASSADO
Coloque 3 colheres (sopa) de pêssego picado, 3 colheres (sopa) de mirtilos e 1 colher (sopa) de água em um ramequim. Leve ao forno e asse como descrito acima por 15 minutos, até que as frutas estejam macias. Bata no liquidificador por 15 segundos, adicionando algumas colheres (chá) de água, uma por vez, até formar um purê pedaçudo. Sirva morno.

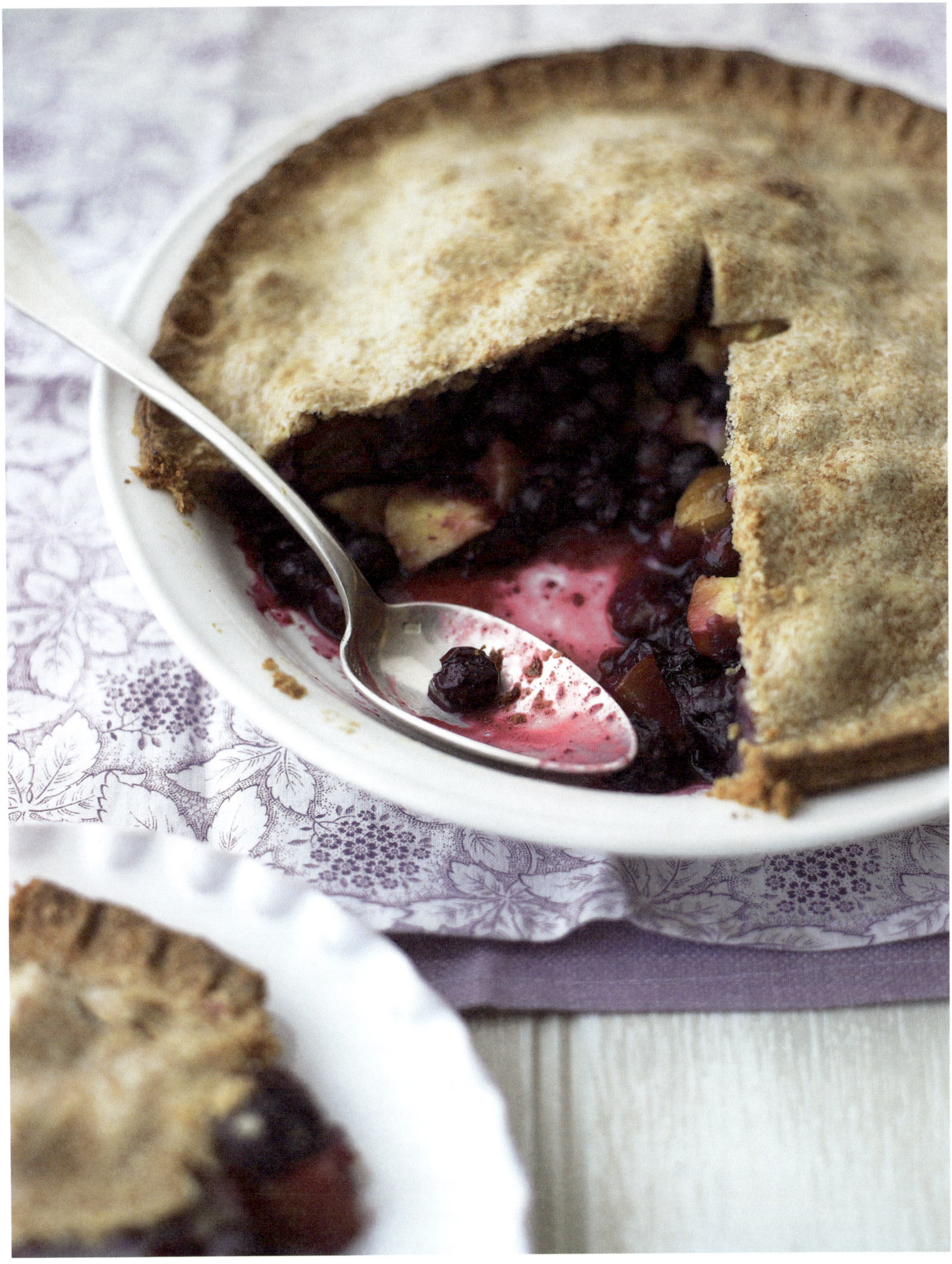

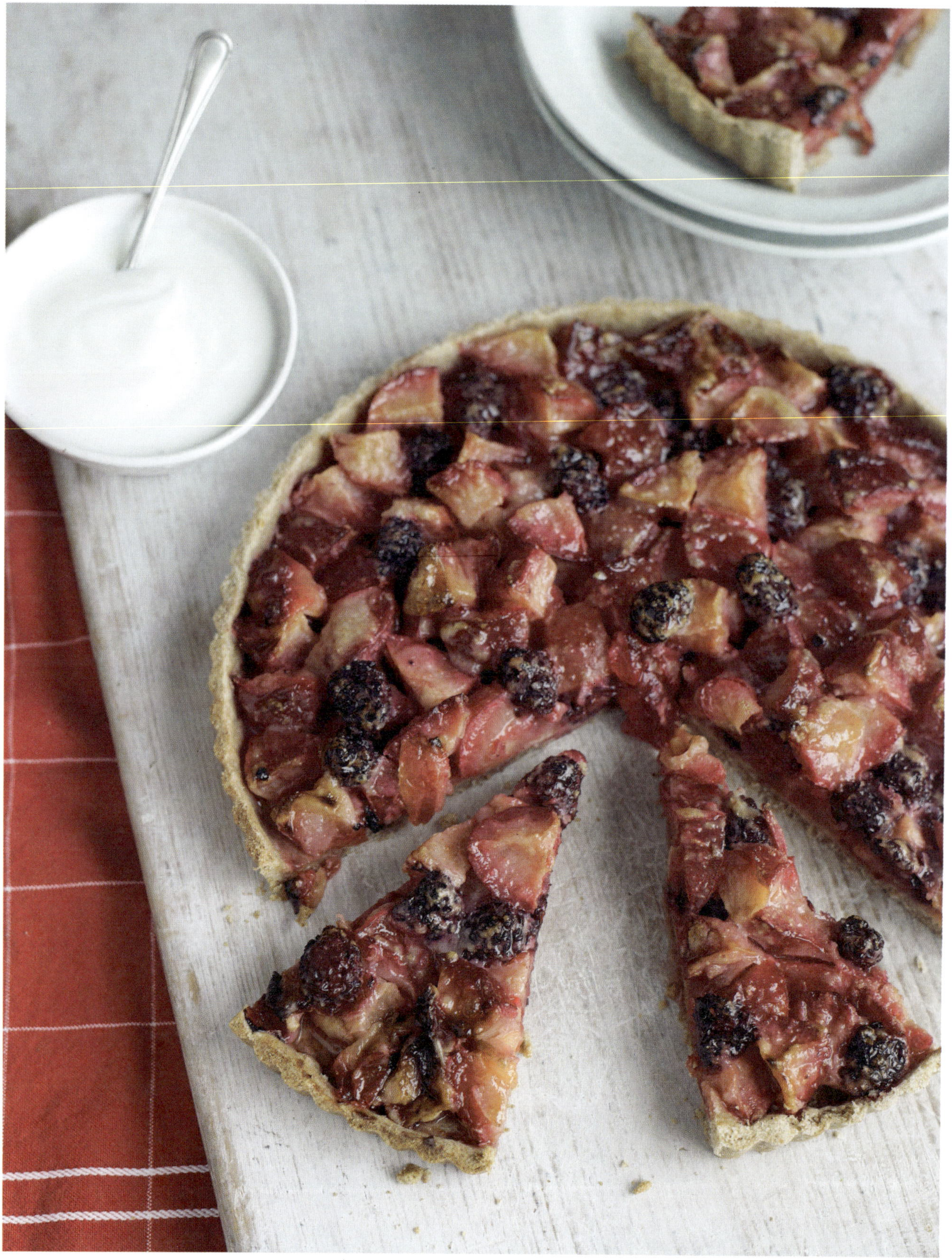

Esta linda torta fica ainda melhor quando as ameixas e as amoras estão no auge da estação. Você pode usar outras frutas, como pêssegos, nectarinas, cerejas, morangos ou mirtilos. Costumo deixar que as crianças assem versões pequenas junto com a torta grande – é só deixar no forno por menos tempo.

Torta de ameixa e amora

RENDIMENTO: 10 porções
TEMPO DE PREPARO: 35 minutos, mais 30 minutos para esfriar
TEMPO DE COZIMENTO: 40 minutos
VALIDADE: até 3 dias na geladeira.

PARA A MASSA
óleo de girassol para untar
240 g/2 xícaras de farinha de trigo integral e um pouco mais para polvilhar
70 g/⅓ xícara de açúcar refinado
1½ colher (chá) de sal marinho
125 g de manteiga sem sal gelada cortada em cubos

PARA O RECHEIO
4 colheres (sopa) de farinha de trigo integral
1 colher (sopa) de amido de milho
900 g de ameixas sem caroço picadas
200 g/1 xícara rasa de amoras
80 ml/⅓ de xícara de xarope de agave ou 55 g/¼ xícara de açúcar refinado
2 colheres (sopa) de suco de limão
iogurte natural para acompanhar

1 Unte uma fôrma de 30 cm de diâmetro com óleo. Para fazer a massa, misture a farinha, o açúcar e o sal. Adicione a manteiga com a ponta dos dedos, até obter uma farofa. Acrescente 2-3 colheres (sopa) de água gelada, uma por vez, e misture com um garfo até formar uma massa. Modele-a formando uma bola, embrulhe em filme plástico e deixe na geladeira por 30 minutos.

2 Polvilhe um pedaço de papel-manteiga com farinha e abra a massa em um disco com cerca de 35 cm de diâmetro. Apare as arestas com uma faca para dar acabamento. Coloque a fôrma de boca para baixo sobre o disco de massa. Em seguida, segurando a fôrma e o papel-manteiga, vire a massa dentro da assadeira. Pressione suavemente para remover quaisquer bolhas de ar. Acerte a borda com uma faca.

3 Preaqueça o forno a 180°C. Para fazer o recheio, misture a farinha e o amido de milho em uma tigela grande. (6-9) (9-12) Adicione as ameixas, as amoras, o xarope de agave e o suco de limão e misture bem. Coloque o recheio sobre a massa e alise a superfície com uma espátula.

4 Asse por 40 minutos, até borbulhar. Retire do forno e deixe esfriar por 5 minutos; desenforme e deixe esfriar mais um pouco. Sirva-a morna ou em temperatura ambiente com iogurte.

(6-9)

PURÊ DE AMEIXA ASSADA
Coloque 5 colheres (sopa) de ameixas e 1 colher (sopa) de água em um ramequim, leve ao forno e asse como descrito acima por 15 minutos, até que a fruta esteja bem macia. Bata no liquidificador por 30 segundos, adicionando algumas colheres (chá) de água, uma por vez, até ficar homogêneo. Sirva morno.

(9-12)

AMEIXAS E AMORAS ASSADAS
Coloque 3 colheres (sopa) de ameixas, 3 colheres (sopa) de amoras e 1 colher (sopa) de água em um ramequim. Leve ao forno e asse como descrito acima por 15 minutos, até que as frutas estejam macias. Bata no liquidificador por 15 segundos, adicionando algumas colheres (chá) de água, uma por vez, até formar um purê pedaçudo. Sirva morno.

delícias assadas

Descaroçar cerejas é mais fácil do que você pensa, e esta sobremesa é tão deliciosa que o esforço vale a pena (mas compre um descaroçador apropriado para ajudar). Se você não tiver tempo, pode usar cerejas congeladas ou em lata, sem açúcar.

Crumble de cereja

RENDIMENTO: 4 porções
TEMPO DE PREPARO: 30 minutos
TEMPO DE COZIMENTO: 30 minutos
VALIDADE: até 3 dias na geladeira.

PARA A COBERTURA
3 colheres (sopa) de óleo de girassol e um pouco mais para untar
55 g/¼ de xícara de açúcar refinado
60 g/½ xícara de farinha de trigo integral
½ colher (chá) de sal marinho
iogurte natural para acompanhar

PARA O RECHEIO
2 colheres (sopa) de amido de milho ou araruta
500 g de cerejas frescas sem caroço (ou cerejas descongeladas e escorridas)
2 colheres (chá) de suco de limão
1 colher (chá) de raspas de limão
½ colher (chá) de essência de baunilha

1 Preaqueça o forno a 190°C e unte quatro ramequins com óleo. Para fazer o recheio, misture o amido de milho e 3 colheres (sopa) de água fria até formar uma pasta lisa. (6-9) (9-12) Adicione as cerejas, o suco, as raspas de limão e a essência de baunilha e misture bem. Distribua a mistura uniformemente pelos ramequins.

2 Em outra tigela, misture o açúcar, a farinha, o sal e o óleo até obter uma farofa grosseira. Divida a farofa uniformemente sobre as cerejas. Asse por 25-30 minutos, até borbulhar e ficar levemente dourado. Retire do forno e deixe esfriar por 5 minutos. Sirva quente, com iogurte.

(6-9) PURÊ DE CEREJA
Coloque 5 colheres (sopa) de cerejas e 2 colheres (sopa) de água no liquidificador. Bata por 30 segundos, adicionando mais algumas colheres (chá) de água, uma por vez, até ficar homogêneo. Sirva morno ou em temperatura ambiente.

(9-12) CEREJA ASSADA COM IOGURTE
Coloque 4 colheres (sopa) de cerejas e 2 colheres (sopa) de água em um ramequim. Leve ao forno e asse como descrito acima por 15 minutos, até que a fruta esteja macia. Bata no liquidificador com 2 colheres (sopa) de iogurte por 15 segundos, adicionando algumas colheres (chá) de água, uma por vez, até formar um purê pedaçudo. Sirva morno.

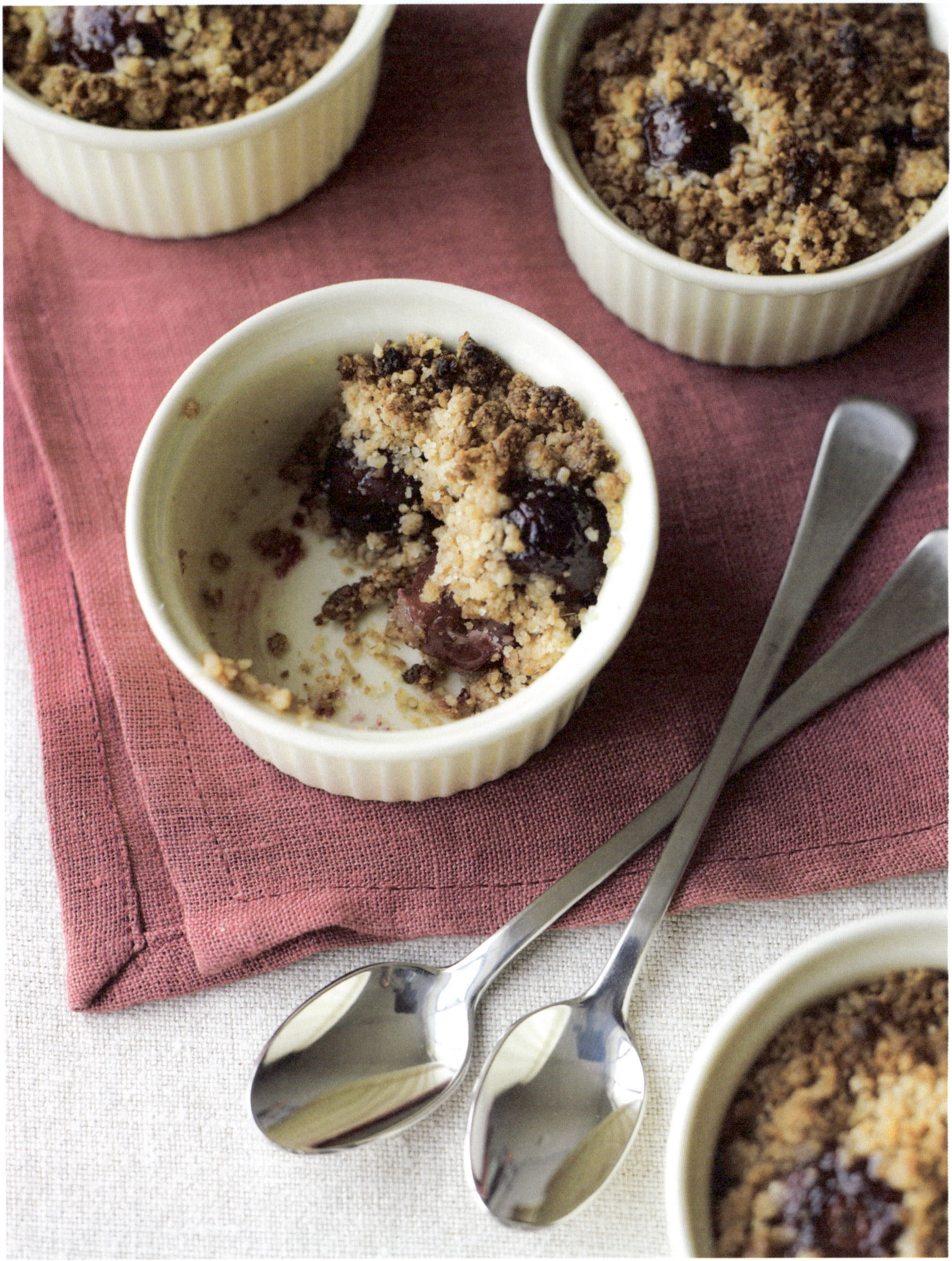

É um dos meus favoritos, tão bom que é difícil resistir a qualquer hora do dia. Minha amiga Jazz diz que seu filho Jonah fala maravilhas do meu crumble, e minha amiga Julie adora.

Crumble de nectarina e framboesa

SERVE: 2 adultos, 1 criança e 1 bebê
TEMPO DE PREPARO: 20 minutos
TEMPO DE COZIMENTO: 1 hora
VALIDADE: até 2 dias em um recipiente com fechamento hermético; depois, até 3 dias na geladeira.

450 g de nectarinas frescas ou pêssegos frescos
300 g/2½ xícaras rasas de framboesas frescas ou descongeladas
165 g/¾ de xícara + 1 colher (sopa) de açúcar refinado
iogurte natural para acompanhar

PARA O CRUMBLE
125 g de manteiga sem sal ou óleo de girassol e um pouco mais para untar
200 g/1⅔ de xícara de farinha de trigo integral
75 g/¾ de xícara de aveia em flocos
25 g/¼ de xícara de trigo-sarraceno em flocos
110 g/½ xícara de açúcar mascavo
1½ colher (chá) de canela em pó
½ colher (chá) de sal marinho

1 Preaqueça o forno a 170°C e unte uma assadeira de 23 x 23 cm com manteiga. (6-9) (9-12) Para fazer o crumble, coloque a farinha, a aveia, os flocos de trigo-sarraceno, o açúcar mascavo, a canela e o sal em uma tigela grande e misture bem. Derreta a manteiga em uma panela em fogo baixo e em seguida retire-a do fogo. Adicione a manteiga derretida à mistura de farinha e mexa até obter uma farofa grossa. Espalhe ⅔ do crumble no fundo da assadeira, pressionando a superfície com as costas de uma colher. Reserve o restante do crumble.

2 Em outra tigela, misture as nectarinas, as framboesas e o açúcar refinado, e distribua as frutas sobre o crumble na assadeira. Cubra as frutas uniformemente com o crumble restante. Leve ao forno e asse por 50-60 minutos, até dourar. Sirva quente ou frio, com iogurte.

(6-9) PURÊ DE AVEIA E TRIGO-SARRACENO
Coloque 2 colheres (sopa) de aveia, 2 colheres (sopa) de flocos de trigo-sarraceno, 1 colher (chá) de iogurte e 185 ml/¾ de xícara de água em uma panela. Tampe e deixe de molho por 7 horas ou durante a noite em temperatura ambiente. Leve ao fogo alto até ferver, depois abaixe o fogo e cozinhe por 10 minutos, mexendo ocasionalmente, até que fique bem macio. Bata no liquidificador com 2 colheres (sopa) de água por 30 segundos, adicionando mais algumas colheres (chá) de água, uma por vez, até ficar homogêneo. Sirva morno.

(9-12) MINGAU DE AVEIA, TRIGO-SARRACENO, NECTARINA E FRAMBOESA
Coloque seis pedaços de nectarina, 2 colheres (sopa) de aveia, 2 colheres (sopa) de flocos de trigo-sarraceno, 1 colher (chá) de iogurte e 185 ml/¾ de xícara de água em uma panela. Tampe e deixe de molho por 7 horas ou durante a noite em temperatura ambiente. Leve ao fogo alto até ferver, depois abaixe o fogo e cozinhe durante 10 minutos, mexendo ocasionalmente, até que fique bem macio. Transfira para o liquidificador e adicione 1 colher (sopa) de framboesas e 2 colheres (sopa) de água. Bata por 15 segundos, adicionando mais algumas colheres (chá) de água, uma por vez, até formar um purê pedaçudo. Sirva morno.

Às vezes é bom ter o prazer de fazer uma torta sem se preocupar com a massa. Minha irmã Jan diz que seus filhos preferem esta versão à dela, apesar de a minha usar muito menos açúcar.

Maçãs assadas com cobertura de nozes

RENDIMENTO: 8 porções
TEMPO DE PREPARO: 25 minutos
TEMPO DE COZIMENTO: 1 hora
VALIDADE: até 2 dias em um recipiente com fechamento hermético; depois, até 3 dias na geladeira.

PARA O RECHEIO
3 colheres (sopa) de farinha de trigo integral
55 g/¼ de xícara de açúcar refinado
1 colher (chá) de canela em pó
¼ de colher (chá) de noz-moscada em pó
½ colher (chá) de sal marinho
600 g de maçãs doces sem sementes picadas
1 colher (sopa) de suco de limão

PARA A COBERTURA
50 g/½ xícara de farinha de trigo integral
35 g/⅓ de xícara de trigo-sarraceno em flocos
15 g/¼ de xícara de nozes picadas
25 g/3 colheres (sopa) de açúcar refinado
⅛ de colher (chá) de sal marinho
40 g de manteiga sem sal gelada em cubos e um pouco mais para untar
iogurte natural para acompanhar

1 Preaqueça o forno a 180°C e unte uma assadeira de 25 cm de diâmetro com manteiga. Para fazer o recheio, misture a farinha, o açúcar, a canela, a noz-moscada e o sal. (9-12) Coloque as maçãs em uma tigela pequena e regue com o suco de limão. Junte as maçãs à farinha com especiarias e misture bem.

2 (6-9) Para fazer a cobertura, coloque a farinha, os flocos de trigo-sarraceno, as nozes, o açúcar e o sal em uma tigela pequena e misture bem. Adicione a manteiga e mexa com a ponta dos dedos, até obter uma farofa. Coloque o recheio de maçã na assadeira e distribua a cobertura por cima, alisando com uma colher. Leve ao forno e asse por 50-60 minutos, até que o recheio borbulhe e a cobertura doure. Sirva quente, com iogurte.

(6-9) PURÊ DE TRIGO-SARRACENO ASSADO
Coloque 4 colheres (sopa) de flocos de trigo-sarraceno, 1 colher (chá) de iogurte e 125 ml/½ xícara de água em uma assadeira pequena. Cubra e deixe de molho por 7 horas ou durante a noite em temperatura ambiente. Asse como descrito acima por 35 minutos, até que fique bem macio. Bata no liquidificador com 2 colheres (sopa) de água por 30 segundos, adicionando mais algumas colheres (chá) de água, uma por vez, até ficar homogêneo. Sirva morno.

(9-12) ASSADO DE MAÇÃ COM MANTEIGA E TRIGO-SARRACENO
Coloque 4 colheres (sopa) de flocos de trigo-sarraceno, 1 colher (chá) de iogurte e 125 ml/½ xícara de água em uma assadeira pequena. Cubra e deixe de molho por 7 horas ou durante a noite em temperatura ambiente. Adicione seis pedaços de maçã e 1 colher (chá) de manteiga e misture bem. Asse como descrito acima por 35 minutos, até que a maçã esteja bem macia. Bata no liquidificador com 2 colheres (sopa) de água por 15 segundos, adicionando mais algumas colheres (chá) de água, uma por vez, até formar um purê pedaçudo. Sirva morno.

delícias assadas

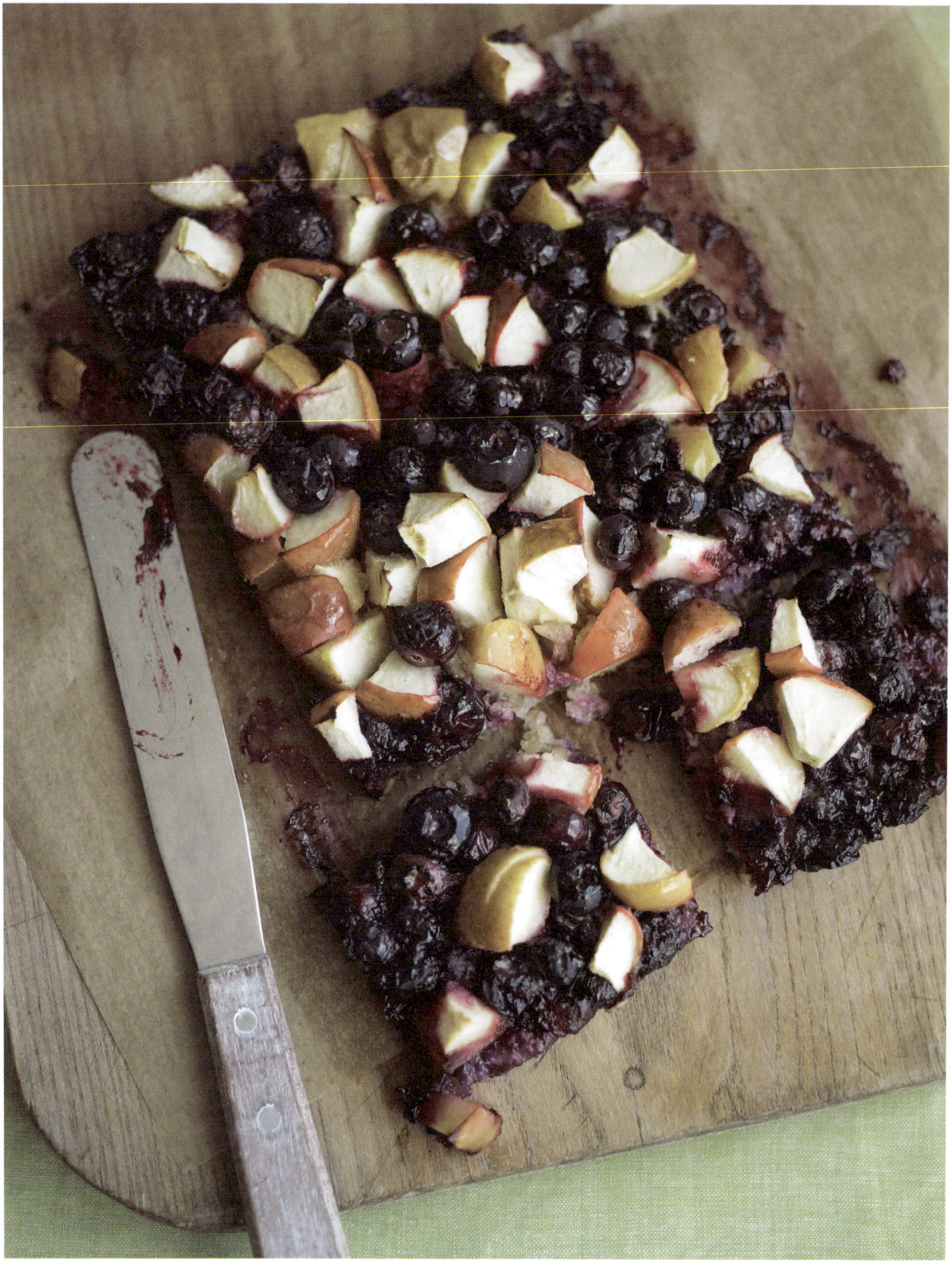

Com frutas em abundância, esta receita fica no meio do caminho entre um assado e uma torta. Meu marido e eu a comemos no café da manhã com iogurte; Jessie e Nicholas levam para o lanche da escola; e Cassie come a qualquer hora.

Maçã e mirtilo ao forno

SERVE: 2 adultos, 1 criança e 1 bebê
TEMPO DE PREPARO: 20 minutos
TEMPO DE COZIMENTO: 50 minutos
VALIDADE: até 2 dias em um recipiente com fechamento hermético; depois, até 3 dias na geladeira.

....

300 g/2 xícaras de mirtilos frescos ou descongelados
300 g de maçãs sem sementes picadas
1 colher (sopa) de suco de limão
1 colher (sopa) de amido de milho ou araruta
150 g/1½ xícara de aveia em flocos
50 g/½ xícara de trigo-sarraceno em flocos
110 g/½ xícara de açúcar refinado
1 colher (chá) de fermento em pó
½ colher (chá) de sal marinho
6 colheres (sopa) de óleo de girassol e um pouco mais para untar
1 colher (chá) de extrato de baunilha

1 (6-9) (9-12) Em uma tigela grande, misture os mirtilos, as maçãs, o suco de limão e o amido de milho e reserve. Em outra tigela, misture a aveia, os flocos de trigo-sarraceno, o açúcar, o fermento em pó e o sal. Adicione o óleo, o extrato de baunilha e 150 ml/⅔ de xícara de água e mexa bem.

2 Espalhe a massa de aveia e de trigo-sarraceno no fundo da assadeira e alise a superfície com uma espátula. Distribua a cobertura de frutas sobre a massa e alise a superfície novamente. Leve ao forno e asse por 50 minutos, até borbulhar. Retire do forno e deixe esfriar por 5 minutos. Corte em quadrados e sirva morno ou em temperatura ambiente.

(6-9) PURÊ DE MAÇÃ E TRIGO-SARRACENO ASSADOS

Misture seis pedaços de maçã, 4 colheres (sopa) de flocos de trigo-sarraceno e 185 ml/¾ de xícara de água. Transfira para um ramequim untado e asse como descrito acima por 35 minutos, até que estejam bem macios. Bata no liquidificador com 2 colheres (sopa) de água por 30 segundos, adicionando mais algumas colheres (chá) de água, uma por vez, até ficar homogêneo. Sirva morno.

(9-12) MAÇÃ E MIRTILO ASSADOS

Misture 1½ colher (sopa) de maçãs, 1½ colher (sopa) de mirtilos, 4 colheres (sopa) de flocos de trigo-sarraceno e 4 colheres (sopa) de água. Transfira para um ramequim untado e asse como descrito acima por 35 minutos, até que estejam bem macios. Bata no liquidificador com 2 colheres (sopa) de água por 15 segundos, adicionando mais algumas colheres (chá) de água, uma por vez, até formar um purê pedaçudo. Sirva morno.

delícias assadas

Quem não gosta de arroz-doce? É um prato que você pode colocar no forno e deixar assar até a perfeição. Com passas e especiarias suaves, é um doce saudável para todos.

Arroz-doce de forno

SERVE: 2 adultos, 1 criança e 1 bebê
TEMPO DE PREPARO: 20 minutos, além de pelo menos 7 horas de molho
TEMPO DE COZIMENTO: 2 horas
VALIDADE: até 3 dias na geladeira.

....

200 g/1 xícara de arroz integral ou arroz cateto integral
1 colher (sopa) de iogurte natural
2 ovos grandes
75 g/⅓ de xícara + 2 colheres (sopa) de açúcar refinado
750 ml/3 xícaras de leite de aveia ou leite de arroz
30 g/¼ de xícara de uvas-passas picadas
1 colher (chá) de extrato de baunilha
1 colher (chá) de canela em pó
¼ de colher (chá) de noz-moscada em pó
1 colher (chá) de sal marinho

1 Coloque o arroz e o iogurte em uma travessa refratária funda e cubra generosamente com água morna. Cubra e deixe de molho por 7 horas ou durante a noite em temperatura ambiente. (6-9) (9-12)

2 Preaqueça o forno a 170°C. Escorra o arroz, lave-o e em seguida coloque-o de volta no refratário. Bata ligeiramente os ovos com um batedor manual. Adicione os ovos batidos, o açúcar, o leite de aveia, as passas, o extrato de baunilha, a canela, a noz-moscada e o sal ao arroz e mexa até dissolver o açúcar e espalhar bem a canela e a noz-moscada.

3 Leve ao forno e asse durante 30 minutos, até formar uma crosta dourada por cima. Mexa e leve ao forno por mais 15 minutos. Mexa novamente e asse por mais 1h15, até o arroz ficar bem macio, e a crosta, dourada. Sirva quente ou frio.

(6-9) PURÊ DE ARROZ-DOCE ASSADO
Coloque 2 colheres (sopa) de arroz escorrido e 8 colheres (sopa) de leite de aveia em uma assadeira pequena e misture. Asse como descrito acima por 1h15, até que o arroz esteja bem macio. Bata no liquidificador com 2 colheres (sopa) de água por 30 segundos, adicionando mais algumas colheres (chá) de água, uma por vez, até ficar homogêneo. Sirva morno.

(9-12) ARROZ-DOCE COM PASSAS
Coloque 2 colheres (sopa) de arroz escorrido, 8 colheres (sopa) de leite de aveia e 1 colher (chá) de passas em uma assadeira pequena e misture. Asse como descrito acima por 1h15, até que o arroz esteja bem macio. Bata no liquidificador com 2 colheres (sopa) de água por 15 segundos, adicionando mais algumas colheres (chá) de água, uma por vez, até formar um purê pedaçudo. Sirva morno.

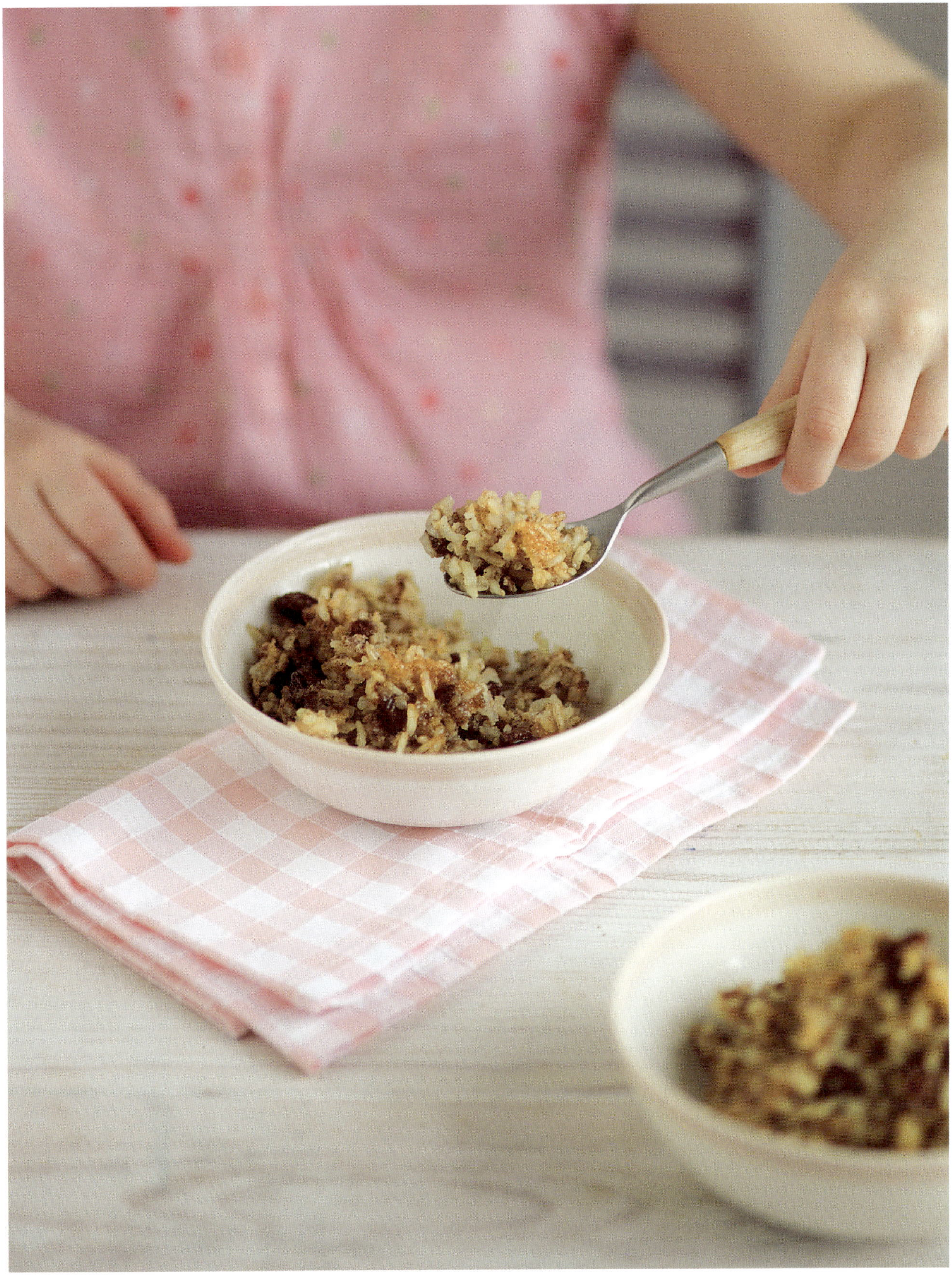

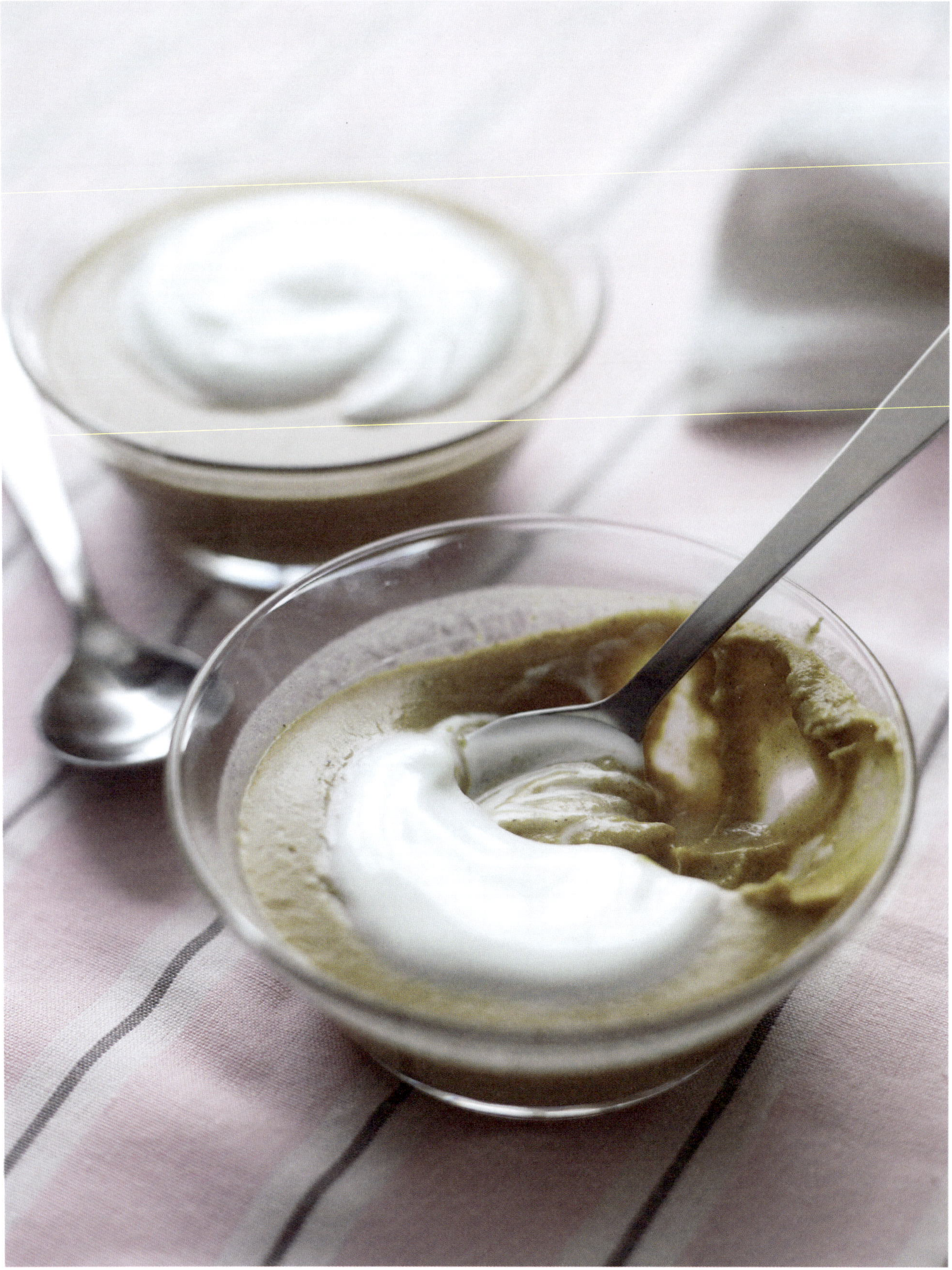

Meu marido ficou receoso quando fiz esta receita pela primeira vez, pois ela adquire uma aparência estranha durante o preparo. Mas depois que ficou pronto ele não resistiu à bela cor e ao sabor, que combina com o outono e o Natal.

Creme de abóbora com especiarias e iogurte

SERVE: 2 adultos, 1 criança e 1 bebê
TEMPO DE PREPARO: 20 minutos, além do tempo para esfriar e pelo menos 1 hora para gelar
TEMPO DE COZIMENTO: 50 minutos
VALIDADE: até 3 dias na geladeira.

....

500 g/2 xícaras de iogurte natural e um pouco mais para acompanhar (opcional)
110 g/½ xícara de açúcar refinado
1½ colher (chá) de canela em pó
½ colher (chá) de noz-moscada em pó
½ colher (chá) de cravo em pó
½ colher (chá) de pimenta-da-jamaica em pó
½ colher (chá) de sal marinho
320 g de abóbora-manteiga ou cabochan descascada, sem sementes e cortada em cubos
80 g de manteiga sem sal gelada em cubos

1 (9-12) Misture o iogurte, o açúcar, as especiarias e o sal. (6-9) Coloque essa mistura, a abóbora e a manteiga em uma assadeira e mexa bem, garantindo que a abóbora fique coberta pelas especiarias.

2 Cubra e leve ao forno por 50 minutos, até que a abóbora esteja macia. Retire do forno e deixe esfriar completamente. Bata no liquidificador por 1 minuto até ficar homogêneo. Coloque o creme em taças de sobremesa. Cubra com filme plástico e deixe na geladeira por pelo menos 1 hora. Sirva frio, acompanhado de iogurte, se quiser.

(6-9) **PURÊ DE ABÓBORA ASSADA**
Coloque 5 colheres (sopa) de abóbora e 1 colher (sopa) de água em um ramequim. Asse como descrito acima por 30 minutos, até que a abóbora esteja bem macia. Bata no liquidificador com 3 colheres (sopa) de água por 30 segundos, adicionando mais algumas colheres (chá) de água, uma por vez, até ficar homogêneo. Sirva morno.

(9-12) **ABÓBORA ASSADA COM IOGURTE**
Coloque 5 colheres (sopa) de abóbora, 1 colher (sopa) de água e 1 colher (chá) de manteiga em um ramequim. Asse como descrito acima por 30 minutos, até que a abóbora esteja bem macia. Transfira para o liquidificador e acrescente 2 colheres (sopa) de iogurte e 2 colheres (sopa) de água. Bata por 15 segundos, adicionando mais algumas colheres (chá) de água, uma por vez, até formar um purê pedaçudo. Sirva morno.

delícias assadas

Eu cresci comendo abóbora assada e adoro o cheiro de canela e manteiga derretida que emana do forno durante o cozimento. Esta versão, com maçã e nozes picadas, é deliciosa.

Abóbora-cabochan com canela

SERVE: 2 adultos, 1 criança e 1 bebê
TEMPO DE PREPARO: 15 minutos
TEMPO DE COZIMENTO: 50 minutos
VALIDADE: até 3 dias na geladeira.

....

azeite extravirgem para untar
2 abóboras japonesas cortadas ao meio sem sementes
2 maçãs sem sementes picadas
30 g/¼ de xícara de nozes-pecãs picadas
2 colheres (chá) de xarope de agave ou
 1 colher (chá) de açúcar mascavo
½ de colher (chá) de canela em pó
15 g de manteiga sem sal

1 Preaqueça o forno a 180°C e unte uma assadeira grande com azeite. Coloque as metades das abóboras com o miolo virado para baixo na assadeira e asse por 30 minutos, até que amoleçam. (6-9) (9-12) Retire do forno e vire as metades das abóboras na assadeira.

2 Misture as maçãs, as nozes, o xarope de agave e a canela, e recheie as metades de abóbora com essa mistura. Divida a manteiga em quatro e coloque um pedaço sobre cada metade de abóbora. Asse por 20 minutos, até que as abóboras e as maçãs estejam macias. Sirva quente.

(6-9) **PURÊ DE ABÓBORA E MAÇÃ ASSADAS**
Coloque metade da abóbora com a casca voltada para baixo em uma assadeira untada e recheie com 2 colheres (sopa) de maçã. Asse como descrito acima por 35 minutos, até que a abóbora e a maçã estejam bem macias. Bata no liquidificador por 30 segundos, adicionando algumas colheres (chá) de água, uma por vez, até ficar homogêneo. Sirva morno.

(9-12) **ASSADO DE ABÓBORA E MAÇÃ COM MANTEIGA**
Coloque metade da abóbora com a casca voltada para baixo em uma assadeira untada e recheie com 2 colheres (sopa) de maçã e 1 colher (chá) de manteiga. Asse como descrito acima por 35 minutos, até que a abóbora e a maçã estejam bem macias. Bata no liquidificador por 15 segundos, adicionando algumas colheres (chá) de água, uma por vez, até formar um purê pedaçudo. Sirva morno.

Este casamento interessante de frutas e tubérculos tem uma doçura encantadora. A combinação oferece excelente mistura de nutrientes e rende um prato rápido de preparar.

Pudim de banana e batata-doce

SERVE: 2 adultos, 1 criança e 1 bebê
TEMPO DE PREPARO: 20 minutos
TEMPO DE COZIMENTO: 1 hora
VALIDADE: até 3 dias na geladeira.

....

manteiga sem sal para untar
225 g de batata-doce em cubos
240 g/2 xícaras de farinha de trigo integral
110 g/½ xícara de açúcar refinado
1 colher (chá) de canela em pó
¼ de colher (chá) de noz-moscada em pó
½ colher (chá) de sal marinho
1 ovo grande
185 ml/¾ de xícara de leite de aveia ou leite de arroz
8 colheres (sopa) de óleo de girassol
1½ colher (chá) de extrato de baunilha
2 bananas cortadas em quatro e picadas
iogurte natural para acompanhar

1 Preaqueça o forno a 180°C e unte uma assadeira com manteiga. Coloque a batata-doce em uma panela a vapor, tampe e cozinhe durante 15 minutos, até que esteja bem macia. Amasse-a cuidadosamente até ficar homogênea. (6-9) (9-12)

2 Em uma tigela grande, misture a farinha, o açúcar, a canela, a noz-moscada e o sal. Em outra tigela, bata ligeiramente o ovo com um batedor manual. Adicione o leite de aveia, o óleo, o extrato de baunilha, as bananas e a batata-doce amassada e mexa bem. Junte a mistura de ovos à mistura seca e mexa até incorporá-las. Despeje a massa na assadeira e asse por 45 minutos, até que esteja levemente dourada e firme. Retire do forno e deixe esfriar por 5 minutos. Sirva morno, com iogurte.

(6-9) PURÊ DE BANANA E BATATA-DOCE ASSADAS
Amasse seis pedaços de banana, adicione 3 colheres (sopa) de batata-doce amassada, 1 colher (sopa) de água e misture bem. Transfira para um ramequim untado e asse como descrito acima por 20 minutos, até que esteja levemente dourado e firme. Retire do forno e deixe esfriar um pouco. Bata no liquidificador com 1 colher (sopa) de água por 30 segundos, adicionando mais algumas colheres (chá) de água, uma por vez, até ficar homogêneo. Sirva morno.

(9-12) BANANA E BATATA-DOCE ASSADAS
Amasse seis pedaços de banana, adicione 3 colheres (sopa) de batata-doce amassada, 1 colher (chá) de óleo e 1 colher (sopa) de água e misture bem. Transfira para um ramequim untado e leve ao forno como descrito acima por 20 minutos, até que esteja levemente dourado e firme. Retire do forno e deixe esfriar um pouco. Bata no liquidificador com 1 colher (sopa) de água por 15 segundos, adicionando mais algumas colheres (chá) de água, uma por vez, até formar um purê pedaçudo. Sirva morno.

delícias assadas

Índice

abacate (6-9) (9-12) 14
  Abóbora recheada assada 121
    Macarrão com abóbora assada, abacate e legumes (9-12)
    Purê de abóbora assada, abacate e macarrão (6-9)
  Assado com queijo e mole 134
    Arroz e quinoa vermelhos com abacate, cebola e salsinha (9-12)
    Purê de arroz vermelho, quinoa vermelha e abacate (6-9)
  Camarão picante com abacate 108
    Macarrão de arroz com abacate e coentro (9-12)
    Purê de macarrão de arroz e abacate (6-9)
  Lasanha de legumes assados 128
    Alcachofra, abobrinha e cebola assadas com abacate (9-12)
    Purê de alcachofra, abobrinha e abacate (6-9)
  Quesadilla aberta com vinagrete 116
    Feijão-rajado, abacate, cebola e alho (9-12)
    Purê de feijão-rajado e abacate (6-9)
  Salada dos sonhos com abóbora 62
    Abóbora, favas e abacate com beterraba e brotos (9-12)
    Purê de abóbora, favas e abacate (6-9)
  Temaki 132
    Legumes, abacate, brotos, beterraba e arroz (9-12)
    Purê de vagem, abacate e arroz (6-9)
abacaxi
  Frutas assadas com especiarias 155
abóbora (6-9) (9-12)
  Abóbora-cabochan com canela 170
    Assado de abóbora e maçã com manteiga (9-12)
    Purê de abóbora e maçã assadas (6-9)
  Abóbora recheada assada 121
    Macarrão com abóbora assada, abacate e legumes (9-12)
    Purê de abóbora assada, abacate e macarrão (6-9)
  Cavalinha com legumes 60
    Mix de cavalinha e legumes (9-12)
    Purê de cavalinha e legumes (6-9)
  Salada dos sonhos com abóbora 62
    Abóbora, favas e abacate com beterraba e brotos (9-12)
    Purê de abóbora, favas e abacate (6-9)
  Tagine de cordeiro 95
    Guisado de cordeiro e quinoa (9-12)
    Purê de cordeiro, abóbora, damasco e quinoa (6-9)
abóbora-moranga (6-9) (9-12)
  Creme de abóbora com especiarias e iogurte 169
    Abóbora assada com iogurte (9-12)
    Purê de abóbora assada (6-9)
abobrinha (6-9) (9-12)
  Abobrinha assada com sementes torradas 126
    Quinoa, abobrinha e iogurte (9-12)
    Purê de quinoa e abobrinha (6-9)
  Lasanha de legumes assados 128
    Alcachofra, abobrinha e cebola assadas com abacate (9-12)
    Purê de alcachofra, abobrinha e abacate (6-9)
  Macarrão oriental com molho de lula 107
    Macarrão oriental com legumes e coco (9-12)
    Purê de cenoura, abobrinha, ervilha e macarrão oriental (6-9)
  Omelete arco-íris de legumes e arroz 69
    Arroz integral com aspargos, abobrinha e cenoura (9-12)
    Purê de arroz integral, abobrinha e cenoura (6-9)
  Salada toscana de espelta 65
    Mix de abobrinha, erva-doce, cebola roxa e ervas (9-12)
    Purê de abobrinha (6-9)
  Tofu teriyaki 131
    Arroz vermelho com abobrinha e erva-doce (9-12)
    Purê de arroz vermelho e abobrinha (6-9)
acelga (9-12)
  Sanduíche de filé com maionese creole 54
    Filé com acelga (9-12)
açúcar 12
aipo-rábano (6-9) (9-12)
  Carne de porco com alcaparras e purê de aipo-rábano 91
    Carne de porco, anchovas e aipo-rábano (9-12)
    Purê de carne de porco e aipo-rábano (6-9)
  Frango com alho e salada de aipo-rábano 88
    Frango, espaguete de milho e aipo-rábano ralado (9-12)
    Purê de frango e aipo-rábano (6-9)
algas 16-7
  arame 16-7, 126
  kombu 19, 23, 24-5, 68, 76, 111, 113, 118, 135
  nori 16-7, 132
alho (6-9) (9-12) 15
  Frango com alho e salada de aipo-rábano 88
  Lentilha cremosa com purê de batata 118
    Guisado de lentilha, cenoura, batata-doce, cebola e alho (9-12)
  Quesadilla aberta com vinagrete 116
    Feijão-rajado, abacate, cebola e alho (9-12)
    Purê de feijão-rajado e abacate (6-9)
  Salteado chinês de carne 101
    Carne com alho, couve-flor, brócolis e arroz integral (9-12)
  Sopa de legumes brancos 135
    Feijão-bolinha, couve-flor e alho (9-12)
  Tofu marinado salteado 79
    Ervilha-torta, brócolis, alho e arroz integral (9-12)
    Purê de ervilha-torta, brócolis e arroz integral (6-9)
  Torta camponesa vegetariana 113
    Batata-doce, mandioquinha, lentilha, alho-poró, alho e salsinha (9-12)
alho-poró (9-12)
  Abóbora recheada assada 121
    Macarrão com abóbora assada, abacate e legumes (9-12)
  Arroz de forno com ervilha e limão-siciliano 125
    Arroz arbório com ervilha, alho-poró e salsinha (9-12)
  Assado de painço e moyashi 127
    Assado de painço, moyashi, brócolis, ervilhas e alho-poró (9-12)
  Cavalinha com legumes 60
    Mix de cavalinha e legumes (9-12)
  Frango embrulhado em pancetta com salada de quinoa 82
    Frango e quinoa com mix de legumes e alho-poró (9-12)
  Sopa simples de cogumelos 66
    Mix de trigo-sarraceno e alho-poró (9-12)
  Tomate recheado com quinoa 71
    Quinoa com alho-poró (9-12)
  Torta camponesa vegetariana 113
    Batata-doce, mandioquinha, lentilha, alho-poró, alho e salsinha (9-12)
alimentação saudável 9, 10
alimentos orgânicos 9
couve-chinesa (9-12)
  Macarrão com couve-chinesa 137
    Macarrão de trigo-sarraceno, couve-chinesa, brócolis e cebolinha (9-12)
amaranto (6-9) (9-12) 14
  Amaranto com manga 34
    Mix de amaranto, manga e iogurte (9-12)
    Purê de amaranto e manga (6-9)
ameixas (6-9) (9-12)
  Torta de ameixa e amora 159
    Ameixas e amoras assadas (9-12)
    Purê de ameixa assada (6-9)
  Pão de aveia e ameixa 146
    Pudim de ameixa (9-12)
    Purê de ameixa (6-9)
amêndoas
  Mix de frutas e oleaginosas com iogurte 31
  Müsli suíço 32

amoras (9-12)
  Torta de ameixa e amora 159
    Ameixas e amoras assadas (9-12)
anchovas (9-12)
  Carne de porco com alcaparras e purê de aipo-rábano 91
    Carne de porco, anchovas e aipo-rábano (9-12)
armazenagem 18
arroz (6-9) (9-12) 12
  Arroz cozido 23
  Arroz de forno com ervilha e limão-siciliano 125
    Arroz arbório com ervilha, alho-poró e salsinha (9-12)
    Purê de arroz e ervilha (6-9)
arroz, demolhar 12-3
Arroz-doce de forno 166
  Arroz-doce com passas (9-12)
  Purê de arroz-doce assado (6-9)
Assado com queijo e mole 134
  Arroz e quinoa vermelhos com abacate, cebola e salsinha (9-12)
  Purê de arroz vermelho, quinoa vermelha e abacate (6-9)
Cordeiro Biryani 92
  Guisado de cordeiro (9-12)
  Purê de arroz integral, cordeiro e ervilha-torta (6-9)
Feijão-vermelho picante com milho e arroz 76
  Feijão-vermelho picante e arroz (9-12)
  Purê de feijão-vermelho e arroz integral (6-9)
Frango com gengibre do Edward 86
  Frango, legumes e arroz basmati (9-12)
  Purê de frango, brócolis e arroz basmati (6-9)
Omelete arco-íris de legumes e arroz 69
  Arroz integral com aspargos, abobrinha e cenoura (9-12)
  Purê de arroz integral, abobrinha e cenoura (6-9)
Panqueca de arroz selvagem 72
  Arroz selvagem com iogurte (9-12)
  Purê de arroz selvagem (6-9)
Salteado chinês de carne 101
  Carne com alho, couve-flor, brócolis e arroz integral (9-12)
  Purê de carne, couve-flor, brócolis e arroz (6-9)
Rosti de raízes com ovos pochés 75
  Nabo redondo e arroz integral com batata-doce (9-12)
  Purê de batata-doce, nabo redondo e arroz (6-9)
Temaki 132
  Legumes, abacate, brotos, beterraba e arroz (9-12)
  Purê de vagem, abacate e arroz (6-9)

Tofu marinado salteado 79
 Ervilha-torta, brócolis, alho e arroz integral (9-12)
 Purê de ervilha-torta, brócolis e arroz integral (6-9)
Tofu teriyaki 131
 Arroz vermelho com abobrinha e erva-doce (9-12)
 Purê de arroz vermelho e abobrinha (6-9)
Vieiras com molho picante de feijão-preto 111
 Arroz integral, feijão-preto, ervilha-torta e cebola (9-12)
 Purê de arroz integral, feijão-preto e ervilha-torta (6-9)
Vitamina de pera e pecãs 28
 Mix de pera, arroz e iogurte (9-12)
 Purê de pera e arroz integral (6-9)
xarope de arroz 35, 37, 89, 140, 147, 150, 156, 159, 170
aspargos (9-12)
 Omelete arco-íris de legumes e arroz 69
 Arroz integral com aspargos, abobrinha e cenoura (9-12)
 Temaki 132
 Legumes, abacate, brotos, beterraba e arroz (9-12)
 Torta gratinada de polenta com queijo e legumes 114
 Polenta com legumes e iogurte (9-12)
aveia (6-9) (9-12)
 Aveia em flocos cozida 22
 Barrinhas de canela e passas 147
 Pudim de passas (9-12)
 Purê de aveia assada (6-9)
 Bolinhos fritos de pêssego 41
 Mingau de aveia e pêssego frito (9-12)
 Purê de aveia e pêssego (6-9)
 Crumble de nectarina e framboesa 162
 Mingau de aveia, trigo-sarraceno, nectarina e framboesa (9-12)
 Purê de aveia e trigo-sarraceno (6-9)
 Müsli suíço 32
 Mix de frutas e aveia (9-12)
 Purê de aveia e maçã (6-9)
 Panquequinha de banana 40
 Purê de aveia e banana (6-9)
 Pão de aveia e ameixa 146
 Pudim de ameixa (9-12)
 Pão para o café da manhã 140
 Mix de damasco e aveia (9-12)
avelãs
 Müsli suíço 32
 Painço cozido com tâmara e avelã 35
bananas (6-9) (9-12)
 Panquequinha de banana 40
 Purê de aveia e banana (6-9)
 Rodelas de banana frita (9-12)
 Pão de banana e nozes 143
 Mix de banana e leite de aveia (9-12)
 Purê de banana (6-9)
 Pudim de banana e batata-doce 171
 Banana e batata-doce assadas (9-12)
 Purê de banana e batata-doce assadas (6-9)

batata
 Bolinho de sardinha 59
 Carne de porco com alcaparras e purê de aipo-rábano 91
 Cavalinha com legumes 60
 Lentilha cremosa com purê de batata 118
 Torta camponesa vegetariana 113
batata-doce (6-9) (9-12)
 Brownies de batata-doce 150
 Batata-doce amassada com manteiga (9-12)
 Purê de batata-doce (6-9)
 Guisado de carne e cebola cozido lentamente 96
 Carne e legumes com batata-doce amassada (9-12)
 Purê de carne e couve-flor com batata-doce amassada (6-9)
 Lentilha cremosa com purê de batata 118
 Guisado de lentilha, cenoura, batata-doce, cebola e alho (9-12)
 Purê de lentilha, cenoura e batata-doce (6-9)
 Peixe com crosta de ervas 102
 Purê de salmão, favas e batata-doce (6-9)
 Salmão com ervas, favas e batata-doce (9-12)
 Piccata de frango com batata-doce e maçã assadas 85
 Assado de frango com ervas, batata-doce e maçã (9-12)
 Purê de frango, batata-doce e maçã (6-9)
 Pudim de banana e batata-doce 171
 Banana e batata-doce assadas (9-12)
 Purê de banana e batata-doce assadas (6-9)
 Rosti de raízes com ovos pochés 75
 Nabo redondo e arroz integral com batata-doce (9-12)
 Purê de batata-doce, nabo redondo e arroz (6-9)
 Torta camponesa vegetariana 113
 Batata-doce, mandioquinha, lentilha, alho-poró, alho e salsinha (9-12)
 Purê de batata-doce, mandioquinha e lentilha (6-9)
 Torta de peixe 105
 Cação com batata-doce, cebola roxa e cenoura (9-12)
 Purê de salmão, batata-doce e cenoura (6-9)
beterraba (9-12)
 Salada dos sonhos com abóbora 62
 Abóbora, favas e abacate com beterraba e brotos (9-12)
 Temaki 132
 Legumes, abacate, brotos, beterraba e arroz (9-12)
 Bolo invertido de limão com purê de manga 153
brócolis (6-9) (9-12) 14-5
 Assado de painço e moyashi 127
 Assado de painço, moyashi, brócolis, ervilhas e alho-poró (9-12)
 Purê de painço, moyashi, brócolis e ervilha (6-9)

Cavalinha com legumes 60
 Mix de cavalinha e legumes (9-12)
 Purê de cavalinha e legumes (6-9)
Frango com gengibre do Edward 86
 Frango, legumes e arroz basmati (9-12)
 Purê de frango, brócolis e arroz basmati (6-9)
Frango embrulhado em pancetta com salada de quinoa 82
 Frango e quinoa com mix de legumes e alho-poró (9-12)
 Purê de frango e quinoa com mix de legumes (6-9)
Macarrão com cinco especiarias chinesas 55
 Purê de carne e brócolis (6-9)
Macarrão com frango, presunto e queijo 50
 Frango com mix de legumes e macarrão (9-12)
 Purê de macarrão com frango, brócolis e couve-flor (6-9)
Quiche de brócolis e pecorino 112
 Macarrão, brócolis e cebola com iogurte (9-12)
 Purê de macarrão e brócolis (6-9)
Salteado chinês de carne 101
 Carne com alho, couve-flor, brócolis e arroz integral (9-12)
 Purê de carne, couve-flor, brócolis e arroz (6-9)
Macarrão com couve-chinesa 137
 Macarrão de trigo-sarraceno, couve-chinesa, brócolis e cebolinha (9-12)
 Purê de macarrão de trigo-sarraceno e brócolis (6-9)
Tofu marinado salteado 79
 Ervilha-torta, brócolis, alho e arroz integral (9-12)
 Purê de ervilha-torta, brócolis e arroz integral (6-9)
brotos (9-12) 17
 Salada dos sonhos com abóbora 62
 Abóbora, favas e abacate com beterraba e brotos (9-12)
 Temaki 132
 Legumes, abacate, brotos, beterraba e arroz (9-12)
 Wrap de frango e tahine 46
 Frango com couve-flor, cenoura e brotos (9-12)
cação (9-12)
 Torta de peixe 105
 Cação com batata-doce, cebola roxa e cenoura (9-12)
camarão
 Camarão picante com abacate 108
 Macarrão tricolor com camarão e vegetais 56
canjiquinha (9-12)
 Grillade de carne à moda da Louisiana 97
 Carne, favas, cebola e canjiquinha (9-12)
carne (6-9) (9-12)
 Ensopado egípcio de carne 98
 Carne, vagem, cebola e trigo-sarraceno (9-12)

Purê de carne, vagem e trigo-sarraceno (6-9)
Grillade de carne à moda da Louisiana 97
 Carne, favas, cebola e canjiquinha (9-12)
 Purê de carne e favas (6-9)
Guisado de carne e cebola cozido lentamente 96
 Carne e legumes com batata-doce amassada (9-12)
 Purê de carne e couve-flor com batata-doce amassada (6-9)
Macarrão com cinco especiarias chinesas 55
 Carne, brócolis e cebolinha (9-12)
 Purê de carne e brócolis (6-9)
Salteado chinês de carne 101
 Carne com alho, couve-flor, brócolis e arroz integral (9-12)
 Purê de carne, couve-flor, brócolis e arroz (6-9)
Sanduíche de filé com maionese creole 54
 Filé com acelga (9-12)
 Purê de filé (6-9)
carne 12
carne de porco (6-9) (9-12)
 Carne de porco com alcaparras e purê de aipo-rábano 91
 Carne de porco, anchovas e aipo-rábano (9-12)
 Purê de carne de porco e aipo-rábano (6-9)
 Guisado de porco e laranja 89
 Carne de porco com macarrão de arroz e legumes (9-12)
 Purê de carne de porco, macarrão de arroz e legumes (6-9)
cavalinha (6-9) (9-12)
 Cavalinha com legumes 60
 Mix de cavalinha e legumes (9-12)
 Purê de cavalinha e legumes (6-9)
cebola (6-9) (9-12)
 Assado com queijo e mole 134
 Arroz e quinoa vermelhos com abacate, cebola e salsinha (9-12)
 Bolinho de sardinha 59
 Mix de sardinha, cebola e salsinha (9-12)
 Bolinhos de milho com presunto e vinagrete de manga 53
 Mix de presunto, manga e cebola roxa (9-12)
 Ensopado egípcio de carne 98
 Carne, vagem, cebola e trigo-sarraceno (9-12)
 Frango com gengibre do Edward 86
 Frango, legumes e arroz basmati (9-12)
 Grillade de carne à moda da Louisiana 97
 Carne e legumes com batata-doce amassada (9-12)
 Hambúrguer de frango 49
 Frango moído e cebola (9-12)
 Purê de frango moído (6-9)
 Lasanha de legumes assados 128
 Alcachofra, abobrinha e cebola assadas com abacate (9-12)

Índice 173

Lentilha cremosa com purê de batata 118
  Guisado de lentilha, cenoura, batata-doce, cebola e alho (9-12)
Macarrão com cinco especiarias chinesas 55
Miniassado de ovos e salmão 43
  Feijão-rajado, abacate, cebola e alho (9-12)
  Mix de salmão e cebola (9-12)
  Purê de salmão (6-9)
  Quesadilla aberta com vinagrete 116
Omelete arco-íris de legumes e arroz 69
Quiche de brócolis e pecorino 112
  Macarrão, brócolis e cebola com iogurte (9-12)
Salada toscana de espelta 65
  Mix de abobrinha, erva-doce, cebola roxa e ervas (9-12)
Salmão assado, couve-flor e alcaparras 61
  Salmão assado e legumes (9-12)
Macarrão com couve-chinesa 137
  Macarrão de trigo-sarraceno, couve-chinesa, brócolis e cebolinha (9-12)
Vieiras com molho picante de feijão-preto 111
  Arroz integral, feijão-preto, ervilha-torta e cebola (9-12)
cebola roxa (9-12)
  Torta gratinada de polenta com queijo e legumes 114
  Polenta com legumes e iogurte (9-12)
Tofu teriyaki 131
Torta de peixe 105
  Cação com batata-doce, cebola roxa e cenoura (9-12)
cenoura (6-9) (9-12)
  Cavalinha com legumes 60
  Mix de cavalinha e legumes (9-12)
  Purê de cavalinha e legumes (6-9)
Festival de pasta de feijão 68
Guisado de porco e laranja 89
  Carne de porco com macarrão de arroz e legumes (9-12)
  Purê de carne de porco, macarrão de arroz e cenoura (6-9)
Lentilha cremosa com purê de batata 118
  Guisado de lentilha, cenoura, batata-doce, cebola e alho (9-12)
  Purê de lentilha, cenoura e batata-doce (6-9)
Macarrão oriental com molho de lula 107
  Macarrão oriental com legumes e coco (9-12)
  Purê de cenoura, abobrinha, ervilha e macarrão oriental (6-9)
Macarrão tricolor com camarão e vegetais 56
  Legumes com macarrão de milho (9-12)
  Purê de vagem, cenoura e alcachofra (6-9) 134
Omelete arco-íris de legumes e arroz 69
  Arroz integral com aspargos, abobrinha e cenoura (9-12)

Purê de arroz integral, abobrinha e cenoura (6-9)
Peixe marroquino 104
  Purê de salmão, cenoura e arroz integral (6-9)
  Salmão com legumes e arroz integral (9-12)
Torta gratinada de polenta com queijo e legumes 11
  Polenta com legumes e iogurte (9-12)
  Purê de cenoura e ervilha (6-9)
Torta de peixe 105
  Cação com batata-doce, cebola roxa e cenoura (9-12)
  Purê de salmão, batata-doce e cenoura (6-9)
Wrap de frango e tahine 46
  Frango com couve-flor, cenoura e brotos (9-12)
cereja (6-9) (9-12)
  Crumble de cereja 160
  Cereja assada com iogurte (9-12)
  Purê de cereja (6-9)
coco (6-9)
  Macarrão oriental com molho de lula 107
  Macarrão oriental com legumes e coco (9-12)
  Purê de cenoura, abobrinha, ervilha e macarrão oriental (6-9)
Mix de frutas e oleaginosas com iogurte 31
cogumelos
  Omelete arco-íris de legumes e arroz 69
  Sopa simples de cogumelos 66
  Tofu teriyaki 131
congelar 18
coração de alcachofra (6-9) (9-12)
  Lasanha de legumes assados 128
  Alcachofra, abobrinha e cebola assadas com abacate (9-12)
  Purê de alcachofra, abobrinha e abacate (6-9)
  Macarrão de forno com espinafre e ricota 122
  Macarrão com alcachofra frito na manteiga (9-12)
  Purê de alcachofra e macarrão (6-9)
  Macarrão de milho com alcachofra e ervilha 78
  Macarrão de milho, alcachofra e ervilha (9-12)
  Purê de alcachofra e ervilha (6-9)
Macarrão tricolor com camarão e vegetais 56
  Legumes com macarrão de milho (9-12)
  Purê de vagem, cenoura e alcachofra (6-9)
cordeiro (6-9) (9-12)
  Cordeiro Biryani 92
  Guisado de cordeiro (9-12)
  Purê de arroz integral, cordeiro e ervilha-torta (6-9)
  Tagine de cordeiro 95
  Guisado de cordeiro e quinoa (9-12)
  Purê de cordeiro, abóbora, damasco e quinoa (6-9)
couve-flor (6-9) (9-12)
  Guisado de carne e cebola cozido lentamente 96

Carne e legumes com batata-doce amassada (9-12)
  Purê de carne e couve-flor com batata-doce amassada (6-9)
Macarrão com frango, presunto e queijo 50
  Frango com mix de legumes e macarrão (9-12)
  Purê de macarrão com frango, brócolis e couve-flor (6-9)
Salteado chinês de carne 101
  Carne com alho, couve-flor, brócolis e arroz integral (9-12)
  Purê de carne, couve-flor, brócolis e arroz (6-9)
Salmão assado, couve-flor e alcaparras 61
  Purê de salmão e couve-flor (6-9)
  Salmão assado e legumes (9-12)
Sopa de legumes brancos 135
  Feijão-bolinha, couve-flor e alho (9-12)
  Purê de feijão-bolinha e couve-flor (6-9)
Wrap de frango e tahine 46
  Frango com couve-flor, cenoura e brotos (9-12)
  Purê de frango e couve-flor (6-9)
cozimento no vapor 18-9
cranberries (9-12)
  Müsli suíço 32
  Mix de frutas e aveia (9-12)
damasco (6-9) (9-12)
  Frutas assadas com especiarias 155
  Frutas assadas com iogurte (9-12)
  Purê de pêssego, pera e damascos assados (6-9)
  Pão de milho com damasco 144
  Assado de damasco e fubá (9-12)
  Purê de damasco assado (6-9)
  Pão para o café da manhã 140
  Mix de damasco e aveia (9-12)
  Purê de damasco (6-9)
  Tagine de cordeiro 95
  Guisado de cordeiro e quinoa (9-12)
  Purê de cordeiro, abóbora, damasco e quinoa (6-9)
dourada, Peixe com crosta de ervas 102

erva-doce (9-12)
  Abóbora recheada assada 121
  Macarrão com abóbora assada, abacate e legumes (9-12)
  Salada toscana de espelta 65
  Mix de abobrinha, erva-doce, cebola roxa e ervas (9-12)
  Tofu teriyaki 131
  Arroz vermelho com abobrinha e erva-doce (9-12)
ervilha-torta (6-9) (9-12)
  Cordeiro Biryani 92
  Guisado de cordeiro (9-12)
  Purê de arroz integral, cordeiro e ervilha-torta (6-9)
  Tofu marinado salteado 79
  Ervilha-torta, brócolis, alho e arroz integral (9-12)
  Purê de ervilha-torta, brócolis e arroz integral (6-9)

Vieiras com molho picante de feijão-preto 111
  Arroz integral, feijão-preto, ervilha-torta e cebola (9-12)
  Purê de arroz integral, feijão-preto e ervilha-torta (6-9)
ervilha (6-9) (9-12)
  Arroz de forno com ervilha e limão-siciliano 125
  Arroz arbório com ervilha, alho-poró e salsinha (9-12)
  Purê de arroz e ervilha (6-9)
  Assado de painço e moyashi 127
  Assado de painço, moyashi, brócolis, ervilhas e alho-poró (9-12)
  Purê de painço, moyashi, brócolis e ervilha (6-9)
  Frango embrulhado em pancetta com salada de quinoa 82
  Frango e quinoa com mix de legumes e alho-poró (9-12)
  Purê de frango e quinoa com mix de legumes (6-9)
  Macarrão de milho com alcachofra e ervilha 78
  Macarrão de milho, alcachofra e ervilha (9-12)
  Purê de alcachofra e ervilha (6-9)
  Macarrão oriental com molho de lula 107
  Macarrão oriental com legumes e coco (9-12)
  Purê de cenoura, abobrinha, ervilha e macarrão oriental (6-9)
  Torta gratinada de polenta com queijo e legumes 114
  Polenta com legumes e iogurte (9-12)
  Purê de cenoura e ervilha (6-9)
espaguete, ver macarrão
espinafre
  Bolinho de lentilha com molho de iogurte 119
  Lentilha cremosa com purê de batata 118
  Macarrão de forno com espinafre e ricota 122
  Panqueca de arroz selvagem 72

farinha integral 13
farinhas 13
favas (6-9) (9-12)
  Grillade de carne à moda da Louisiana 97
  Carne, favas, cebola e canjiquinha (9-12)
  Purê de carne e favas (6-9)
  Peixe com crosta de ervas 102
  Purê de salmão, favas e batata-doce (6-9)
  Salmão com ervas, favas e batata-doce (9-12)
  Salada dos sonhos com abóbora 62
  Abóbora, favas e abacate com beterraba e brotos (9-12)
  Purê de abóbora, favas e abacate (6-9)
feijão-bolinha (6-9) (9-12)
feijão-branco (6-9) (9-12)
  Festival de pasta de feijão 68
  Feijão-branco e grão-de-bico com pepino (9-12)
  Purê de feijão-branco e grão-de-bico (6-9)

feijão-preto (6-9) (9-12)
  Vieiras com molho picante
    de feijão-preto 111
    Arroz integral, feijão-preto, ervilha-
      -torta e cebola (9-12)
    Purê de arroz integral, feijão-preto
      e ervilha-torta (6-9)
feijão-rajado (6-9) (9-12)
  Quesadilla aberta com vinagrete
    116
    Feijão-rajado, abacate, cebola e alho
      (9-12)
    Purê de feijão-rajado e abacate (6-9)
feijão-vermelho (6-9) (9-12)
  Feijão-vermelho picante com
    milho e arroz 76
    Feijão-vermelho picante e arroz (9-12)
    Purê de feijão-vermelho e arroz
      integral (6-9)
feijões secos, Feijões Secos Cozidos
  23-5
feijões, demolhar e cozinhar 19
framboesa (9-12)
  Crumble de nectarina
    e framboesa 162
    Mingau de aveia, trigo-sarraceno,
      nectarina e framboesa (9-12)
  Muffins de pêssego e framboesa
    149
    Mix de pêssego e framboesa (9-12)
frango (6-9) (9-12)
  Frango com alho e salada
    de aipo-rábano 88
    Frango, espaguete de milho e aipo-
      -rábano ralado (9-12)
    Purê de frango e aipo-rábano (6-9)
  Frango com gengibre do Edward
    86
    Frango, legumes e arroz basmati
      (9-12)
    Purê de frango, brócolis e arroz
      basmati (6-9)
  Frango embrulhado em pancetta
    com salada de quinoa 82
    Frango e quinoa com mix de legumes
      e alho-poró (9-12)
    Purê de frango e quinoa com mix
      de legumes (6-9)
  Hambúrguer de frango 49
    Frango moído e cebola (9-12)
    Purê de frango moído (6-9)
  Macarrão com frango, presunto
    e queijo 50
    Frango com mix de legumes
      e macarrão (9-12)
    Purê de macarrão com frango,
      brócolis e couve-flor (6-9)
  Piccata de frango com batata-
    -doce e maçã assadas 85
    Assado de frango com ervas, batata-
      -doce e maçã (9-12)
    Purê de frango, batata-doce e maçã
      (6-9)
  Wrap de frango e tahine 46
    Frango com couve-flor, cenoura
      e brotos (9-12)
    Purê de frango e couve-flor (6-9)
frutas, ver por tipo de fruta

gorduras 12
grão de espelta, Salada toscana de
  espelta 65

grão-de-bico (6-9) (9-12)
  Festival de pasta de feijão 68
    Feijão-branco e grão-de-bico com
      pepino (9-12)
    Purê de feijão-branco e grão-de-bico
      (6-9)
  grão-de-bico seco cozido 24
grãos integrais 12-3
grãos, hidratar 12-3
  Grãos cozidos 22-3

higiene 18

iogurte (9-12) 17
  Amaranto com manga 34
    Frutas assadas com iogurte (9-12) 155
    Macarrão, brócolis e cebola com
      iogurte (9-12) 112
    Mix de amaranto, manga e iogurte
      (9-12)
  Bolinho de lentilha com molho
    de iogurte 119
    Iogurte, lentilha, mandioquinha
      e salsinha (9-12)
  Bolo de chocolate e pera 154
    Abobrinha assada com sementes
      torradas (9-12) 126
    Pera e iogurte (9-12)
  Creme de abóbora com
    especiarias e iogurte 169
    Abóbora assada com iogurte (9-12)
  Crumble de cereja 160
    Cereja assada com iogurte (9-12)
  Mix de frutas e oleaginosas com
    iogurte 31
    Mix de nectarina, uvas-passas
      e iogurte (9-12)
  Vitamina de pera e pecãs 28
    Mix de pera, arroz e iogurte (9-12)

kefir 15
kuzu 15, 86, 89, 101, 131, 156, 159, 160, 165

lasanha, Lasanha de legumes
  assados 128
leite 12
  Leite de arroz 28, 37, 38, 143, 146, 149,
    153, 166, 171
  Leite de aveia 28, 37, 38, 143, 146, 149,
    153, 166, 171
lentilha (6-9) (9-12)
  Bolinho de lentilha com molho
    de iogurte 119
    Iogurte, lentilha, mandioquinha
      e salsinha (9-12)
    Purê de lentilha e mandioquinha (6-9)
  Lentilha cozida 25
  Lentilha cremosa com purê de
    batata 118
    Guisado de lentilha, cenoura, batata-
      -doce, cebola e alho (9-12)
    Purê de lentilha, cenoura e batata-
      -doce (6-9)
  Lentilha puy ou comum hidratada
    25
  Torta camponesa vegetariana 113
    Batata-doce, mandioquinha, lentilha,
      alho-poró, alho e salsinha (9-12)
    Purê de batata-doce, mandioquinha
      e lentilha (6-9)
lula, Macarrão oriental com molho
  de lula 107

Maçã (6-9) (9-12) 14
  Abóbora-cabochan com canela 170
    Assado de abóbora e maçã com
      manteiga (9-12)
    Purê de abóbora e maçã assadas (6-9)
  Maçã e mirtilo ao forno 165
    Maçã e mirtilo assados (9-12)
    Purê de maçã e trigo-sarraceno
      assados (6-9)
  Maçãs assadas com cobertura
    de nozes 163
    Assado de maçã com manteiga
      e trigo-sarraceno (9-12)
  Piccata de frango com batata-
    -doce e maçã assadas 85
    Assado de frango com ervas, batata-
      -doce e maçã (9-12)
    Purê de frango, batata-doce e maçã
      (6-9)
  Puff de maçã assada 37
    Maçã assada com canela (9-12)
    Purê de maçã assada (6-9)
macarrão (6-9) (9-12)
  Abóbora recheada assada 121
    Macarrão com abóbora assada,
      abacate e legumes (9-12)
    Purê de abóbora assada, abacate
      e macarrão (6-9)
  Frango com alho e salada de
    aipo-rábano 88
    Frango, espaguete de milho e aipo-
      -rábano ralado (9-12)
  Macarrão com cinco especiarias
    chinesas 55
  Macarrão com frango, presunto
    e queijo 50
    Frango com mix de legumes
      e macarrão (9-12)
    Purê de macarrão com frango,
      brócolis e couve-flor (6-9)
  Macarrão de forno com espinafre
    e ricota 122
    Macarrão com alcachofra frito
      na manteiga (9-12)
    Purê de alcachofra e macarrão (6-9)
  Macarrão de milho com
    alcachofra e ervilha 78
    Macarrão de milho, alcachofra e
      ervilha (9-12)
  Macarrão tricolor com camarão
    e vegetais 56
    Legumes com macarrão de milho
      (9-12)
  Quiche de brócolis e pecorino 112
    Macarrão, brócolis e cebola com
      iogurte (9-12)
    Purê de macarrão e brócolis (6-9)
macarrão (6-9) (9-12)
  Camarão picante com abacate 108
    Macarrão de arroz com abacate
      e coentro (9-12)
    Purê de macarrão de arroz e abacate
      (6-9)
  Guisado de porco e laranja 89
    Carne de porco com macarrão
      de arroz e legumes (9-12)
    Purê de carne de porco, macarrão
      de arroz e cenoura (6-9)
  Macarrão oriental com molho
    de lula 107
    Macarrão oriental com legumes
      e coco (9-12)

  Purê de cenoura, abobrinha, ervilha
    e macarrão oriental (6-9)
  Macarrão com couve-chinesa 137
    Macarrão de trigo-sarraceno, couve-
      -chinesa, brócolis e cebolinha
      (9-12)
    Purê de macarrão de trigo-sarraceno
      e brócolis (6-9)
maionese creole 54
mandioquinha (6-9) (9-12)
  Bolinho de lentilha com molho
    de iogurte 119
    Iogurte, lentilha, mandioquinha
      e salsinha (9-12)
    Purê de lentilha e mandioquinha (6-9)
  Rosti de raízes com ovos pochés
    75
  Torta camponesa vegetariana 113
    Batata-doce, mandioquinha, lentilha,
      alho-poró e salsinha (9-12)
    Purê de batata-doce, mandioquinha
      e lentilha (6-9)
manga (6-9) (9-12)
  Amaranto com manga 34
    Mix de amaranto, manga e iogurte
      (9-12)
    Purê de amaranto e manga (6-9)
  Bolinhos de milho com presunto
    e vinagrete de manga 53
    Mix de presunto, manga
      e cebola roxa (9-12)
    Purê de presunto e manga (6-9)
  Bolo invertido de limão com
    purê de manga 153
    Pudim de manga (9-12)
    Purê de manga (6-9)
milho
  Bolinhos de milho com presunto
    e vinagrete de manga 53
  Feijão-vermelho picante com
    milho e arroz 76
  Quesadilla aberta com vinagrete
    116
mirin 101, 111, 113, 131, 137
mirtilo (9-12)
  Maçã e mirtilo ao forno 165
    Maçã e mirtilo assados (9-12)
  Torta de mirtilo e pêssego 156
    Pêssego e mirtilo assado (9-12)
missô 16, 82, 113, 137
moyashi (9-12)
  Assado de painço e moyashi 127
    Assado de painço, moyashi, brócolis,
      ervilhas e alho-poró (9-12)
    Purê de painço, moyashi, brócolis
      e ervilha (6-9)
müsli, Müsli suíço 32

nabo redondo (6-9) (9-12)
  Rosti de raízes com ovos pochés
    75
    Nabo redondo e arroz integral com
      batata-doce (9-12)
    Purê de batata-doce, nabo redondo
      e arroz (6-9)
nectarina (6-9) (9-12)
  Crumble de nectarina
    e framboesa 162
    Mingau de aveia, trigo-sarraceno,
      nectarina e framboesa (9-12)
  Mix de frutas e oleaginosas com
    iogurte 31

Mix de nectarina, uvas-passas
e iogurte (9-12)
Purê de nectarina (6-9)
nozes 16
Assado com queijo e mole
134
Maçãs assadas com cobertura
de nozes 163
Pão de banana e nozes 143
ver também tipos de nozes
nutrição 13

óleo 16
ovo
Miniassado de ovos e salmão
43
Omelete arco-íris de legumes
e arroz 69
Panqueca de arroz selvagem 72
Quiche de brócolis e pecorino 112
Rosti de raízes com ovos pochés
75

painço (6-9) (9-12) 17
Abobrinha assada com sementes
torradas 126
Quinoa, abobrinha e iogurte
Purê de quinoa e abobrinha (6-9)
Assado de painço e moyashi
127
Assado de painço, moyashi, brócolis,
ervilhas e alho-poró (9-12)
Purê de painço, moyashi, brócolis,
ervilhas e ervilha (6-9)
Müsli suíço 32
Painço Cozido 22
Painço cozido com tâmara
e avelã 35
Mingau de painço e tâmara (9-12)
Purê de painço cozido (6-9)
papaia (9-12)
Panqueca de três grãos com
mamão 38
Panqueca de trigo-sarraceno com
purê de mamão (9-12)
Purê de mamão (6-9)
passas (9-12)
Barrinhas de canela e passas
147
Pudim de passas (9-12)
Mix de frutas e oleaginosas com
iogurte 31
Mix de frutas e aveia (9-12)
Mix de nectarina, uvas-passas
e iogurte
Müsli suíço 32
pecã
Assado com queijo e mole
134
Vitamina de pera e pecãs 28
peixe (6-9) (9-12)
Bolinho de sardinha 59
Mix de sardinha, cebola e salsinha
(9-12)
Purê de sardinha (6-9)
Cavalinha com legumes 60
Mix de cavalinha e legumes (9-12)
Purê de cavalinha e legumes (6-9)
Miniassado de ovos e salmão 43
Mix de salmão e cebola (9-12)
Purê de salmão
Peixe com crosta de ervas 102

Purê de salmão, favas e batata-doce
(6-9)
Salmão com ervas, favas e batata-
-doce (9-12)
Peixe marroquino 104
Purê de salmão, cenoura e arroz
integral (6-9)
Salmão com legumes e arroz integral
(9-12)
Salmão assado, couve-flor
e alcaparras 61
Purê de salmão e couve-flor (6-9)
Salmão assado e legumes (9-12)
Torta de peixe 105
Cação com batata-doce, cebola
roxa e cenoura (9-12)
Purê de salmão, batata-doce
e cenoura (6-9)
ver também por tipo de peixe
pepino (9-12)
Festival de pasta de feijão
68
Feijão-branco e grão-de-bico com
pepino
pera (6-9) (9-12)
Bolo de chocolate e pera 154
Pera e iogurte (9-12)
Purê de pera (6-9)
Frutas assadas com especiarias
155
Frutas assadas com iogurte (9-12)
Purê de pêssego, pera e damascos
assados (6-9)
Vitamina de pera e pecãs 28
Mix de pera, arroz e iogurte (9-12)
Purê de pera e arroz integral (6-9)
pêssego (6-9) (9-12)
Bolinhos fritos de pêssego 41
Mingau de aveia e pêssego frito (9-12)
Purê de aveia e pêssego (6-9)
Frutas assadas com especiarias
155
Frutas assadas com iogurte (9-12)
Purê de pêssego, pera e damascos
assados (6-9)
Muffins de pêssego e framboesa
149
Mix de Pêssego e Framboesa (9-12)
Purê de Pêssego (6-9)
Torta de mirtilo e pêssego 156
Pêssego e mirtilo assado (9-12)
Purê de pêssego assado (6-9)
pimentão
Festival de pasta de feijão 68
Lasanha de legumes assados
128
Macarrão oriental com molho
de lula 107
Omelete arco-íris de legumes
e arroz 69
Tofu teriyaki 131
pinholes
Abóbora recheada assada 121
Festival de pasta de feijão 68
Tomate recheado com quinoa 71
polenta (9-12)
Pão de milho com damasco 144
Assado de damasco e fubá (9-12)
Torta gratinada de polenta com
queijo e legumes 114
Polenta com legumes e iogurte (9-12)
presunto (6-9) (9-12)

Bolinhos de milho com presunto
e vinagrete de manga 53
Mix de presunto, manga
e cebola roxa (9-12)
Purê de presunto e manga (6-9)
Macarrão com frango, presunto
e queijo 50
sal 12
salmão (6-9) (9-12)
Miniassado de ovos e salmão
43
Mix de salmão e cebola (9-12)
Purê de salmão (6-9)
Peixe com crosta de ervas 102
Purê de salmão, favas e batata-doce
(6-9)
Salmão com ervas, favas e batata-
-doce (9-12)
Peixe marroquino 104
Purê de salmão, cenoura e arroz
integral (6-9)
Salmão com legumes e arroz integral
(9-12)
Salmão assado, couve-flor
e alcaparras 61
Purê de salmão e couve-flor (6-9)
Salmão assado e legumes (9-12)
Torta de peixe 105
Purê de salmão, batata-doce
e cenoura (6-9)
salsinha (9-12)
Arroz de forno com ervilha
e limão-siciliano 125
Arroz arbóreo com ervilha, alho-poró
e salsinha (9-12)
Assado com queijo e mole 134
Arroz e quinoa vermelhos com
abacate, cebola e salsinha (9-12)
Bolinho de lentilha com molho
de iogurte 119
Iogurte, lentilha, mandioquinha
e salsinha (9-12)
Bolinho de sardinha 59
Mix de sardinha, cebola e salsinha
(9-12)
Torta camponesa vegetariana
113
Batata-doce, mandioquinha, lentilha,
alho-poró, alho e salsinha (9-12)
sardinha (6-9) (9-12) 16
Bolinho de sardinha 59
Mix de sardinha, cebola e salsinha
(9-12)
Purê de sardinha (6-9)
sementes 17
Abobrinha assada com sementes
torradas 126
Müsli suíço 32
Pão para o café da manhã 140
ver também pinholes
Sopa de legumes brancos 135
Feijão-bolinha, couve-flor e alho (9-12)
Purê de feijão-bolinha e couve-flor
(6-9)
tâmara (9-12)
Painço cozido com tâmara e
avelã 35
Mingau de painço e tâmara (9-12)
tamari, molho de soja 55, 62, 79, 86,
101, 111, 126, 131
tempeh 21, 131

tofu
Tofu marinado salteado 79
Tofu teriyaki 131
tomate
Bolinhos de milho com presunto
e vinagrete de manga 53
Lasanha de legumes assados
128
Quesadilla aberta com vinagrete
116
Salada toscana de espelta 65
Tagine de cordeiro 95
Tomate recheado com quinoa 71
trigo-sarraceno (6-9) (9-12) 17
Assado de maçã com manteiga e
trigo-sarraceno (9-12) 163
Ensopado egípcio de carne 98
Carne, vagem, cebola e trigo-
-sarraceno (9-12)
Purê de carne, vagem e trigo-
-sarraceno (9-12)
Crumble de nectarina
e framboesa 162
Mingau de aveia, trigo-sarraceno,
nectarina e framboesa (9-12)
Purê de aveia e trigo-sarraceno (6-9)
Maçã e mirtilo ao forno 165
Purê de maçã assada e trigo-
-sarraceno (6-9)
Maçãs assadas com cobertura
de nozes 163
Purê de trigo-sarraceno assado
(6-9)
Sopa simples de cogumelos 66
Mix de trigo-sarraceno e alho-poró
(9-12)
Purê de trigo-sarraceno (6-9)
Trigo-sarraceno Cozido 22

utensílios 18-9

vagem (6-9) (9-12)
Ensopado egípcio de carne
98
Carne, vagem, cebola e trigo-
-sarraceno (9-12)
Purê de carne, vagem e trigo-
-sarraceno (6-9)
Cavalinha com legumes 60
Mix de cavalinha e legumes (9-12)
Purê de cavalinha e legumes (6-9)
Frango embrulhado em pancetta
com salada de quinoa 82
Frango e quinoa com mix de legumes
e alho-poró (9-12)
Purê de frango e quinoa com mix
de legumes (6-9)
Macarrão tricolor com camarão
e vegetais 56
Legumes com macarrão de milho
(9-12)
Purê de vagem, cenoura e alcachofra
(6-9)
Temaki 132
Legumes, abacate, brotos, beterraba
e arroz (9-12)
Purê de vagem, abacate e arroz (6-9)
vegetais
cozidos no vapor 18-9
ver também tipos de vegetal
vieira, Vieiras com molho picante
de feijão-preto 59